中国旅游业普通高等教育应用型规划教材

休闲管理实务

主编 吴应利　文南薰

中国旅游出版社

前　言

休闲是现代文明的一种主体性的生活方式，也是现代经济社会发展的重要消费模式。随着人类对幸福人生的追求日益增长，由休闲、度假与旅游密切结合而形成的旅游休闲业，已经成为现代旅游经济的重要经营门类，成为现代旅游产业体系的主要组成部分，成为现代文化产业结构链条的重要一环。经过30多年的高速发展，在今天的中国，"快"已经不是唯一的标准。"快慢相间，动静相宜"里有着更深的禅意，"进退自如，忧乐两宜"也成为一些人的人生哲学。按照业界的标准，人均GDP达到3 000美元以上，旅游产业就将进入一个升级的阶段，即由观光式旅游迈向休闲度假式旅游。而我国现在的人均GDP已经达到了7 000美元，早已跨过了休闲时代的门槛。显然，经济的发展奠定了全民休闲的基础。

应该说，我国现在还只是全民休闲的初级阶段，不论是休闲产品的丰富性，还是休闲产业对经济的影响，都与发达国家有很大差距，但由此也给休闲产业提供了机遇，市场无比广阔。未来几年将是我国休闲产业快速发展的黄金时期，我国城乡将逐步进入现代休闲社会。

休闲教育的滞后和休闲管理与服务人才的缺乏是我国休闲产业的短板之一，随着民众对休闲生活质量的要求越来越高，必然需要相应的专业人才对休闲活动进行策划、指导与组织。作为一门新兴的高等教育课程，"休闲管理实务"旨在培养学生休闲理论素养的基础上，让学生掌握休闲业的系统知识，丰富学生的职业技能。本书在编写中突出以下几个方面的特点：

第一，主题鲜明，目的性强。本书不搞大而全的理论解读，以休闲管理实务为核心，着眼于"应用"教育，把专业理论和操作技能有机地结合在一起，形成完整有序的内容体系，解决当前中国休闲行业管理与服务能力的提升问题。

第二，在章节内容的安排上，遵循学生的认知规律和教师的教学规律，按照本章导读、学习目标、导入案例、正文、复习思考题、案例分析的体例形式编排内容。这种形式上的创新实际上体现了本书理论与实践相结合且学以致用的编写思路。本书还专门编写了实训指导手册，以增强学生解决实际问题的能力。

第三，为方便教师教学和学生复习，编者制作了与教材相配套的教学课件，制作了练习题库和参考答案，使用者可向中国旅游出版社免费索取，并根据实际情况合理采用。

本书由吴应利、文南薰担任主编。各章编写分工如下：第一章、第二章，文南薰；第三章、第七章，韩剑磊；第四章、实训指导手册，普国安；第五章、第六章，张洁；第八章，任琳；第九章、第十章，王婧；第十一章，吴应利；第十二章，李永祥。

本书在策划、撰写和修改过程中，得到了中国旅游出版社段向民主任的大力支持和帮助，在此表示由衷的感谢。同时，本书在编写过程中引用了多位专家学者的研究成果，在此一并表示感谢。

编者水平有限，书中难免存在不妥或疏漏之处，敬请广大读者和专家批评指正。

编者
2016年10月于昆明盘龙江畔

目 录
CONTENTS

第一章　休闲管理概述 ·· 1
　　第一节　休闲概述 ··· 2
　　第二节　休闲管理概述 ·· 13

第二章　休闲资源开发与利用 ·· 24
　　第一节　休闲资源的概念与分类 ·· 26
　　第二节　休闲资源开发与利用 ·· 34

第三章　休闲产业与休闲市场 ·· 45
　　第一节　休闲产业与休闲产品 ·· 46
　　第二节　休闲市场 ·· 59

第四章　休闲项目管理 ·· 72
　　第一节　休闲项目可行性研究与决策 ································ 73
　　第二节　休闲项目融资 ·· 83
　　第三节　休闲项目管理组织 ·· 89
　　第四节　休闲项目风险管理 ·· 97

第五章　城市休闲管理 ·· 102
　　第一节　城市休闲概述 ·· 103
　　第二节　城市休闲产品创新开发 ······································ 109
　　第三节　城市休闲活动组织与管理 ·································· 114

第六章　乡村休闲管理 ·· 120
　　第一节　乡村休闲概述 ·· 121
　　第二节　乡村休闲产品创新开发 ······································ 124

第三节 乡村休闲活动组织与管理 …………………………………………… 129

第七章 旅游休闲管理 …………………………………………………………… 133
 第一节 旅游休闲的基本概念 ……………………………………………… 136
 第二节 旅游休闲产品开发 ………………………………………………… 139
 第三节 旅游休闲组织与管理 ……………………………………………… 151

第八章 运动休闲管理 …………………………………………………………… 161
 第一节 运动休闲管理概述 ………………………………………………… 162
 第二节 运动休闲产品的创新开发 ………………………………………… 166
 第三节 运动休闲活动组织与管理 ………………………………………… 174

第九章 文化休闲管理 …………………………………………………………… 185
 第一节 文化休闲概述 ……………………………………………………… 186
 第二节 文化休闲产品创新开发 …………………………………………… 188
 第三节 文化休闲活动运营管理 …………………………………………… 191

第十章 娱乐休闲管理 …………………………………………………………… 197
 第一节 娱乐休闲概述 ……………………………………………………… 198
 第二节 娱乐休闲产品创新开发 …………………………………………… 200
 第三节 娱乐休闲活动运营管理 …………………………………………… 207

第十一章 养生休闲 ……………………………………………………………… 210
 第一节 养生休闲概述 ……………………………………………………… 211
 第二节 中国传统养生理论的发展 ………………………………………… 213
 第三节 养生休闲的产品种类 ……………………………………………… 215
 第四节 养生休闲开发的模式 ……………………………………………… 225

第十二章 餐饮休闲管理 ………………………………………………………… 229
 第一节 餐饮休闲概述 ……………………………………………………… 231
 第二节 餐饮休闲的类型及特征 …………………………………………… 236
 第三节 餐饮休闲项目的经营与管理 ……………………………………… 241

参考文献 ………………………………………………………………………… 249
实训指导手册 …………………………………………………………………… 252

第一章

休闲管理概述

要了解休闲管理的全部内容,首先要从休闲的现象与本质开始展开学习。只有了解了休闲是一种什么样的现象、它的本质属性是什么、休闲活动包含着哪些形式和内容,才能进一步探讨休闲产业、休闲经济与休闲管理等其他问题。

【学习目标】

1. 理解休闲现象和休闲本质属性;
2. 了解休闲与人类文明的关系、休闲与个人"成为人"的关系、休闲与社会发展的关系;
3. 了解休闲社会与休闲时代的特征及其意义,从而加深对发展休闲产业的必要性的理解,继而理解我国全面建成"小康社会"战略目标的现实意义;
4. 能正确理解休闲管理意义及内涵,了解休闲管理的基本内容、组织架构和相关政策法规。

【导入案例】

全面建成小康社会

党的十八大报告根据我国经济社会发展实际和新的阶段性特征,在党的十六大、十七大确立的全面建设小康社会目标的基础上,提出了一些更具明确政策导向、更加针对发展难题、更好顺应人民意愿的新要求,以确保到2020年全面建成小康社会,让发展改

革成果真正惠及十几亿人口，促使经济、政治、文化、社会、生态文明全面发展，为实现社会主义现代化建设宏伟目标和中华民族伟大复兴奠定坚实基础。

中国特色的全面小康社会内涵，可以概括为"九个社会"和"一条道路"。具体来说，小康社会的本质是共同发展社会和共同富裕社会，此外还是全民学习型社会、全民健康型社会和全民健身型社会、安居乐业型安康社会、生态文明型社会、开放创新型社会和知识型社会、社会主义民主社会和法治社会、中华文化文明道德社会。"一条道路"则是指走和平发展道路，维护世界和平，建设和谐世界。

全面建成小康社会具体包含了五个方面的目标：一是经济发展方式得到根本转变，建成世界经济强国；二是社会建设取得显著进展，建成社会主义和谐社会；三是政治文明建设取得重要进展，建成社会主义民主国家；四是文化建设大繁荣、大发展，建成社会主义文化强国；五是生态文明建设进入新阶段，初步建成绿色中国。

第一节　休闲概述

一、休闲现象

休闲既是一种自然现象也是一种人类社会现象，它既反映出自然属性的一面，也反映出社会属性的一面。

（一）休闲是一种自然现象

自然界的一切有生命的事物皆在"动"与"静"交替的状态中得以维持其生长过程和生命周期。动物不会无休止地移动觅食，植物也不会不停地生长。每次"静"的休养，都是为新一轮的"动"积蓄能量。诸如在冬季，众多植物都会停止生长进入"休长"期，而不少动物也会停止摄食进入"冬眠"期。这并不仅仅是因为冬季的寒冷不适合动植物生长，而是因为生命需要休养生息，积蓄能量，以爆发新的生命力。正是这样的"休闲"才让自然界处于和谐的状态。为了让耕地保持"地力"，需要定期休耕；为了使湖海江河保持水产的丰富需要"休渔"期；小动物在嬉戏打闹中习得生存本领；如此等等。自然界普遍存在着"休闲"现象，这是不言而喻的。人是自然界中的一部分，休闲也就是其天性所赋予的属性。

（二）休闲是一种人性现象

1. **休闲是人的生理本性**

人本来就是自然界的一部分，休闲是人的先天生理要求，存在于人的生理本性中。休闲有益于人的身心的休息、放松、恢复、矫正、补偿及协调与平衡。休闲可使人们摆脱工作的疲乏与压力，人们参与运动或游憩方面的休闲活动，能促进血液循环、消除精神紧张，使身体均衡发展，保持具有协调性的体魄，减少机能退化性疾病的危害。而且，休闲活动是个人依其意愿选择参加的，不受约束与控制，所以人们在休闲活动中较易获得各种心理的满足感，如成就感、好奇心、自我肯定或发泄不良情绪等。

2. 休闲是人生命的一种状态

休闲是一种"成为人"的过程，是一个人完成个人与社会发展任务的主要存在空间；休闲不仅仅是寻求快乐，更重要的是寻求一种生命的意义。人的一生总体来说主要处在两种生命状态中：劳作状态和休闲状态。劳作是生存必需的手段，并非生命的本质意义所在，休闲状态才是人的生命本原。恩格斯说"劳动创造了人类"，这是从人类进化的历史角度而言的。就个人真正"成为人"的过程而言，休闲无疑是主要的方面。

3. 休闲促进人性发展

休闲是一种人性现象，它产生于人性、发展于人性，又反过来服务人性、成就人性、完善人性，使人健康幸福，使人性达致自由。席勒认为："当人是完全意义上的人时，他肯定是在玩；人也只有在玩的时候才是完整的人。"于光远说："人之初，性本玩。一个人要活到老，玩到老。在玩中学、在学中玩。"他还说，"玩是人类的基本需要之一，要玩得有文化，要研究玩的学术，要掌握玩的技术，要发展玩的艺术。"亚里士多德认为，人的本性谋求的不仅是能够胜任劳作，而且是能够安然地享有休闲；闲暇是全部人生的唯一本原。放松、娱乐和个性发展被看成休闲三部曲，其中个性发展是最重要的。

4. 休闲促进人的体力和智力的自由发展

我们必须承认"劳动创造了人类"，而其"创造"的原动力是来自休闲。不仅如此，休闲本身也创造着人类文明。正是为了最大限度地获得休闲的可能条件，人们才努力地劳动、创造、发明，从而开启并推动了人类文明。马克思曾说："人有了充裕的休闲时间，就等于享有了充分发挥自己一切爱好、兴趣、才能、力量的广阔空间，个人才能在艺术、科学等方面获得发展，个人的充分发展又作为最大的生产力反作用于劳动生产力。"亚里士多德说，"劳作是为了休闲。休闲才是一切事物环绕的中心，是哲学、艺术和科学诞生的基本条件之一"。他举例说，"知识最先出现于人们有闲暇的地方。数学所以先兴于埃及，就因为那里的僧侣阶级特许有闲暇。"阿基米德发现杠杆支点原理的灵感来自洗浴中。瓦特发明蒸汽机受到水壶沸水顶起壶盖现象的启迪。爱因斯坦一生酷爱小提琴，有人说他的科学发现与小提琴有着内在的关系。牛顿在伦敦瘟疫暴发期间，不得不回到乡下的家里休闲，也正是这段恬淡的生活，使他发现了万有引力定律。马克思、恩格斯都曾从巴尔扎克等人的文学作品中获得过精神的滋养。事实证明，科学、合理、健康地利用闲暇时间对一个人的成长与成才至关重要。

休闲不应该是无所事事，游手好闲，而是积极主动地利用闲暇，去创造生命价值和享受生命中的幸福和快乐。休闲的核心在于"休"，能否聪明地利用"闲"，关键在于我们对"休闲"价值是否有正确的理解。树立科学的休闲观，才能有效地开发"闲暇时

间"这一宝贵的社会资源与财富，才能使我们在"休"中学会沉思、学会欣赏、学会承担社会责任、学会如何摆脱诱惑与浮躁、学会对人生价值的判断与选择。因此，罗素说，能否聪明地用闲是对文明的最终考验。

5. 休闲是人性的一种和谐状态

休闲是人的自然属性的和谐、人的社会属性的和谐、人的精神属性的和谐，是人的这3种属性之间和谐的整体状态，是人性与各种外部环境和条件之间关系的和谐状态。人在这样的和谐状态中，思想才能自由地畅游，迸发出更加巨大的创造力。同时，人在这样的和谐状态中，才会体验到生命的珍贵与幸福。

（三）休闲是一种社会现象

休闲作为一种社会现象，可以从三个层面来考察：社会历史层面、社会文化层面和社会制度层面。

1. 社会历史层面

休闲作为一种社会历史现象，有它自身形成发展的历程和特殊规律，与人的其他活动特别是劳动和日常生活密不可分。它最初渗透在劳动和日常生活之中，并与之高度融合，并不能明确区分休闲和劳动、休闲和日常生活；但随着社会生产力的发展，休闲开始从必要的劳动和日常生活中分离出来，成为某些社会阶级、阶层成员的特权；又随着社会生产力的进一步发展，社会必要劳动和生存性生活时间的显著减少，休闲得以独立、迅速地发展起来，并进一步与劳动和生活融合起来。这是社会发展和历史进步的必然表现和结果。休闲是人类社会文明的重要组成部分，人类活动的开展始终围绕一个根本的目的，就是休闲。我国著名科学家于光远在其《论普遍有闲的社会》中深刻地指出："'闲'是生产力发展的根本目的之一，闲暇时间的长短与人类的文明进步是并行发展的——从现在看将来，如果不属于闲的劳动时间随着社会生产力的发展能够进一步减少，闲的地位还可以进一步提高，这是走向未来经济高速发展的必由之路。"传统意义上的社会"进步"往往意味着物质生活水平的不断提高，时至今日，物质财富的满足将让位于人们追求充实的精神生活。发展的质量标准，将定位于人的生存质量、生命质量以及人的全面发展。几千年来，人类一直在致力于改造世界，而在新的世纪中，人类将会更多地致力于改造自身。社会发展的历史表明，几乎人类所有的发明创造都与休闲有着密切的关联。许多思想家、科学家、艺术家说，他们的创造灵感常常是在休闲中峰回路转，茅塞顿开。

2. 社会文化层面

休闲作为一种社会文化现象，是人们创造文化、传承文化、欣赏文化、享受文化乃至消费文化的活动。休闲标志着社会文明进步的程度。休闲是一种社会建构以及人的生活方式或生活态度。随着社会的进步和发展，休闲已逐渐成为现代人生活的新的中心。工作是社会取得进步的重要保障；而优质的生活是每个人追寻的。适当而必要的休闲，能放松人的心情，陶冶人的情操，从而提高工作效率，进而充实生活，人生才更加有意义。休闲是自由、幸福、快乐等人类发展目的的源泉。休闲活动有助于增强个人的自尊感，有助于建立社区精神，有助于促进社会交往，有助于改进人们的健康状况，有助于在创造就业机会的同时给人们一个有意义的活动方式，有助于减少危害社会的行为的发生。开发闲暇时间是发达国家社会进步和提高人的素养的一个很重要的途径。由于人们认识到"休"在人的生命中的价值，闲暇时间的合理支配与利用便成为全社会普遍接受的生活原则。西方思想家认为，开发休闲，实际上就是积累一个人、一个民族、一个国家的文化资本，就是对人的教育与教养的投资。而且这种资本的投资越早越好，回报率越高。

世界的文明发展到今天的程度，是得益于休闲中的人们的自由探索、发现、发明与创造。休闲的价值不在于实用，而在于文化。它使你在精神的自由中历经审美的、道德的、创造的、超越的生活方式。它是有意义的、非功利性的，它给我们一种文化的底蕴，支撑我们的精神。因而，它被誉为"是一种文化基础""是一种精神状态，是灵魂存在的条件"。它是一种对社会发展的进程具有校正、平衡、弥补功能的文化精神力量。（皮普尔）它包括情感、理智、意志、生理、价值、文化及所有组成行动感知领域的一切，也包括价值观、语言、思维方式、角色定位、世界观、艺术、组织等。

3. 社会制度层面

休闲还是一种社会制度现象。在社会发展进程中，人们总是能够找到作为劳动之回馈的休养生息的时间和空间，远古时期人们劳作之余的祭祀、歌舞乃至全民狂欢，后来逐渐演化为全民性的节日、庆典和技艺、民俗等；到了农业社会，随着社会制度的成熟和稳定，至少在上层社会形成了建制性的休闲规制。步入近代工业社会，随着劳动生产率的提高，人们的休闲需求随之增加，国家对人民休闲权利给予基本保障的要求也更为迫切，对公民休闲权及工作日和劳动时间、休息时限的法律规定，对民族习俗、传统节日及民俗技艺的保护和承传的政策措施，对休闲资源的生产（供给）、分配、消费等方面的规约等，形成关于休闲的制度体系，已经成为一个现代国家社会制度的有机组成部分。可以说休闲尤其是普遍休闲既是民主政治的产物，也是政治文明高度发展的表现。

（四）休闲是一种经济现象

休闲作为一种经济现象，主要是由于历史进入资本主义工业化之后，随着生产力的持续提高和物质生存资料的日益充裕，物质性和精神性的享受与发展资料（即休闲资料）也日益丰富起来。这引起了产业结构的质的飞跃，休闲资料的生产日益占据了社会生产的重要地位；与此同时，人们的休闲需求也被激发起来，而通过产业形式高效生产休闲资料、提供休闲服务，满足人们的休闲需求，通过休闲消费推动经济社会发展，便成为一种突出的经济现象。

休闲不仅标志着人已经从繁重的体力劳动中解放出来，而且标志着人从满足现实的基本生活需要转向对精神生活的向往；标志着计划经济体制向市场经济体制转变的过程中，已由传统的生产——消费模式逐渐地转向消费——生产的模式；标志着人开始从有限的发展转向全面地发展自己。这时经济与休闲的关系是双向的：一方面，经济参与"买来"休闲，它是回报中的一部分；另一方面，休闲可以被用来娱乐、消费，来支持有效的经济参与，正是这种消费的"再创造"性使得休闲合理化。休闲消费扩大了就业，促进了分配公平，优化产业了结构，拉动了内需、刺激了消费，进而促进经济的快速稳定地增长。

【知识链接】

对于"休闲时代"我们可以从两个方面去理解，一是定性的表述；二是定量的标准。

1. 定性的表述：休闲时代是人类把生产的能量和生产发展的内驱力都释放到消费性领域中的经济时代，是休闲成为人们生活的中心内容的时代，是物质财富的满足让位于人们追求充实的精神生活的时代。

2. 定量的标准：50%的GDP产生于休闲业，6成以上的人就职于休闲业，人们用于休闲的时间占全部活动时间的50%，人们用于休闲活动的消费支出占日常消费总支出的50%以上。

休闲社会是后工业时代人类社会发展的高级社会形态，（衡量的标准见上"定量的标准"）在这一社会中，人们的生活方式和价值观都将发生很大变化。人们的生活轴心将由以工作为主要生活方式转变成为以休闲为中心的生活方式；价值观由传统的重视勤劳、禁欲、节约、社会地位、物质追求等转向重视个性、创造、自由发展和自我实现。

归纳起来，休闲社会主要表现特征有：

1. 休闲与工作的界限逐渐消失——人们将不能依据一个人经常从事什么活动来确定其是在工作还是在休闲，休闲与工作的区别在于个人对这种活动的态度及这种活动对个人的意义。

2. 休闲资源的可利用性大大提高——交通技术与通信技术的发展为出行、交流、获取信息等提供了方便，节约了时间，降低了成本，改变了人们的生活方式，使大众休闲成为可能。

3. 休闲方式选择的日益多元化——工业化进程中形成的各种"标准化"现象随着信息社会和知识社会的到来而逐步被一种更强调多样化和个性化的文化所取代。多元文化强调休闲活动是个人选择的、使其快乐的任何活动，它只承认法律的约束。

4. 休闲逐渐成为人的基本生活权利——无论是在社会意识层面还是在社会制度层面，休闲权利都被置于较高的地位，"休闲是现代人生活中不可缺少的一部分，"这一点得到社会的普遍认同，并取得法律与法规、政策与制度的保障。

二、休闲的本质

(一) 休闲的定义

关于休闲的定义长期以来学术界一直争论不休。国内外学者对休闲的内涵和外延有着不同的认识和理解，对休闲的定义自然也就有各自的侧重。如：

休闲是一种自由的状态，是一种摆脱义务和责任的同时对具有自身意义和目的的活动的选择。这一定义的侧重点在于"自由的、非强迫性的选择"。即任何人只要不受任何主观或客观的强迫而自由选择做或不做任何事的状态就是休闲。（约翰·凯利，2000）

1970年由国际娱憩协会（International Recreation Association）颁布的《休闲宪章》中对休闲的理解："消遣/休闲是人们在完成工作和满足生活需要及各种义务责任后，完全由本人自由支配的一段时间，它为补偿当代生活方式中的许多要求创造了条件。它通过身体放松、竞技、欣赏艺术、欣赏科学和大自然，为丰富生活提供可能，还为人们提供了基本才能的条件。建立在闲暇时间基础上的行为情趣，或者是休息、娱乐，或者是学习、交往等，它们都有一个共同的特点，即获得一种愉悦的心理体验与满足，产生一种美好感。"该定义强调闲暇时间的自由支配方式是获取轻松愉悦的心理体验。张广瑞、宋瑞等也持相近的观点，认为："休闲是人们在可自由支配的时间内自主选择地从事某些个人偏好性活动，并从这些活动中获得惯常生活事务所不能给予的身心愉快、精神满足和自我实现与发展。"持这种观点的学者在国内较为普遍。

法国社会学家杜马泽迪尔指出："所谓休闲，就是个人从工作岗位、家庭、社会义务中摆脱出来，为了休息、为了消遣或者为了培养与谋生无关的智能，以及为了自发地参与社会活动和自由发挥创造力，是随心所欲的总称。"他的主要观点是休闲相对于工作和家庭与社会义务，是与谋生无关的活动。美国《里特莱词典》也基于相同观点对"休闲"一词诠释为：离开正规的业务，在正规时间里进行娱乐活动。但在现实中有许多休闲活动是无法判定与谋生有无关系，而且休闲也不能完全摆脱社会及家庭义务和责任。

马慧娣等一些学者从社会学的角度认为："休闲是指完成社会必要劳动之外的时间，它以缩短劳动时间为前提。劳动工时的缩短会使劳动时间更紧凑，劳动条件更好，休闲活动更丰富，对劳动产生更有益的影响。因此，休闲是一个国家生产力水平高低的标志，是衡量社会文明的尺度……"许斗斗则直接认为："休闲作为一种人类的社会现象，在本质上是人们社会生活的一种方式，本质上应该属于人们社会交往的范围。"

"休闲的标准只能是心理学意义上的，自由愉快幸福、轻松专注、自我满足、创造性强、有成就感等，特别是人的自由感是休闲与否的内在标准。"（中国台湾学者余嫔，2002）

休闲就是一种深思的状态，是"不需要考虑生活问题的心无羁绊的状态"，也可被认为一种冥想的状态。（亚里士多德）

（二）对休闲的本质的理解

总结中外学者对休闲的理解，我们可以概括地认为，休闲主要体现为以下几个方面。

1. 休闲时间

人们的生活时间大体上可以分为生活必需时间、工作时间和自由时间三部分。从时间的角度看，休闲是人们在生活必需时间和工作时间之余所拥有的自由时间。时间上的可自由支配是其主要特点。

2. 休闲活动

从活动角度看，休闲是在自由时间内的活动或体验。休闲活动包括休养生息、自我娱乐、增长知识和技能、主动参与社团活动等一系列在尽到职业、家庭与社会职责后，让自由意志得以尽情发挥的活动。休养性、娱乐性和建设性是其主要特点。

3. 休闲状态

从存在状态看，休闲常被人形容为平静、不疾不徐或不计时间流速的状态，是一种沉思的状态，一种不需要考虑生存问题、心无羁绊的状态。沉思、从容、宁静、忘我是最高境界。

4. 休闲心态

从心态看，休闲是一种体验和一种观念，如果个人感觉到某种东西是愉悦、畅爽、自由的，那么它就是休闲。无论外部环境如何，具有休闲心态的人都会相信，他是自由的，是他在控制局面，而不是被环境所控制。愉悦、畅爽和"自由选择"是其主要特点。

综上所述，休闲是人们在可自由支配的时间内自主选择和参与的具有养生性、娱乐性和建设性的活动，这是使人处于愉悦、畅爽、自由状态的活动，也是这一活动所引起的一切关系和现象的总和。使人处于愉悦、畅爽、自由的状态是休闲的本质核心。因为并非一切闲暇活动都是休闲，也并非一切不在闲暇时间内的活动都不是休闲活动。无论在什么时间，也无论是从事什么活动，只要出现了这种和谐、畅爽、愉悦、自由、健康的状态，那就是休闲。

（三）休闲的本质特征

一般而言，休闲具有解脱感、自由性、娱乐性和建设性四大特征。

1. 解脱感

休闲是生存以外的活动，具有从人类所处的各种各样的义务和约束中解脱出来的属性。从时间意义上看，休闲是从维持生计和心理压迫中解放出来的时间。对于休闲的解脱感，杜马泽迪尔评价道："休闲一般具有从形式的、制度的义务中摆脱出来得到自由的特性。"

2. 自由性

人类一旦摆脱义务和制约，休闲时间的使用将处于完全自发的状态。休闲是自发的活动，是人们自己乐于参与的各种活动。个人所从事的休闲活动是依据自由意愿来选择的，人们任意的兴趣的追求都具有主动性，没有强迫性。被迫参与的休闲活动属于准休闲状态，也就是说这些休闲行为中包括义务性、商业性等非休闲因素。另外，也不能说所有的休闲都是完全自由的，在享受休闲的过程中还应该受到社会基本规范的制约，遵守人和人之间关系和大众的基本态度取向。

3. **娱乐性**

休闲是为了获得纯粹的快乐而进行的活动。纯粹的快乐是指行为的目的即是快乐本身。休闲活动要具有乐趣、轻松与消遣的特性，必须使参与者愿意付出热情，并感到愉快和满足。人类在实现自己的兴趣等内在追求时会感到满足和快乐，这是因为人类在参与休闲活动中感受到了生活的意义，丰富了人生的内容并得到了精神上的极大满足。

4. **建设性**

休闲活动有助于个人的全面发展与完善，它使人身体强健、理智清醒、道德高尚。在现实社会中，通过休闲获得的满足和快乐能使人们从社会责任的压迫中解放出来，满足人们对内在价值的追求和情感的需要。杜马泽迪尔认为，休闲能使人通过摆脱日常生活的单调和乏味，在超越现实的世界里自由地补偿自己命运的价值，这些价值包括自我尊重、挑战、自由、支配、成就，以及地位等。如果它们不能通过休闲得到满足，那么人类将会在高度工业化和城市化社会的劳动环境、家庭环境的制约中忍受挫折和折磨。

（四）休闲的功能

休闲具有一系列重要的个人、家庭、社会功能。对个人而言，它可以净化心灵，松弛身心，获得快乐；认识自我，发展自我，实现自我；满足需要，增加知识，培养自治。对家庭而言，它可以增进家人的情谊，培养家庭的社交能力，促进家人团结。对社会而言，它可以稳定社会生活，促进经济繁荣，提高国民的生活品质。

1. **政治功能**

柏拉图认为，不受现实生活困扰的统治阶级，应该把所有闲暇用于深思真、善、美等问题，使其本身更加完美，从而巩固和加强其统治地位。柏拉图的这种政治性休闲思想，强调休闲是为了巩固政治制度和为统治阶级服务的，而不是为个体服务的。这样，休闲及教育为个体闲暇生活服务的功能就被掩盖了。在当今社会，休闲是基本的人权，赋予公民合法的休闲权，能够让他们消除疲劳、转换心情，以高昂的姿态投入到新的生活之中，从而可以减少他们对生活的不满、对社会的抵触，有利于社会的稳定与和谐。

2. **经济功能**

休闲是人们在自由时间内进行的自由活动，这些活动不仅是对空闲时间积极有效地利用，而且常常也伴随着对休闲产品、设施和服务的消费。从某种意义上说，所有的休闲活动都会牵涉到我们对消费的体验。因为休闲活动的目的大多在于消费某些物质（如在外面吃饭）或与消费有关的某些活动（如商场购物）。因而，可以说，休闲首先是一项消费活动。另外，从时间形态来看，休闲是不生产的消费时间。人在不生产时，需要

文化、食品、旅游、娱乐及体育活动等方面的消费。空闲时间与劳动时间的分离，促使社会做出一系列新的调整和适应，以把空闲时间转变为消费时间。因此，休闲是推动区域经济发展的生力军。

3. 社会功能

休闲是自由、幸福、快乐等人类发展目的的源泉。休闲活动有助于增强个人的自尊感，有助于建立社区精神，有助于促进社会交往，有助于改进人们的健康状况，有助于在创造就业机会的同时给人们一个有意义的活动方式，有助于减少危害社会的行为的发生。

4. 环境功能

美国1964年的《荒野保护法案》是为了保护自然休闲的机会而产生的，因此，创造和保护休闲机会的行为就是保护自然环境（包括城市树林和草地）和文化、历史及传统遗址的关键驱动力量。而且，人们在环境中的休闲活动，以及针对这些环境的相关研究与评价促进了其对环境的了解，培养了与可持续发展一致的环境伦理，甚至还有助于形成环保行为，如废品回收习惯，这些环境效益促进了社会经济的发展。

5. 身心功能

休闲活动是个人依其意愿选择参加的，不受约束与控制，所以人们在活动中较易获得各种心理的满足感，如成就感、好奇心、自我肯定或发泄欲望等。休闲可使人们摆脱工作的疲乏与压力，尽情地发挥个人的创造力，有助于健全人格的发展。人们参与运动或游憩方面的休闲活动，能促进血液循环、消除精神紧张，使身体均衡发展，保持具有协调性的体魄，减少机能退化性疾病的危害。

（五）劳作与休闲的关系

劳作与休闲是一对矛盾统一体。二者既相互区别、相互对立，同时又相互统一、相互依存。虽然，简单地说来，劳动只是获得生存和发展的手段，休闲才是人生的终极目标。但是，劳作与休闲存在着更加复杂的关系和更加丰富的内涵。

劳作和休闲同是人的两大生命状态，劳作是消耗脑力和体力创造外在财富以获取生活资料，谋生性、役使性是其突出特点；休闲是恢复、增进和享受自己脑力和体力，以获得内在体验，乐生性、自主性是其突出特点。

劳动创造了人类，也创造了休闲。没有劳动就没有休闲，是劳动创造了休闲的条件，使之成为可能，并使之具有意义。

休闲影响了劳动，没有休闲，人类就不会有高级的劳作形式。休闲使劳动效率得以提高，使劳动的意义更为丰富。

三、休闲活动

（一）休闲活动的本质

休闲活动是人们工作之余，在完成了社会必要劳动之后对生命的享受，是人们自由与自主的选择，是生活的另一种形态，是人的尊严与价值的体现，它展示了生命的轻松、愉悦的一面。休闲活动是休闲的外在表现形式，是休闲内在本质得以体现、休闲需求得以满足、休闲功能得以实现的载体与过程。它的本质属性体现在以下几个方面：

1. **消费属性**

休闲具有消费的属性，这主要是基于两个方面的认识：一是生产劳动活动与休闲活动的对立统一性，前者是对物质资料的创造和积累，后者则是对生产成果的消耗；二是过去的休闲活动主要以自助为主，而随着社会经济的发展，消费性休闲活动越来越显现为现代休闲的主流，专门为休闲者提供休闲消费的产业已经形成。

2. **娱憩属性**

休闲活动是娱悦身心的活动，无论休闲者以什么方式进行休闲，主观愿望都是要获得精神的愉悦和身心的休憩。在休闲体验过程中，自然放松的随意性和畅爽自娱的目的性始终占据着主导地位，其间，人们短暂进入一种相对自由状态，没有了生活与工作的压力，真正达到"身"与"心"的双重休整。因此，休闲的娱憩属性是其基本属性之一。

3. **文化属性**

休闲的文化属性体现在两个层面：一方面，休闲是一种文化行为，是一种价值取向，是人们的一种生活态度和生活方式，并且是由此形成的文化现象；另一方面，休闲是文化的发源地之一，人们最早是从休闲活动中认识文化价值的，许多文化是在休闲中或为休闲创造出来的。当然，休闲的文化属性并不等同于休闲文化，休闲文化更多的是从文化学、人类文化学的角度提出的，是一种休闲行为和休闲活动创造出来的文化现象，是由特定生活方式和生活态度所决定的一种独立的文化个体。而休闲的文化属性从本质上讲，是包括物质文化层、行为文化层、制度文化层以及心理文化层的，由个体或群体行为、活动方式、思维、观念、态度价值取向等形成的文化氛围和文化意境，这一氛围或意境又对个体休闲行为产生影响。

（二）休闲活动的特点

1. **动态性**

休闲活动是一个动态的过程，但这一过程并不必然有独特的外在标志，进行体育运动、娱乐游戏、学习、思考、冥想等都是休闲活动。

2. **自主性**

人们对休闲活动有策划、安排以及是否参与的决定权，人们不只是活动的参与者，更是活动的发起者、指导者和拒绝者。

3. **自由性**

人们能自由决定在闲暇时间内如何休闲、何时休闲、在哪里休闲、和谁休闲以及休闲多久等问题。

4. 参与性

进行休闲活动的人们能够积极地投身其中，在休闲中充分而全面地展示自我。

5. 娱乐性

休闲活动是生动活泼的，使人在非劳作时间内的以"玩"的方式来求得身心的调节与放松。

6. 内外统一性

休闲活动既要求精神体验性，又要求一定的外在刺激性，是静与动的对立统一，以身体的活动得到心灵的清净。

7. 非功利性

休闲活动是放松身心、净化心灵的活动，在休闲中人们不受功利欲望的驱使。

（三）休闲活动的类型

休闲活动内容丰富类型繁多，因此划分方式也很多，按不同方式划分就会有不同的类型。

按休闲空间可分为户内休闲、户外休闲、社区休闲、野外休闲、城市休闲、乡村休闲、海滨休闲等。

按休闲地域可分为本地休闲和异地休闲（即旅游休闲）。

按功能可分为康体性休闲、社交性休闲、智力性休闲、娱乐游憩性休闲等。

按活动形式可划分为参与性休闲和观赏性休闲。

按活动内容可分为运动休闲、旅游休闲、文化休闲、娱乐休闲、玩物休闲、养生休闲、美食休闲等。

按消费程度可划分为非消费休闲和消费休闲，消费休闲可进一步按消费水平划分为高消费休闲和普通消费休闲。

按休闲表现形式可分为静态休闲和动态休闲。

按休闲的影响结果可划分为积极休闲和消极休闲。积极休闲是休闲者主动积极地自由选择的结果，它以自己喜爱的方式行动，同时这一活动对自己和对社会都有积极的建设性影响；消极休闲活动是指一些有负面影响的活动：被强迫状态下的休闲、无所事事的独处和无聊的时光消磨、主流文化并不鼓励的休闲（不包括那些合理的人性需求但由于偏见而暂时被排斥的休闲）、对身心健康有伤害的休闲和对自然环境和社会环境有伤害的休闲活动。

当然还会有其他的划分方式，各种划分方式都有其自身的意义和作用，而且在以上大类划分的基础上还可进行亚类细分和交叉划分。例如，运动休闲的亚类有水上运动休闲、山地运动休闲、球类运动休闲、趣味运动休闲等，同时可以与空间进行交叉分类，分出户内运动休闲和户外运动休闲、城市运动休闲和乡村运动休闲等。

第二节 休闲管理概述

一、休闲管理的概念

目前的休闲研究中，国内学者对休闲管理的概念关注较少。更多的学者从应用的角度对休闲管理进行探讨，主要涉及休闲服务管理、休闲规划、休闲资源开发与管理、休闲项目管理、休闲效益管理等方面的内容。

（一）休闲管理的定义

休闲管理涉及面广、层次复杂，目前并未形成统一定论，总体说来可从三个层面进行定义。

1. 休闲者个体的角度

从休闲者个体的角度而言，休闲管理是指休闲者自我选择休闲形式和休闲内容，并且控制自我休闲行为，以为保证自我休闲的畅爽与健康，同时不妨碍或损害他人的选择和权益的过程。这一定义有三层意义：一是休闲其实是需要学习的，如何认识和理解休闲，对于休闲者选择休闲活动的内容和形式有着密切的关联性，同时影响到休闲行为的取向；二是休闲有积极休闲与消极休闲之分，积极的休闲活动既有利于个人的身心健康又能向社会传递正能量，而消极的休闲活动既不利于自身健康又会危害他人利益和社会和谐；三是休闲制约是客观存在的，而且十分复杂，其中就有居民自身的制约，它影响到个体休闲的选择与休闲质量。这一层面的休闲管理包含政府政策导向与倡导，包含企事业部门服务与供给的方式引导与消费方式的引导，同时包含休闲者个体自我行为管理的内容。

【知识链接】

从理论上来认识，对休闲的制约因素大致可分为三个部分七个方面：一是基础性的制约（包括休闲时间的制约、居民可自由支配收入的制约）；二是休闲供给的制约（包括公共服务供给的制约、市场供给的制约和供给的相关环境的制约）；三是居民自身的制约（包括居民人际关系制约和休闲者自我因素制约，而自我因素制约又包含了认知、喜好和休闲技能）。

上述几方面的制约因素，在近年来我国休闲的发展中，已经得到了一定克服，然而其制约力目前仍然表现得相当强劲。为了有利于我国居民休闲的进一步实现，需要加强多方面的管理和综合的治理与改进。

2. 政府的角度

从政府的角度而言，休闲管理是指相关职能部门通过有效合理地配置公共资源、制定相应休闲政策、构建相关休闲机制，从而创造良好休闲环境、拓宽全民休闲机会、保障休闲公平、引导积极健康的休闲文化风尚和培育休闲产业的过程。

就管理主体而言，我国休闲经济与产业管理的实施主体主要是政府部门和社会部门。政府实施的是行政管理、经济管理和法制管理，社会部门则是通过民间组织和行业协会对休闲经济部门和行业系统实施监督管理。

政府在休闲管理方面可以扮演以下五种角色：（1）作为公共休闲服务的直接提供者，将公共休闲服务的运行与管理作为政府功能的一部分；（2）提供休闲服务，但对公共运行与管理保持一定距离，即在政府正常的机构外专门设立一些机构来管理有关设施与项目；（3）作为赋权者与协调者，选择一些非政府组织与机构来提供公共休闲服务，并在项目的运行、资源的分配上适当地做一些协调工作；（4）作为民间休闲服务的赞助者，对已在为公众提供有价值的休闲服务的非政府组织给予一定的资助，鼓励它们继续运行；（5）做好有关休闲与休闲服务的立法和规范工作，以促进休闲服务的健康发展。在不同的时期，政府可以根据具体的休闲服务项目、政府所掌握的资源，以及需要协调的各方面关系，灵活地扮演不同的角色，而无须拘泥于一种定格的角色（刘锋，2003）。政府要承担这五种角色的管理职能，需要综合运用行政的、法律的、经济的、科技的、教育的多种手段，才能协调、控制社会整个休闲产业朝着既定的目标发展，这种目标包括了经济发展、社会进步、文化繁荣、政治稳定、民心满足、环境优化等多种利益诉求。

3. 休闲业的角度

从休闲业的角度而言，休闲管理是指休闲经营管理者通过实施计划、组织、领导、控制、创新等职能来协调他人的活动，使别人同自己一起实现休闲组织目标的活动过程。实质上，它是一种服务，即为人们提供一种满足休闲需要的保障和必要条件的服务。

由于休闲行业覆盖范围相当广泛，休闲经营管理的范畴也就非常宽广。我国的休闲经营管理主要通过几种重要的休闲行业部门来实现：旅游业、文化产业、商业服务业、娱乐业、体育产业。休闲产业系统几乎涉及社会经济的各个行业部门，因此休闲经济与产业管理实际上是各行业各部门根据自身行业特点实施以行政管理为主、融经济管理、法制管理、社会管理（行业协会、社会舆情）于一体的综合管理模式。主要涉及以下管理部门：旅游、交通、国土、城乡建设、环境保护、文化、新闻出版、文物、商业、工农业、林业（含园林）、水利、体育、外经贸、工商、公安、质检、卫生、边防、外交等。其中最重要的几种产业是旅游业、娱乐业、文化产业、商业服务业、体育产业，其中旅游业又主要包括风景园林、城乡建设、文化文物、农林水利等行业部门。

【知识链接】

舆情是"舆论情况"的简称,是指在一定的社会空间内,围绕中介性社会事件的发生、发展和变化,作为主体的民众对作为客体的社会管理者、企业、个人及其他各类组织及其政治、社会、道德等方面的取向产生和持有的社会态度。它是广大群众关于社会中各种现象、问题所表达的信念、态度、意见和情绪等表现的总和。

(二)休闲管理的内容

根据休闲管理的定义可知休闲管理主要包括以下内容。

1. 休闲资源与环境管理

休闲资源与空间环境是休闲活动开展的基础,其中休闲资源空间分布的密集程度和品质高低及环境状况优良与否直接影响区域整体吸引力的大小和可持续发展能力,也直接关系到休闲参与者的体验质量,因此对休闲资源与环境的管理是休闲管理的重要内容。它既是政府管理的重要范畴,也是企业管理和休闲者自我管理的必要内容。政府要从宏观层面进行规划管理和控制管理;企业要从开发利用和经营层面进行保护管理和美化管理;休闲者要从体验活动层面进行自我行为管理。

2. 休闲业发展与规划管理

一个地区休闲业的发展与该地区的经济发展水平、产业结构、人文背景、资源特色与禀赋状况、市场发育程度等密切相关,因此,进行深入调查研究,摸清实际情况,进行科学合理的休闲业发展规划是休闲管理的核心内容。休闲规划就是指利用休闲资源、设施和人员来为大众提供一系列的休闲服务和活动。通过规划实现对现有资源的充分利用,如游憩、休闲设施、人员和资金的最佳利用,以此实现组织目标并满足人们的休闲需求。休闲规划一般包括以下内容:

(1)区域规划。区域就是休闲目的地的规划,这样的规划一般也叫作总体规划,如休闲城市规划(包括城市中心休闲区、城市的一些休闲项目和整个城市休闲体系)、度假区规划和生态旅游区规划等。这一类规划要求有总体思路和总体形象,明确整个休闲产业在城市和目的地发展中的位置,才能明确总体思路。

(2)产业规划。总体来说,休闲产业规划是复合型的规划。其中涉及休闲产品规划、休闲运营规划、休闲产业规划、休闲房地产规划和城市休闲体系。

(3)项目规划。休闲项目规划涉及观光、城乡、度假、商务、运动、文化、娱乐、饮食、养生等类型,每一种类型都可以衍生出很多产品,都可以形成很多具体项目。具体的项目规划就要充分体现可操作性,体现从休闲理念到项目操作的过程。

3. 休闲服务质量与设备管理

休闲服务质量是指休闲服务工作能够满足被服务者需求的程度。休闲企业只有不断

提升服务质量才能赢得消费者的青睐。要保证休闲服务质量的管理，一般要注意以下几个方面：一是优良的服务态度。服务态度是反映服务质量的基础，优质的服务是从优良的服务态度开始的。二是完好的服务设备。它直接反映休闲服务质量的物质技术水平。三是灵活的服务方式，其核心是如何给顾客提供各种方便。四是娴熟的服务技能。服务人员的操作技能娴熟与否，从一个侧面反映出其业务素质的高低和服务质量的好坏。五是科学的服务程序。实践证明：娴熟的服务技能，加上科学的操作程序，是优质服务的基本保证。六是快速服务效率。不仅体现了服务人员的业务素质，也体现了休闲中心的管理效率。七是专业化的员工。没有专业化的员工，其他服务设备、服务项目都谈不上完好，服务技能也就不可能娴熟。因此，专业化的员工是服务质量的根本保证。

休闲服务企业设备设施管理的任务繁重而艰巨，管理的任务就是要使休闲服务设备设施发挥最佳使用效率，为企业创造最优经济效益。休闲服务企业设备设施管理的任务，具体体现在以下几个方面：一是合理选择设备，使设备配置与企业的等级、规模和接待对象相适应；二是制订管理制度，做好设备维修和保养工作，保证业务经营活动的需要；三是对设备和设施进行更新和改造；四是加强设备使用过程中的技术经济分析，提高设备使用率。

4. 休闲人力资源管理

对于休闲行业中的任何一个组织来说，员工，不管是全职员工、兼职员工还是志愿服务者，都是组织最重要的资源，是组织最有投资价值的项目。休闲企业需要招聘其所需的员工，对其进行培训和培养，使他们在为企业贡献其自身才能的同时，也实现自己的人生价值。休闲人力资源管理是科学地运用现代管理学、社会学、心理学等原理，对休闲业人力资源进行有效的开发、管理、使用和激励，从而最大限度地挖掘员工的潜在能力，使其积极性、主动性和创造性得到最大的发挥，使有限的人力资源得到最佳组合和配置的管理活动。

5. 休闲市场管理

休闲与游憩市场营销是指通过对休闲产品和休闲服务进行规划、设计、包装、促销及分销，说服消费者购买休闲产品，并给营销组织带来利益，如扩大组织影响力或树立政府或企业形象。其中主要包括地区或企业市场形象策划、休闲市场划分及选择目标市场、休闲市场定位、采取适当的营销组合策略等。

二、休闲管理组织

休闲管理的组织是为了加强对休闲业的引导和管理，适应休闲业的健康、稳定、迅速、持续发展而建立起来的，具有行政管理职能或协调发展职能的专门机构。不同类型和不同层次的休闲组织在地方、国家乃至世界休闲业发展的进程中都起着不可忽视的推动作用。

（一）休闲组织的类别

通常情况下，休闲组织主要有以下两种分类方法。

第一种分类以休闲组织的职能范围为划分标准，将其分为国际性休闲组织、国家级休闲组织和地方性休闲组织。国际性休闲组织是个较为宽泛的概念，除了包括那些成员来自多个国家，并为多国利益工作和服务的全面性专门休闲组织之外，还包括其工作范围部分地涉及国际休闲事务的国际组织，以及专门涉及休闲事务某些方面工作的专业性休闲同业组织。国家级休闲组织是一个国家中为国家政府所承认，负责管理或促进协调全国休闲事务的组织。地方性休闲组织则是指代表地方政府对当地休闲业进行管理的组织机构，或服务于地方休闲业的发展而专门成立的休闲组织。

第二种分类以休闲组织的职能性质为划分标准，将其分为休闲行政组织和休闲行业组织。休闲行政组织属于官方组织，是由国家专门设置负责管理休闲事务且具有行政效力的政府部门，它是代表国家政府或地方政府行使其对休闲发展干预职能的载体。休闲行业组织是一种非官方组织，它是指由有关企事业单位和社团组织在平等自愿的前提下组成的各种行业协会。就其组织性质而言，它们属于非营利性的社会组织，具有独立的社团法人资格。

（二）休闲组织的职能

在不同的国家，由于休闲业发展水平的差异，休闲行政组织和休闲行业组织在管理和协调休闲事务方面的地位和作用也有所差异。一般来说，处于休闲业发展的初期，或休闲业发展水平较低的国家，作为政府部门存在的休闲行政组织对国家休闲事务的干预力度较大，对其休闲业的发展起决定性作用；而在休闲业比较发达，私人休闲企业非常活跃的国家和地区，具有独立法人地位的半自决性质的休闲行业组织更适合于行使全国性休闲组织的职能。

1. 休闲行政组织的职能

休闲行政组织的主导职能是调控与管理。具体而言，其基本职能主要包括以下几个方面。

（1）确定休闲业在国民经济发展中的地位，制订休闲发展的战略目标与规划，对休闲业进行综合平衡和宏观调控。

（2）拟定休闲业发展的方针政策、行政法规、制度规范和行业标准并组织实施，协调各休闲发展部门的利益和关系。

（3）运用行政职权，控制休闲业的发展规模与速度，保持休闲服务质量。

（4）负责国内休闲市场的宏观管理和国际休闲市场的宣传促销与推广拓展。

（5）对从事休闲业务的企事业单位实施行业管理，依法进行审批和监督检查。

（6）调查研究和统计分析休闲业的供需状况，帮助制订营销策略。

（7）管理与指导休闲教育培训与就业。

2. 休闲行业组织的职能

休闲行业组织的主导职能是服务与促进，这些职能主要有以下几种。

（1）就休闲发展战略及方针政策等向国家休闲主管部门提供建议和咨询。

（2）作为行业代表，与政府机构或其他组织协商洽谈有关事宜。

（3）联系各休闲企业，研究行业经营管理，协调发展中存在的问题并采取相应措施加以解决。

（4）建立行业信息交流中心，鼓励使用新知识、新技术，搞好行业内休闲开发和市场营销。

（5）提供行业间的技术指导，制订成员共同遵守的经营标准、行规会约，并据此进行仲裁与调解。

（6）就行业内的数据统计、预测、开发及其他问题开展研讨。

（7）组织并举办专业研讨会、培训班和专业咨询。

（8）广泛交流信息与经验，阻止行业内部的不合理竞争等。

（三）国际性休闲组织

为加强世界各国休闲组织间的协作，更大程度地发挥休闲业在促进国际交流、促进世界和平方面的积极作用，各种国际性休闲组织应运而生。

1. 世界休闲组织

世界休闲组织（World Leisure Organization，WTO）成立于1952年。作为全球性的非政府组织，其成员和参加者主要来自全球休闲领域的企业、研究者、组织等。该组织是一个具有联合国咨询地位的非官方机构，与联合国教科文组织和有关国家、地区的官方、非官方机构有着良好的合作关系。其宗旨是致力于发掘和增强各种有利条件，使人们能充分利用，让休闲成为人类增长、发展和幸福的动力。

2. 旅游和休闲教育协会

旅游和休闲教育协会（Association for Tourism and Leisure Education，ATLAS）成立于1991年，其宗旨在于开展各种跨国性的旅游和休闲教育活动。1996年，该协会被欧洲委员会指定为旅游和休闲学科领域内的"欧洲主题网络"。它提供了一个促进教育人员和学生之间交流、跨国性研究及学校课程和学科发展的平台。目前，旅游和休闲教育协会已经有来自70个国家的300多个成员机构加入。该协会在欧洲、亚太地区和非洲都设有分支机构，并正在积极筹建美国的协会分支机构。

3. 大洋洲休闲研究协会

大洋洲休闲研究协会（Australian and New Zealand Association for Leisure Studies，ANZALS）成立于1991年，是澳大利亚和新西兰之间的跨国性非政府组织，其宗旨是促进学术交流，与业界合作，加强国际联系，提倡休闲政策。该协会的主要成员和参加者是休闲研究者和业界人士。其主要活动：每3年召开一次大会，不定期举办地区性会议；发行出版物；提供咨询服务和教育项目。

4. 亚太国际休闲文化中心

亚太国际休闲文化中心（Asia-Pacific International Leisure Culture Center，APILCC）成立于2007年5月，是在中国北京正式登记注册的法人机构，专业从事休闲文化及相关产业的国际交流与合作。目前，亚太国际休闲文化中心在美国、加拿大、日本、新加坡、韩国、马来西亚等地设有代表处。

（四）我国主要的休闲组织

在我国，休闲产业的发展尚处于起步阶段，并且由于其涵盖的行业范围十分广泛，目前尚未确定一个专门的部门来对休闲产业实行统一的管理，但部分休闲娱乐类行业主要是由旅游管理部门予以管理。虽然我国的休闲行政组织较少，但是行业组织却相对较多，尤其是以休闲研究为主要目的的组织和协会数量较多。

1. 世界休闲组织中国分会

世界休闲组织中国分会、中国休闲产业联盟成立大会于2008年4月6日在北京举行，会议确定了世界休闲组织中国分会、中国休闲产业联盟的组织框架、章程及管理办法和各项制度。本次会议对于促进中国休闲产业未来发展，进一步推动中国休闲组织同国际接轨，以及加强国际合作起到了积极作用。

2. 全国休闲标准化技术委员会

经国家标准化管理委员会批准，2009年11月10日，全国休闲标准化技术委员会在北京成立，这是世界范围内第一个休闲标准化技术委员会。会议通过了《全国休闲标准化技术委员会章程》《全国休闲标准化技术委员会秘书处工作细则》，审议了《休闲标准体系》《全国休闲标准化技术委员会2009—2014年工作计划》。全国休闲标准技术委员会主要负责传统特色休闲方式开发与保护、现代休闲创意与服务、主题休闲俱乐部、休闲节庆活动、休闲咨询服务等领域国家标准的制订、修订工作，其工作领域与世界休闲组织相关联。

3. 中国旅游协会休闲度假分会

中国旅游协会休闲度假分会于2009年6月经民政部批准，于同年12月29日成立的社团组织。中国旅游协会休闲度假分会的宗旨为：推广积极向上的休闲文化，树立健康休闲观念，促进业界沟通，提高休闲度假服务水平，坚持中国特色与面向世界相结合，为促进中国休闲度假的可持续发展作出贡献。

4. 中国自然辩证法研究会休闲哲学专业委员会

按中国自然辩证法研究会常务理事会2006年的工作部署，中国自然辩证法研究会于2007年成立了中国自然辩证法研究会休闲哲学专业委员会。

三、休闲管理的法规

在公共休闲服务过程中，有很多领域与法律法规有着紧密的联系。法律法规是公共部门或权力机关管理休闲和游憩服务业的重要手段。英美等西方发达国家近300年来制

定了大量与休闲有关的法律法规，走在了世界的前列。它们在运动、公园和游憩领域的立法实践具有以下四方面的特点：一是历史悠久；二是数量众多；三是跨越多个管理和实践领域；四是成效明显。这些法律法规有力地推动和鼓励了这些国家休闲服务业在产品和服务供应方面的增长，刺激并满足了休闲消费者的需求，保护了自然环境和文化环境、休闲设施，保障了休闲服务业各相关方的合法权益，以规范为手段，极大地促进了整个休闲服务行业的健康有序发展。

由于我国休闲产业发展较晚，专门的休闲管理法律法规尚未出台，相关的规章制度散见于旅游、体育、文化等管理部门的文件中。

（一）旅游管理相关法规

近年来，我国相继出台了一些旅游发展与管理的法律、法规，为旅游业的大发展奠定了很好的政策基础。2013年《国民旅游休闲纲要（2013—2020年）》和《中华人民共和国旅游法》的正式出台明确了旅游休闲发展国家层面的战略要求，为旅游业的发展奠定了法制基础。2014年国务院印发了《关于促进旅游业改革发展的若干意见》（国发〔2014〕31号），明确提出旅游产品逐步向观光、休闲、度假发展，满足游客日益增长的休闲旅游需求。2015年4月中共中央、国务院印发了《关于构建和谐劳动关系的意见》，要求切实保障劳动者的合法权益，落实职工休假制。之前，国务院、国家旅游局、国家林业局、建设部和水利部等部委就陆续颁布了如《中华人民共和国自然保护区条例》（1994年1月9日，国务院）、《导游人员管理条例》（1999年5月14日，国务院）、《中国公民出国旅游管理办法》（2002年5月）、《风景名胜区条例》（2006年9月19日，国务院）、《旅行社条例》（2009年2月）、《旅行社条例实施细则》（2009年4月，国家旅游局）等一系列旅游相关法规。2011年，国务院还把每年5月19日确定为"中国旅游日"。

（二）体育运动相关法规

1995年8月29日，《中华人民共和国体育法》正式通过并颁布，这是新中国体育事业发展的一座里程碑。我国体育运动的行政法规主要有《公共文化体育设施条例》《反兴奋剂条例》《奥林匹克标志保护条例》，部门规章主要有以下几类。

一是群众体育，如《健美操活动管理办法》《轮滑活动管理办法》《健身气功管理办法》等。

二是竞技体育，如《拳击运动竞赛管理办法》《严禁举重运动员使用禁用药物的规定》等。

三是体育场地、器材物资，如《全国体育场地维修专项补助经费管理办法》《体育器材设备审定办法》《射击运动枪支弹药管理办法》等。

四是体育经济，如《全国水上体育经营活动管理暂行规定》《经营性武术组织管理规定》等。

五是其他，如《外国人来华登山管理办法》《国内登山管理办法》《航空体育运动管理办法》等。

（三）文化艺术相关法规

我国与文化相关的法律有两部，即《中华人民共和国文物保护法》和《中华人民共和国非物质文化遗产法》。国务院颁布的文化行政法规有《娱乐场所管理条例》《广播电视管理条例》《信息网络传播权保护条例》《公共文化体育设施条例》《中华人民共和国水下文物保护管理条例》《营业性演出管理条例》《互联网上网服务营业场所管理条例》《出版管理条例》《传统工艺美术保护条例》《印刷业管理条例》《电影管理条例》《文物特许出口管理试行办法》等。文化部颁布的部门规章主要有《营业性演出管理条例实施细则》《音像制品出版管理规定》《互联网等信息网络传播视听节目管理办法》《美术品经营管理办法》《互联网文化管理暂行规定》《在华外国人参加演出活动管理办法》《涉外文化艺术表演及展览管理规定》《营业性歌舞娱乐场所管理办法》《外商投资电影院暂行规定》《国家级非物质文化遗产保护与管理暂行办法》《古遗址古墓葬调查发掘暂行管理办法》等。

（四）节假日相关法规

我国对法定假日的重视由来已久。中华人民共和国成立后不久，1949年12月23日，政务院便发布了《全国年节及纪念日放假办法》。为了使这个放假办法更有利于职工群众的休假，1999年9月18日，国务院又以"中华人民共和国国务院令"的形式发布了修订后的《全国年节及纪念日放假办法》。1999年新办法与此前办法相比的明显差异是"五一"和"十一"的假期都从原来的1天改为了3天，从1999年各地紧接着的"十一"假日安排来看，新的3天假日又与相邻的2个双休日的位移连用，这样一来，全国职工生活中便首次出现了"春节""五一""十一"的3个7天连接的"长假期"。2007年11月9日将已经基本形成的《国家法定节假日调整方案》在新华网、人民网、国家发展和改革委员会网站上正式公布，开展民意调查。该方案调整的主要内容包括三点：一是国家法定节假日总天数增加1天，即由此前的10天增加到11天。二是元旦放假1天不变；春节放假3天不变，但放假起始时间由农历年正月初一调整为除夕；"五一"国际劳动节由3天调整为1天，减少2天；"十一"国庆节放假3天不变；清明节、端午节、中秋节增设为国家法定节假日，各放假1天（农历节日如遇闰月，以第一个月为休假日）。三是允许周末上移下错，与法定节假日形成连休。2007年12月14日，《国务院关于修改〈全国年节及纪念日放假办法〉的决定》以第513号中华人民共和国国务院令正式公布，并自2008年1月1日起施行。另外，在2007年12月7日国务院召开的常务会议上，《职工带薪年休假条例（草案）》获得原则通过。2007年12月14日，国务院总理签署国务院令，公布了于2008年1月1日起施行的《职工带薪年休假条例》，同年9月18日又发布实施了《企业职工带薪年休假实施办法》。至此我国法定的"休息日"和"假日"一共是 115 天。如果再加上最低的带薪年休假是 5 天，则职工一年内享有的假日可达 120 天以上，大致相当于一年时间的 1/3。

【复习思考题】

1. 谈谈你对休闲现象的理解。
2. 如何理解休闲的本质及其特征？
3. 休闲具有哪些功能？
4. 如何理解休闲管理的含义？
5. 休闲管理主要包括哪些内容？

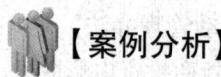

【案例分析】

自行车王国的复兴

中国曾经是拥有自行车绝对数量世界排名第一的国家，堪称"自行车王国"。在 20 世纪 80 年代，自行车还是中国人结婚的"三大件"之一，中国自行车保有量一度达到 5 亿辆，满街骑行的人们曾是每个城市最常见的风景。而随着经济的高速发展，中国也迈入汽车时代，街上的自行车道越来越窄甚至消失，骑车的人也越来越少。现今的中国城市再也看不到穿梭如织的自行车，而是滚滚汽车洪流。

当然，被称为自行车王国的不仅有中国，在欧洲，荷兰和丹麦也有此美称。欧洲的"自行车王国"与中国的"自行车王国"有着不同的意义。"骑车很健康"是荷兰人通用的一句口头禅。中国人骑自行车往往是迫不得已，一旦有能力，就尽早更换成轿车。过去的中国人骑自行车，是把它当作家庭财产和便捷交通工具。欧洲人则是把骑行当作自由、畅爽、生态、健康而且刺激的休闲方式。

不过随着经济的发展、社会的进步、假日供给的改善，休闲、环保、健康等理念被越来越多的人所接受，骑行开始在中国成为一种生活时尚。曾经的自行车王国以一种新的面貌开始复活。休闲型的骑行活动在曾经的自行车王国流行起来。这是一个令人欣慰的变化。这种变化并不仅仅是兴趣爱好的改变或经济发达的表现，更蕴含着人性价值的变化和社会进步的意味。

然而，许多地方政府并未意识到其复活的意义，因而未能给予积极提倡与鼓励，反而加以限制和阻挠。以昆明为例：每逢周末或节假日，在昆明郊区的环湖路、西山、团结乡、郊野公园、黑龙潭、金殿、马金铺、长虫山、宝珠寺等路段上，会看见成群结队、戴着头盔、身穿骑行服的自行车爱好者。然而，这些路段车马混杂，骑行没有安全保障，有的只是一些禁止骑行的限制标识。

2015 年，一则西山森林公园禁止自行车上主道的禁令引发热议。一项民调显示：

93.3%的人不支持西山公园的新规。这一规定的奇异之处在于不禁止机动车而禁止非机动车进入西山风景区。其原因是：为了游客安全，因为公园内的公路坡陡弯急，一些市民骑自行车下山时车速太快，既给步行游客带来困扰，也危及他们自身的安全。而《昆明市公园条例》第十七条这样规定：未经公园管理单位允许，任何车辆不得驶入公园。如若违反本条，处以50元以上200元以下罚款。任何车辆肯定包括非机动车，而西山森林公园也肯定属于公园，所以西山森林公园在基于地理特征和游客安全考虑的情况下，做出在一定时间段内禁止非机动车进入的规定并没有错。那么，哪些地方才是骑行者合法的骑行路段？有哪个条例是保护骑行合法权益的呢？

不过，"自行车王国"的复兴响应的是时代的召唤，相信骑行会受到尊重和保护的，骑行者会以坚持等待改变的那一天。

思考题：
1. 结合案例分析休闲活动对人类文明发展的影响。
2. 结合案例阐述休闲管理对休闲发展意义。

休闲资源开发与利用

休闲资源是休闲活动的客体，是休闲业发展的物质基础，也是休闲管理的重要内容。了解休闲资源的本质特征和类型对客观地评价休闲资源、科学合理地开发利用休闲资源具有重要意义。因此，学习中应正确全面理解休闲资源的含义、了解休闲资源的评价内容与方法、掌握休闲资源的开发原则与方式。

【学习目标】

通过本章的学习，正确理解休闲资源的概念及本质属性；了解休闲资源的分类方法；掌握休闲资源的评价内容与方法；基本熟悉休闲资源开发一般原则、内容、方法与过程，为进一步学习休闲管理理论知识奠定基础。

【导入案例】

城市休闲品牌形象传播：以杭州休博会为例

20世纪90年代中期以来，杭州市组织专家学者和社会各界人士，持续不断地探讨杭州地方文化特色、杭州人文精神、杭州城市形象，提出了"精致和谐、大气开放"的杭州人文精神，开展"休闲—文化—创业"三位一体系列活动，继而推动"让我们生活更好"的理论研讨和理念传播。这一系列活动，凝练为全面提升杭州"生活品质之城"的城市品牌理念。"人间天堂"是千百年流传下来赋予杭州的美誉，是先人留给杭州的一笔宝贵财富。而"生活品质之城"这一城市品牌则是对"人间天堂"美誉的继承和发展，体现了"人间天堂"美誉在新世纪的新内涵、新特点，是"人间天堂"美誉的现代表述。而"东方休闲之都""天堂硅谷""中国茶都""丝绸之府""女装之都""动漫之都""电子商务之都"等行业品牌，是杭州在不同产业上追求的理想和目标，是"生活品质之城"城市品牌的具体展示。

当前，我国居民的消费已从温饱型升级为小康型，消费的对象与热点已从解决温饱问题的生存资料为主，演进为提高生活质量的小康型生活资料为主，休闲消费正成为市场热点之一。"先生产，后生活"的传统观念正在逐渐被大多数人摒弃，公众对休闲的认识和对休闲生活方式的追求不断提高，休闲产业发展前景看好。

杭州历史悠久、文化繁荣，是国家首批历史文化名城，也是中国"七大古都"之一。2011年6月，"中国杭州西湖文化景观"被列入世界文化遗产名录。

此外，京杭大运河、良渚文化遗址两处文化遗产，也已被列入中国申报世界文化遗产预备名录。杭州经济发达、充满活力，是国内经济最为活跃的城市之一。全市生产总值连续21年保持两位数增长，经济总量连续多年居全国省会城市第2位、副省级城市第3位、大中城市第8位。2011年，全市实现生产总值（GDP）7011.8亿元，按户籍人口计算的人均GDP为101266元，为15679美元。按世界银行划分各国贫富程度的标准，杭州已经达到中上等富裕国家水平。杭州风景秀丽、宜居宜游，是一座享有"人间天堂"美誉的千年古城，也是名副其实的旅游胜地。近年来，连续多年实施西湖、西溪湿地、运河等综合保护工程，建成了中国首个国家湿地公园，并打造了一批国家级、世界级的旅游产品。2011年，杭州市接待国内旅游者7180万人次，接待入境过夜旅游者306万人次，实现国内旅游收入1063亿元，旅游外汇收入19.6亿美元。杭州在发展休闲产业方面有着得天独厚的自然资源、文化历史、名胜古迹，杭州这个城市具有自古以来形成的闲适、优雅、从容的生活风格，在发展休闲经济、引领中国休闲事业发展方面有着无可比拟的优势条件。基于休闲产业的巨大潜能和休闲产业在中国呈现的勃勃生机，以及杭州在经济、社会、文化发展、资源条件等方面的优势，杭州市委、市政府提出把发展休闲相关产业作为城市发展的重要举措。在争取到"2006世界休闲大会"举办资格的同时，结合杭州"东方休闲之都"的城市发展定位和资源优势条件，将休闲大会发展为休闲博览会，自然是水到渠成的了。

资料来源：杭州世界休闲博览会组委会办公室. 2012年中国休闲发展报告［M］. 社会科学文献出版社，2012：121.

思考题：

1. 杭州创建城市休闲品牌有哪些优势条件？
2. 结合杭州"东方休闲之都"的城市发展定位和资源优势条件，谈一谈资源对于休闲活动的开展和休闲业发展的意义。

第一节 休闲资源的概念与分类

休闲资源（leisure resources）是休闲业存在与发展的物质基础。休闲活动的主体是休闲者，而休闲活动的客体是休闲资源。休闲资源是满足休闲者休闲活动的客观存在物，是构成休闲产业的重要因素之一，当然也是休闲管理的主要对象与内容。经过设计者、建设者和经营者的开发和组合活动，休闲资源可以转化为休闲产品，从而实现其价值。因此，对休闲资源进行科学合理的利用是休闲业持续发展的内在要求。

一、休闲资源的概念

所谓资源，是指"生产资料或生活资料的天然来源"。被称为"资源"的物质必须满足两个条件：客观自然存在的有形或无形物质；人类利用知识、技术而产生的正面价值。休闲资源是众多资源中的一种，与一般资源一样，休闲资源也是自然界中客观存在的，是人类社会经济发展到一定阶段，休闲活动进入社会经济领域，并以大量休闲企业、休闲生产的涌现为标志的休闲业出现后才被明确提出的。人们从事休闲时所利用的资源可以统称为休闲资源。休闲活动的发端首先来自于人们的休闲意愿，放松娱乐、增长见识、养生健身等休闲需求目的的满足总要依赖于各类事物，而这些事物都可以被视为休闲资源。

目前的休闲研究中，对休闲资源的研究关注较少，给予明确定义的尚不多见。已有的研究成果对休闲资源的外延范围和内涵属性虽然有一定的概括，但大都建立在"旅游资源"或"游憩资源"的定义基础上。具有一定代表性的有：李仲广（2004）的"凡能引发休闲情趣的自然、人文、社会经济事物和现象都属于休闲资源的范畴"和马勇等（2008）的"休闲资源是指那些凡能够激发休闲者休闲动机并促动其实现休闲活动，可为休闲业发展所利用，并由此产生一定经济、社会及生态环境效益的一切自然存在和社会创造"。有的学者甚至认为游憩资源与休闲资源是相通的，所以休闲资源在狭义上就是游憩资源："凡环境中能满足游乐需求效用的要素均可称为游憩资源。休闲资源涵盖了旅游资源：凡对旅游者具有吸引力，为旅游产业所利用并服务旅游者的有形无形的物质与要素，都称为旅游资源。"

随着生产实践的不断深入和对休闲研究的广泛开展，人们的认识也不断拓展，休闲资源的范畴也在不断扩大。目前对休闲资源的概念的认识，一般都会从以下三个方面理解。

首先，休闲资源应该是客观存在的，这是休闲资源的内在属性。这种客观存在既可以是自然形成的，如名山大川、流泉飞瀑、绿叶红花等；也包括人类社会创造的，如花园街景、购物商厦、运动场馆等；更多则为自然和人工结合而成的，如森林公园、海滨浴场、户外垂钓等。需要注意的是，休闲资源既有物质的，也有非物质形态的；既有自然或人文社会中有形的资源形态，也有文化、民俗、传说等无形的资源形态。对于具体形态化的物质休闲资源往往容易获得人们的认同，但对无形的休闲资源，人们往往不易感知和触摸，从而容易被忽视。一切休闲活动都发生于一定的空间，作用于一定的对象。对于所有精神性的、非物质的资源，只要其是在物质基础上产生的，依附于物质而存在，都可作为休闲资源来看待。

其次，休闲资源必须能让休闲者产生休闲动机，从而满足休闲者的特殊需要。这是衡量休闲资源的一个主要标准。休闲资源只有具有吸引功能才能使得娱乐度假、休养疗养、探险猎奇、求新求知等目的的休闲活动得以形成和实现。因此，休闲资源的理论核心是休闲吸引力。因而，凡是对休闲者具有吸引力的自然物、社会事务或因素，都可构成休闲资源。当然，这个吸引功能主要体现的是大众的概念，也就是说某项休闲资源至少对一部分人要有吸引力。

最后，休闲资源的利用要产生一定的效益。休闲资源也是资源，资源必须发挥出经济价值。所以，休闲资源要能为休闲业所开发、利用，并产生实际的经济意义。当然，也有可能一些休闲资源受到当前社会经济技术发展水平的制约，无法得到现实利用，但其应当存在未来开发利用的可能。休闲资源的利用也要考虑其社会效益。随着时代与经济社会的发展，休闲已经从最初的满足劳动者体力与精力恢复的一种生理需求，逐渐转变为改善与丰富人类生活和维护社会和谐稳定的重要手段。休闲的放松与消遣功能有助于人们缓解精神疲劳，释放心理压力，在一定程度上抑制或化解社会冲突的诱发因子，营造宽松、祥和、和谐、有序的社会环境。

总体上说凡能够激发休闲者休闲动机，引发休闲行为和活动的产生，能为休闲业所利用来满足休闲需求，并由此产生一定经济、社会和环境效益的一切自然和社会因素都可以称为休闲资源。

二、休闲资源的特点

休闲资源既具有普通资源的共性特征，又有其独特性的一面。虽然由于认识上的差异，学者们归纳的结果略有不同，但总体上对以下特征还是基本认同的。

（一）休闲娱乐性

休闲娱乐性是休闲资源与其他一般资源最主要的区别。休闲是人们在非劳动和非工作时间内自愿从事的各种自由活动。作为休闲活动的客体，休闲资源最明显的意义在于提供娱乐活动场所和相应内容。人们通过身体放松、竞技活动、艺术欣赏、好奇心等多种方式接触有关环境、场所和设施，获得身心的放松与调节，达到生命保健、体能恢复、身心愉悦等目的。相对于一般资源而言，休闲资源具有更强的娱乐功能；而与一般的观赏旅游资源相比，休闲资源不一定拥有奇特的景观或丰厚的历史价值，但肯定能让参与者放松身心、悠闲自在，并在一定程度上调节游人的智能、体能和生理、心理机

能。尽管具体的休闲动机因人而异,休闲活动的内容与形式也千差万别,但休闲娱乐的特性贯穿于个体的每一项休闲活动。因而,没有休闲娱乐性,就无法构成休闲资源。娱乐性的强弱体现了休闲资源的价值大小。

(二) 可体验性

休闲娱乐的畅爽是通过参与休闲活动的过程获得的,因此可体验性是休闲资源区别于其他资源的又一特性。休闲资源必须表现出其可参与和可体验的一面才可能给休闲者带来愉悦、放松、畅爽等感受,也才会被休闲者所接受,从而被休闲业所利用。

(三) 多样性和组合性

休闲资源是一个集合概念,任何能够造就对休闲者具有吸引力环境的因素都可以促使休闲资源的形成。客观世界的复杂性和休闲者需求的多样性,决定了休闲资源具有多样性的特点。既有自然休闲资源,也有人文休闲资源;既有历史遗存资源,也有现代人造资源;既有有形休闲资源,也有无形休闲资源;既有现实休闲资源,也有虚拟休闲资源。这些要素往往集合在一起,相互关联和作用,构成一个特有的休闲资源。可见,休闲资源的形成不仅是人类有意利用特殊环境、文化、设施等休闲要素,还与很多其他行业要素有很强的关联性,如房地产、信息、出版、娱乐餐饮、社区服务、教育、体育、展览馆、广播电视、艺术场馆及交通、金融、保险等。休闲资源对区域的整体发展与配套水平有很强的关联性和依赖性。独立的资源要素较难形成具有吸引力的休闲资源。因为各要素都处于相互联系、相互作用、相互制约的环境中,很少存在孤立的、与周围其他资源要素互不联系的单一休闲资源现象。在同一地区内往往是多种休闲资源交错分布在一起,形成一个和谐整体。一个地区休闲资源的种类越丰富、构成越复杂,则其综合性就越强,就越能满足休闲者的多元化需求。

(四) 可塑性

休闲客源市场对休闲产品的新奇性要求一般不会像对旅游产品的要求那样高,但人们的兴趣、需要和时尚潮流都会随着时间的推移和社会的发展而不断变化,而且由于休闲市场的消费量越来越大,休闲产业之间的竞争会日趋激烈,需要能够不断推陈出新,以获得更多的客源。需求的变化为休闲资源的创新提供了必要的和可能的空间。考虑到休闲资源的开发利用主要面向本地客源市场,而且绝大多数休闲项目基本没有专利权的限制,所以采用模仿的形式对世界其他国家、地区风行一时的游览项目或休闲场所进行引入,是一种行之有效的开发休闲资源的途径。而借助现代人力、财力和科学技术,创意开发和建造一些新的休闲资源,如主题公园、休闲街区、休闲活动等,应是休闲资源创新的主要形式。尤其是对传统休闲资源相对匮乏的地区,可通过创造休闲资源来营造休闲环境和发展休闲产业。由此可见,多数休闲资源具备资源再生性的特点。

（五）引力的定向性

引力的定向性首先体现在休闲资源的利用者范围。休闲活动包括本地休闲和外地休闲，但多以本地休闲为主，并形成由家庭休闲、城市休闲、环城游憩、乡村休闲构成的本地休闲空间体系。休闲资源的使用往往是本地休闲市场和外地休闲市场存在部分交叉现象，但本地市场覆盖面大，重复利用率高，表现为近程吸引的特性。其次，就某项具体的休闲资源而言，它对某些休闲者的吸引力可能非常大，但对其他休闲者的吸引力就有限。任何一项休闲资源都只能吸引某些特定的市场，不可能对所有休闲市场都具有同样大的吸引力。最后，休闲活动主要是一种经济行为，收入水平的差异使休闲消费呈现出一定的层次性。根据人们的收入水平，休闲的消费群体可以细分为高、中、低收入人群，不同的群体对休闲的需求和消费呈现出高、中、低等不同档次。

（六）时代变异性

不同的历史时期和不同的社会经济条件下，休闲资源的含义是不同的。随着社会的发展，人们对于休闲的追求越来越差异化，休闲资源的含义和范畴也越来越泛化，休闲资源的品种和数量都不断地增加，出现了很多新的休闲资源，如特色购物场所、卡拉OK等。原本不属于休闲资源的事物和现象，也可以通过创意设计成为当下的休闲资源，如观光农业。同样，随着时间的推移，由于人们休闲需求的变化，加之休闲活动对环境的影响，原有的休闲资源也可能会对休闲者失去吸引力，变成普通的资源。

（七）区域性

休闲资源具有区域性，是其存在的特殊条件和相应的地理环境造成的。不同自然和人文环境要素的地区差异使得休闲资源形成独具一格的地域特色。这也使得休闲资源的开发虽以本地客源市场为主要依据，但也同样赢得外地客人的兴趣和重视，从而形成不同规模的休闲客流。尽管部分休闲资源的构成要素并不具有强烈的区域风格，但各种休闲资源都分布在一定的空间范围内，是地理环境的重要构成要素。整体空间所形成的环境背景和感应氛围，同样具有明确化的区域特征。因而，休闲资源的区域差异是客观存在的，这也是休闲资源吸引力产生的一个重要根源。可见，一个地区的休闲业能否取得成功，首先要看其休闲资源的开发能否保持好地方特色。

三、休闲资源分类

休闲资源包括的范围和种类十分广泛，在各种各样的资源中，休闲资源是一类特殊的资源形态。为更好地认识和评价休闲资源，开发利用休闲资源，以最大限度地满足休闲者的需求和取得良好效益，必须对休闲资源进行科学分类。休闲资源的分类就是根据一定的目的，遵循一定的分类标准，通过比较、认识、归纳等方法，识别出休闲资源之间的相似性和差异性大小，将休闲资源进行分门别类，最后依次划分出不同等级。休闲资源的分类是进行休闲资源评价和开发的基础性工作，意义十分重大。

（一）分类原则

休闲资源的分类原则是休闲资源的具体类型划分的指导思想和实践依据。休闲资源的分类应遵循的原则包括以下几方面。

1. 相似性与差异性原则

休闲资源分类时，所划分出的同一级同一类型的休闲资源必须具有共同属性，而不具有共同属性的休闲资源则归入不同类型。不同类型休闲资源之间必须保持一定的差异性，差异性源于属性的不同。根据相似性与差异性对休闲资源进行区分和合并，就可以将纷繁复杂的休闲资源区分为具有一定从属关系的不同等级类型的系统。

2. 整体一致性原则

从不同角度将休闲资源的基本架构分解为几大部类，而这几大部类整合在一起仍能够保持休闲资源基本架构的整体性与完整性。在进行休闲资源的分类过程中，对同一类资源必须恰当地说明这种资源区别于其他资源的地方；进行下一步分类时，必须以其定义为出发点并包容其下属资源的属性。

3. 系统性原则

休闲资源是由各种不同的资源个体组成的一个系统。因此，在对休闲资源进行分类时必须遵循系统性原则。具体而言，休闲资源分类的系统性体现在三个方面：逻辑对应、逐级划分、相互独立。逻辑对应也称为对应性原则，即所划分出的次一级类型的内容，必须完全对应于上一级类型的内容，不能出现下一级内容超出上一级或少于上一级的现象，否则就会出现逻辑上的错误。逐级划分原则，即分级与分类相结合的原则。休闲资源是一个复杂的体系，它可以分为不同级别、不同层次的亚系统。分类时，可以把分级与分类结合起来，逐级进行分类，避免出现越级划分的程序错误。相互独立即所划分出的类型相互之间必须是独立的，不能出现相互重叠的现象。因此，不同级别或不同类型的划分不能采用相同标准；对每一类型直接划分次一级类型时必须采用相同标准，以避免出现分类的重叠。

4. 实效性原则

休闲资源的分类原则是建立在一定意义基础之上的，它可以从特定的角度更加清楚地认识休闲资源的内容和特性，从而能更有效地提供开发、利用、保护的指导。

（二）分类方法

根据不同目的，休闲资源可以有不同的分类标准和分类方法，常见的分类方法有以下几种。

1. 按休闲资源的性质和成因划分

按性质和成因划分，休闲资源可分为自然休闲资源和人文休闲资源，进一步可以有更多的细分方法。例如，郭剑英（2005）根据旅游资源的基本分类，将休闲旅游资源分为地文景观景类、水文景观景类、气候生物景观景类、现代人类吸引物景类和旅游服务景类五大类型。石惠春（2007）将休闲资源分为自然景系和人文景系两大类，前者可分为地文景观景类、水文景观景类和气候生物景类三大类，后者则包括现代人文吸引物景类、抽象人文吸引物景类和历史遗产景类。黄震方（2011）依据休闲旅游资源特性，先将休闲旅游资源分为自然游憩类、文化休闲类、康娱游憩类和专项休闲类四个大类；再主要根据资源的赋存状态与成因，进而分为18个亚类；继之以资源特性为主，兼顾休闲功能，进一步细分为98个基本类型（见表2.1）。

表2.1 休闲旅游资源的分类

主类	亚类	基本类
A 自然游憩类	AA 地文景观类	AAA 山地或丘陵　AAB 沟谷（峡谷）　AAC 洞穴　AAD 沙漠与戈壁　AAE 岛礁　AAF 岸滩（沙滩）　AAG 自然灾变遗迹　AAH 其他地质地貌景观
	AB 水域休闲类	ABA 河流（含漂流河段）　ABB 湖泊与水库　ABC 海洋（海滨）　ABD 地热与温泉（矿泉）　ABE 瀑布　ABF 冰雪与滑雪地
	AC 生物休闲类	ACA 森林（包括植物园）　ACB 草原或花卉地　ACC 野生动物栖息地或动物园
	AD 气候休闲类	ADA 天象观察地　ADB 避暑休闲地　ADC 避寒休闲地
	AE 自然综合类	AEA 世界自然遗产　AEB 自然风景名胜区　AEC 自然保护区　AED 森林公园　AEE 地质公园　AEF 湿地公园　AEG 生态旅游（示范）区　AEH 旅游度假区
B 文化休闲类	BA 历史遗产类	BAA 遗址遗迹　BAB 古代建筑与工程　BAC 古典园林　BAD 祭祀与宗教活动场所　BAE 陵寝陵园　BAF 其他文化遗产
	BB 文化场馆类	BBA 博物馆　BBB 文化（艺术）馆　BBC 纪念馆　BBD 图书馆　BBE 科技（科普）馆　BBF 其他主题文化场馆
	BC 人文活动类	BCA 名人与重要事件　BCB 文学艺术　BCC 传统工艺　BCD 地方风俗与民俗活动　BCE 旅游节庆与专项活动
	BD 人文综合类	BDA 世界文化遗产　BDB 文化风景名胜区　BDC 历史文化名城（名镇）与古城镇　BDD 历史文化名村与古村落　BDE 特色村镇　BDF 文化园区与文化旅游示范区
C 康娱游憩类	CA 公共游憩类	CAA 城市广场　CAB 公园　CAC 公共游憩建筑与设施　CAD 休闲主题街区或社区
	CB 餐饮休闲类	CBA 地方名菜名点　CBB 特色与风味餐厅　CBC 美食街与美食城　CBD 酒吧、咖啡厅与主题吧　CBE 茶楼与茶艺
	CC 娱乐休闲类	CCA 演艺中心、歌舞厅或娱乐城　CCB 主题公园与游乐场　CCC 影剧院与影视中心（基地）　CCD 数字游戏中心与娱乐网站　CCE 狩猎场

续表

主类	亚类	基本类
C 康娱游憩类	CD 购物休闲类	CDA 购物中心（商场）　CDB 商业街与特色市场　CDC 休闲装备品与地方旅游商品
	CE 体育健身类	CEA 体育馆或体育公园（含溜、滑冰场）　CEB 高尔夫　CEC 健身馆（中心）或游泳馆　CED 拓展训练场所　CEE 马场、自行车或徒步场所　CEF 山地运动　CEG 水上运动（含漂流、潜水）　CEH 空中运动　CEI 其他户外运动场所
	CF 保健疗养类	CFA 大型沐浴与 SPA 场所　CFB 大型足疗或按摩保健场所　CFC 体检康复中心　CFD 疗养院　CFE 大型美容院　CFF 主要化妆场所
D 专项休闲类	DA 产业休闲类	DAA 休闲农庄（农业园）与示范点　DAB 休闲工业园与示范点　DAC 创意文化（产业）园区　DAD 主题度假酒店与商务会所（俱乐部）　DAE 会展休闲场所　DAF 其他产业休闲资源
	DB 刺激冒险类	DBA 户外探险　DBB 野外生存　DBC 极限运动
	DC 其他专项休闲类	DCA 教育休闲　DCB 养老休闲　DCC 自驾车或房车营地　DCD 禅修度假　DCE 博彩休闲场所　DCF 其他专项休闲

资料来源：黄震方，祝晔，袁林旺，等．休闲旅游资源的内涵、分类与评价：以江苏省常州市为例［J］．地理研究，2011（9）

2. 按休闲资源特性和游客体验划分

以资源特性（含资源的区位特性）和游客体验性质为分类标准的有不少分类系统，其中以美国学者克劳森和尼奇 1966 年提出的分类系统最具影响力。该分类系统分为利用者导向型游憩资源、资源基础型游憩资源、中间型游憩资源三种。利用者导向型游憩资源以利用者需求为导向，靠近利用者集中的人口中心（城镇），通常满足的主要是人们的日常休闲需求，如运动场、动物园、一般公园，面积多为 0.4~1 平方公里，通常由地方政府或私人经营管理，海拔一般不超过 1 000 米，距离城市在 60 公里范围内。资源基础型游憩资源可以使游客获得亲近大自然的体验。资源相对于客源的距离不确定，主要在旅游者的中长期度假中得以利用，如自然风景、历史遗迹、远足、露营、垂钓等资源，一般面积为 10 平方公里，主要是国家公园、国家森林公园及某些私人领地。资源中间型游憩资源的特性介于上述二者之间，主要为短期（一日游或周末度假）游憩活动所利用，游客在此的体验比利用者导向型地区更接近自然，但又比资源基础型地区要次一级。

3. 按利用方式和效果划分

按利用方式和效果划分，休闲资源可以简单划分为游览鉴赏型休闲资源、知识型休闲资源、体验型休闲资源和康乐型休闲资源。有人做了进一步的研究，把休闲资源划分为享受自然景观类（地文景观类、水域风光类、生物景观类、气象景观类）、感受文化熏陶类（公共游憩类、文化场馆类、节日庆典类、民俗风情类）、体验娱乐生活类（娱乐场所类、购物餐饮类）、偏好康体健身类（体育健身类、康复保健类、疗养度假类）及崇尚刺激冒险类（户外探险类、极限运动类）5个类型。

4. 按休闲资源的吸引级别划分

由于我国目前尚无对休闲资源评定等级的官方标准，所以按休闲资源的吸引级别划分的方法可借鉴旅游景区、风景名胜区、森林公园等常态休闲资源的评定等级办法，划分休闲资源吸引级别为国家级休闲资源、省级休闲资源和市（县）级休闲资源三级体系，也可划分为一星、二星、三星、四星、五星的星级分级体系。

5. 按利用程度划分

按利用程度划分，休闲资源可分为现实休闲资源和潜在休闲资源。现实休闲资源是自然或历史文化赋存的客观存在的休闲资源，由于开发历史悠久、设施完备，已经广为休闲者认识，利用程度较高，如旅游景点、城市公园、游乐场等。潜在休闲资源主要是当前的经济、技术等条件无力开发的休闲资源。

6. 按照变动状态划分

按照变动状态划分，休闲资源可分为稳定类休闲资源和可变类休闲资源。稳定类休闲资源是指其外观形态和特性能保持较长时间没有明显变化的休闲资源，包括长久稳定型（如城市、宗教圣地、古建筑、山水、江海、民俗等）和相对稳定型（如古树名木、瀑布、游乐设施等）两种；可变类休闲资源是指休闲资源的形态、性质、特征及休闲利用的可能性存在一定变化性，包括规律变化型和随机型两种，其中规律变化型又包含稳定规律变化型（如植物季相、瀑布、动物迁徙、海潮等）及不稳定规律变化型（如云海、树挂等）。

7. 按资源结构划分

按资源结构划分，休闲资源可分为休闲景观资源和休闲经营资源两类。前者有自然休闲景观资源、文化休闲景观资源、民俗休闲景观资源等；后者常见的有休闲用品资源、休闲饮食资源等。

8. 按地域分布划分

按地域分布划分，休闲旅游资源可分为城市休闲旅游资源、城郊休闲旅游资源和乡村休闲旅游资源三类。城市休闲旅游资源包括现代城市公园、动植物园、主题公园、旅游购物场所、科学教育设施、博物馆、健身康体设施、娱乐设施、节庆活动等；城郊休闲旅游资源包括疗养度假地、湖泊、水库、泉、花卉苗圃等；乡村休闲旅游资源包括温泉、日照、冰雪、风景林、风景草原草甸、游憩性渔猎地、传统聚落田园风光、特色民俗等资源。

9. 其他分类

例如，可按资源属性将休闲资源分为物质性休闲资源（固定物质形态的休闲资源，

如古建筑、森林、温泉、康乐设施等）和非物质性休闲资源（如休闲氛围、情调、民俗节日等）；按生成背景可分为天然赋存型休闲资源和人工创造型休闲资源，或传统型休闲资源、中西融合型休闲资源、本土型休闲资源；按可持续利用潜力可分为可再生型休闲资源和不可再生型休闲资源；按保存程度分为完整型休闲资源、部分破坏型休闲资源和遗迹型休闲资源等。

第二节　休闲资源开发与利用

各种潜在或现实的休闲资源，必须经过科学合理的开发，才能最大限度地展示其价值，满足休闲者的需求。因而，休闲资源开发是实现资源价值的有效途径和前提条件。而要科学合理地开发利用，就必须对休闲资源进行客观正确的评价。

一、休闲资源的评价

（一）休闲资源评价的含义

休闲资源评价就是在休闲资源调查的基础上，对休闲资源的数量规模、质量等级、区域环境、开发条件、利用前景等因素进行科学的价值判断和可行性研究。就某一具体休闲地而言，其间哪些休闲资源值得开发、休闲资源的吸引力特色何在、开发的适宜时期、程度和方向是什么等问题，都是休闲资源评价工作所要解决的任务。因此，休闲资源评价是休闲地综合开发的重要环节，它直接影响到休闲地的发展前景。

（二）休闲资源评价的目的

休闲资源评价主要有以下几个目的：

通过对休闲资源的类型、组合的丰富程度、结构、质量、功能和性质的评估，为新休闲地的兴建和老休闲地的改造提供科学依据。

通过对休闲资源规模水平的鉴定，为国家和地区进行休闲资源分级规划与管理提供系统资料和判断对比的标准。

通过对休闲资源特色和吸引力因子的分析，为休闲开发者确定休闲资源的开发重点和开发方向提供有价值的参考。

通过对区域休闲资源环境及其开发条件的综合评价，为合理利用休闲资源，发挥整体宏观效应提供可行性论证，为确定不同休闲地的建设时序与步骤准备条件。

（三）休闲资源评价的原则

休闲资源评价工作涉及面广、情况复杂，目前尚未形成统一的认识基础和评价标准。为了保证评价工作的公正客观及其结果的准确可靠，一般应遵循以下基本原则：

1. 客观实际的原则

休闲资源是客观存在的事物，其特点、价值和功能具有客观性，评价时应客观实际，对其价值和开发前景既不要夸大，也不要缩小，应做到实事求是、恰如其分。

2. 全面系统的原则

全面系统原则体现在两个方面：一是休闲中资源的价值和功能是多层次、多形式、多内容的，它包括有历史、文化、娱乐、观赏和社会等功能，因此评价时要全面、系统、综合地衡量；二是涉及休闲资源开发的自然、社会、经济环境和区位、投资、客源等开发条件，评价时要予以综合考虑。

3. 讲求效益的原则

休闲资源评价的最终目的是进一步地开发利用，而开发利用的首要目的是取得经济、社会和生态环境三大效益。因此，评价是要估算其综合效益，以确定开发决策。

4. 高度概括的原则

休闲资源评价过程中涉及的内容众多，评价结论应明确、精练、高度概括出其价值、特色和功能，以使评价结果具有可操作性，利于开发定位。

5. 力求定量的原则

在评价调查区域休闲资源时应尽量避免带有主观色彩的定性评价，力求定量或半定量评价，并要求不同调查区域尽量采用统一标准的定量评价，以保证休闲资源的评价和比较在同一基准之下进行。

6. 动态进展的原则

休闲资源的特征以及开发的外部社会经济条件，是在不断变化和发展的。这就要求在进行休闲资源的评价工作时应具有动态的观念，用发展和进步的眼光看待变化趋势，从而对休闲资源及其开发利用前景作出积极、全面和正确的评价。

（四）休闲资源评价的内容

对休闲资源的评价，目前国内学者没有统一的观点。一般来说，休闲资源价值评估既包括休闲资源自身条件的评估（这些条件包括了休闲资源本身的性质、状况、休闲价值等）；也包括对休闲资源环境的评估，还包括对休闲资源外部开发条件的评估。

1. 休闲资源自身条件的评估

（1）休闲资源的特质。休闲资源的特质对其功能定位、开发方向、开发程度和规模及其经济和社会效益起着决定作用。休闲资源的特性和特色是休闲资源开发的生命线，特别是别处没有或少见的休闲资源，往往构成这个地区的独特的休闲吸引物。因此，对于休闲资源的特质进行评估是休闲资源评价的重要内容。

（2）休闲资源的价值和功能。休闲资源的价值包括艺术欣赏价值、文化娱乐价值、科学价值、经济价值、美学价值等，它直接决定休闲开发的方向。功能评价主要是对休闲资源满足人们观光、科考、环保、娱乐、健身、疗养等活动的程度进行评估。休闲资源的这些价值和功能是其开发规模、程度和前景的重要决定因素。

（3）休闲资源的数量、密度和分布。休闲资源的数量是指休闲目的地内可满足休闲活动的不同类别的休闲资源实体的单体数目（对非物质的休闲资源，其"实体"部分可称为"客观存在体"，也可以用数目衡量）。休闲资源的密度，又称休闲资源的丰度，是指休闲目的地内单个休闲资源实体在空间上的集中程度，它可以用单位面积内休闲资源单体的数量去衡量。休闲资源的分布则是指休闲资源实体所占据的空间位置及其组合特征，它是资源优势和特色的重要表现。休闲资源的数量、密度和分布是区域休闲资源开发规模和可行性的重要决定因素。

（4）休闲资源的环境容量。休闲资源的环境容量是指某项休闲资源自身或所在区域在一定时间条件休闲活动的容纳能力，包括容人量和容时量两个方面。所谓容人量是指休闲地单位面积所能容纳休闲者的数量，它反映了休闲地的用地、设施和投资规模等指标。休闲资源的容人量并不是指休闲地能容纳休闲者的最大数量，在评价休闲资源环境容量是必须同时考虑休闲资源的性质及由此而决定的休闲活动的方式、休闲资源点及其周边环境、休闲者的反映、经济与社会效果，只有当这些方面的要求都得到较好的体现时，休闲者数量的最高值才是休闲地的最佳容量。休闲资源的容时量是指休闲资源满足休闲活动所需要的基本时间，它体现了休闲地的游程、内容、景象布局和建设时间等内容。休闲资源越复杂、越含蓄、越有趣味，它的容时量就越大。

2. 休闲资源开发利用条件的评估

（1）区位条件。休闲资源的区位条件会影响到休闲市场的客源多少。休闲资源的区位条件（即地理位置和交通条件）是评价休闲资源开发可能性的首要条件，也是确定休闲资源开发规模及程度的重要因素之一。

（2）环境条件。休闲资源的环境条件评价主要指对休闲资源的自然环境、社会政治环境、经济环境、安全环境、卫生健康环境及投资环境等的评价。在对休闲资源开发规模、水平进行评价时，必须对上述环境条件所带来的影响进行综合性的分析，并根据环境条件的作用机理和影响范围、浓度、速度，预测休闲环境的演化状况和后果。

（3）市场条件。市场条件是评价休闲资源的基本条件之一。休闲资源的开发必须以客源市场为依据，客源的多少直接影响到资源的开发方向、规模、形式及经济效益。

（4）投资条件。休闲资源的开发需要大量资金的持续投入。休闲资源区的社会经济环境、经济发展战略以及给予投资者的优惠政策等因素都直接影响投资者的开发决策。为此，必须认真研究休闲资源区的投资条件和政策环境。

（5）施工条件。休闲资源的开发必须有一定的设施场所。这种场地主要用于建设游览、娱乐设施和各种接待、管理设施，如修建游览道路、娱乐载体、宾馆饭店、停车场地等。不同的设施对地质、地形、土质、供水等条件的要求有所不同。休闲资源的开发与上述条件的难易、优劣有密切的关系，因此也应列为开发条件系列评价的内容。

（五）休闲资源的评价方法

目前国内外对于休闲资源的评价，尚未得出一个统一的科学方法，不同的学者根据自己的研究目的，往往会采用不同的定性或定量的方法对休闲资源进行评价。这里主要介绍可以适用于休闲资源评价的游憩资源评估理论和方法。代表性的方法有旅行费用法（travel cost method，TCM）、意愿调查价值评估法（contingent valuation method，CVM）、享乐定价法（hedonic priced method，HPM）和费用支出法（expenditure method，EM）等。其中TCM和CVM是目前世界最流行的两种评估方法，1979年和1983年两次被美国资源委员会推荐给联邦政府有关机构作为游憩价值评估的标准方法。另外，1982年由美国农业部属下的林业局（U. S. Department of Agriculture USDA，Forest Service）出版的《游憩机会谱系使用指南》（*Recreational Opportunity Spectrum*，Rose）中提出的游憩机会谱系的评价方法。此外，1989年由德莱佛（B. Driver）与席莱尔（R Schreyer）提供的基于效益的管理（Benefit Based Management，BBM）及由BBM进一步发展而成的休闲效益方法（Benefit Approach to Leisure，BAL）则都是从效益的角度提出的由侧面评价休闲资源的方法。

1. 旅行费用法

TCM是评估无价格商品（特别是户外娱乐场所）效益的最早技术，它常被用来评价那些没有市场价格的自然景点或游憩环境的游憩价值。TCM起源于Hotelling的思想，最早由美国的Clawson于1959年提出，并于1966年被正式引入文献。TCM是非市场商品进行价值评估的一种有效工具，它首次把"消费者剩余"这一重要概念引入公共产品的价值评估，是公共产品价值评估的一次重大突破。作为一种对游憩目的地（诸如海岸、公园、健身场所等目的地）的收益进行评估的间接方法，TCM基于的前提是一个游憩目的地的"价格"可以由去这个目的地的旅行费用来测算，即应用消费者到达休闲目的地的所有花费来表征消费者对目的地支付的价格。

TCM模型采用成本—效益分析（Cost-Benefit Analysis）中的消费者剩余理论计算旅游资源的游憩价值。即：旅游资源的游憩价值包括消费者支出和消费者剩余两个部分，总游憩价值＝消费者支出＋消费者剩余。消费者支出是指游客旅行总费用的实际支出，包括交通、住宿、饮食以及门票等服务费，还有旅行时间花费和其他附属费用。其中：

旅行费用支出＝交通费用＋食宿费用＋门票及服务费用＋其他费用（摄影、购物等）

旅行时间花费价值＝游客旅行总时间×游客单位时间的机会工资

消费者剩余可以理解为：对一件商品或一项服务，消费者愿意为其支付的费用与实际支付费用之间的差额，即：

消费者剩余＝消费者自愿支出-消费者旅游实际支出

消费者支出可以通过相应的问卷调查以及计算得到，因此旅行费用法应用于旅游资源游憩价值评估的焦点就是求出需求曲线，根据需求曲线计算消费者剩余，而后得到总的游憩价值。

2. 意愿调查价值评估法

CVM是一种典型陈述偏好的非市场价值评估方法，它以调查为基础，因此又被称为

调查法（Survey Method）。该方法主要应用于环境经济领域包括非使用价值、非市场价值的评估。

CVM 最初是由 Ciriacy Wantrup 于 1947 年提出的。首次将 CVM 应用于实践是 1963 年，Davis 研究缅因州林地宿营、狩猎的娱乐价值时，通过调查捕鹅者对捕鹅的收益进行价值评估。而后，在自然资源两种主要的非使用价值——选择及存在价值被广泛认知后，此方法很快流行，并被看作环境经济文献中总经济价值评估的一种重要方法。20 世纪 70 年代以来，CVM 逐渐地被用于评估资源的游憩娱乐、狩猎和美学效益的经济价值。

3. 享乐定价法

HPM 作为自然资源价值核算的方法之一，其进行价值评估的基础是享乐模型。享乐模型是基于商品的价值取决于商品各方面的属性给予消费者的满足这一效用论的观点而建立起来的价值评估模型。它在经济学的意义上指人们从其消费的商品或服务上获得的效用或满足程度。

4. 费用支出法

EM 是从消费者的角度来评估旅游资源的游憩价值。费用支出法是一种古老又简单的方法，它以游憩者支出的费用总和（包括往返交通费、餐饮费用、住宿费、门票费、设施使用费、摄影费用、购买纪念品和土特产的费用、购买或租借设备的费用、停车费以及电话费等一切支出的费用）作为旅游资源的游憩价值。

EM 通常有三种形式：（1）总支出法，以游客的费用总支出作为游憩价值；（2）区内花费法，仅以游客在游憩区内支出的费用作为游憩价值；（3）部分费用法，以游客支出的部分费用，如交通费、门票费、餐饮费和住宿费作为游憩价值。

5. 休闲效益评价法

BAL 将广义系统论的理论视角与现代管理和规划方法结合起来，指出传统的管理是着眼于休闲活动、以管理为目的、将重点放在建立休闲设施和推销休闲服务上，以用户的多少、项目收入的多少、平均每千人拥有的绿地面积与休闲设施的数量等数字作为评价一个项目的标准。如果把一个休闲项目视为一个系统的话，传统的管理基本上只看到了输入系统的投资和维护所需要的成本，项目管理人员及其技能、休闲设施及推销方法等因素。BAL 代表的是一个思维范式的转变，它要求人们先着眼于系统的输出，看人们希望一个项目能带来什么益处，然后再去考虑该如何规划和管理该项目，使之能产生人们所希望的益处。这样，系统的输入与系统的管理都只是手段，目的则是使项目利益相关者的效益最优化。"利益相关者"不仅包括项目所在服务的个人、群体、家庭及当地社区，还包括项目所在地的生态环境、地貌、景观、文物等。管理的目的就是要为人与环境增加尽量多的价值。

BAL 虽然不是一种直接对休闲资源进行评价的方法，但是，该方法在为休闲服务项目的规划和管理提供了一个良好的理论框架和一些具体方法的同时，也探讨了一个休闲服务项目能给有关各方带来的益处，这些益处也正是从侧面反映了该项目所涉及的休闲资源的价值与功效，因此，对休闲资源的评价起到了一定的借鉴作用。该方法目前已经总结出一套比较系统的理论，成为进行休闲研究的一种有效的方法。这种分析方法不仅对实际参与管理的人员有重要的价值，而且为休闲学者、从事休闲教育的人以及制定休闲政策的政府部门提供了一种重要的视角。

二、休闲资源的开发利用

各种潜在或现实的休闲资源，必须经过科学合理的开发，才能最大限度地展示其价值，满足休闲者的需求。因而，休闲资源开发是实现资源价值的有效途径和前提条件。

（一）休闲资源开发的概念

休闲资源是休闲业赖以发展的物质基础，同其他资源一样，休闲资源只有经过开发利用，才能成为休闲产品，为休闲业所利用，发挥其经济、环境和社会效益的功能。所以，休闲资源开发是实现资源价值的有效途径和前提条件。休闲资源开发是指在休闲资源调查和评估的基础上，以人们的休闲需求为导向，以发展休闲业为目的，通过适当的方式把休闲资源改造成吸引物，并使休闲活动得以实现的综合性技术经济过程。这一概念可以从以下几个方面加以理解：

休闲资源开发要以调查和价值评估为基础。要发展休闲业，就要了解休闲业赖以发展的物质基础的休闲资源的类型、数量、品质、特征等，从而对休闲资源进行有效的开发。

休闲资源开发必须以休闲需求为导向。随着社会经济的发展，休闲者需求多样化、个性化趋势日益明显，因此在开发时必须认真研究休闲市场，以休闲资源为基础、市场为导向、产品为核心开发相应的休闲产品，从而提高休闲资源的吸引力和市场竞争力。

休闲资源开发的目的就是发展休闲业、满足人们的休闲需求。休闲业的发展首要目标就是满足人们的休闲娱乐需求，丰富人们的业余生活。同时可以刺激消费、扩大就业、调整产业结构、赚取外汇、回笼货币等。

休闲资源开发是一项综合性技术经济工程。休闲资源开发涉及房地产、信息，以及通信、出版、娱乐、餐饮、酒吧、茶馆、咖啡厅、社区服务、教育、体育、展览馆、广播电视业、影剧院、艺术场馆、集邮、花卉、宠物等，也包括为休闲服务的汽车、金融、保险、道路交通以及其他基础设施等相关行业或产品，甚至还涉及管理机构的建立、经营体制、环境保护等内容。

（二）休闲资源开发的原则

休闲开发要从实际出发，对不同资源条件采取不同的开发策略，但也应遵循一定的开发原则。

1. 市场导向原则

休闲资源开发必须以市场为导向，先通过对市场全面、系统地调研，确定目标市

场,根据市场需求,优化配置和有效利用休闲资源,开发出适销对路的产品,满足休闲者多层次、多方面的需求,赢得休闲者青睐。只有依托市场,休闲资源开发才能保持市场竞争力,创造良好的经济效益,同时又注重生态效益、社会效益、文化效益的和谐统一。

2. 特色化原则

特色化是休闲吸引力的源泉和灵魂。休闲特色化来源于资源所在地同客源市场地之间差异化的自然和人文环境。休闲资源的开发要保持特色化原则,首先,要明确资源优势,通过挖掘资源内涵,分析其某一方面的突出特点,从而确定开发方向;其次,要注意开发过程中的针对性措施,强化其优势,特别是突出地域特色、民族特色和文化特色;最后,还要注意创造整体休闲环境、氛围,形成独立的休闲形象。

3. 层次性原则

我国休闲业正处于起步阶段,休闲发展模式还处在进一步的探索中。休闲资源开发、休闲产品建设虽然发展迅速,但与休闲业的需求之间还存在着一定差距。由于休闲资源开发是一项综合性事业,涉及社会经济的各个领域、各个部门,因此在开发的过程中绝不能盲目追求数量和规模的扩张,要循序渐进,根据自身资源及客源市场条件,确定开发类型和重点开发项目,实行科学规划、合理布局,分期分批循序开发。

4. 保护与开发并重原则

在休闲资源的开发过程中,要正确处理好保护与开发的关系。对于那些不易破坏休闲资源和环境的项目,要以开发利用为主,大力开发建设;对于稀缺的、不可再生的休闲资源,尤其是珍贵的文化遗产和自然遗存,则应以保护为主,在不破坏资源的前提下,进行科学的、有限的开发。总之,应以保护为前提,明确保护范围,合理适度开发,实现经济效益、环境效益和社会效益的和谐统一。

(三) 休闲资源开发的内容

休闲资源的开发利用从内容上不仅包括对资源本身的开发,还应包含休闲配套设施和休闲人文环境的建设,从而使得休闲资源地成为一个具有吸引力和接待条件的休闲目的地。休闲资源的开发包括的内容主要有以下几个方面。

1. 休闲目的地的规划与开发

休闲目的地的规划与开发是休闲资源开发的核心部分,也是整个区域休闲业开发的出发点。由于开发范围、开发规模、开发重点、背景条件的不同,加之目前休闲业的规划尚无国家统一标准,不同区域的休闲目的地的规划内容也不尽相同。休闲目的地的开发内容一般包括现状调查、总体布局、资源产品转化、基础设施、近期建设项目、投资估算和效益分析、管理措施等。需要指出的是,休闲目的地的规划与开发活动的内容会随着休闲目的地生命周期阶段的不同而不同。对于某一个休闲目的地而言,从初创期到成熟期,将经历从尚未利用的首度开发到成熟阶段的深度开发,其开发工作的性质也由建设向保护转化。

2. 休闲资源提升改造与整合

休闲资源的整合、组合、改造在拟开发的休闲资源富集地区，在对休闲资源进行详尽、科学的调查、分析与评价基础上，以休闲目的地的规划设计方案为依据，对各类休闲资源进行整合（归类、合并、调整）、组合（建立空间联系）、改造（改变其形态、结构、功能），根据休闲市场的需求状况，设计、生产出休闲产品。

3. 休闲配套设施的建设与完善

休闲配套设施在休闲产业体系中具有非同寻常的重要性。一方面它满足了休闲者的基本生活需要；另一方面，由于休闲本身的性质，使得配套设施也承担一定程度的休闲功能性发挥。由于休闲配套设施覆盖面广，资金投入量大且回收期较长，对其建设数量、规模、布局都必须经过严格论证和审批，以避免设施不足或浪费的现象出现。休闲配套设施的建设与完善，既配合休闲资源的开发满足了休闲者的多方位需要，又使得休闲资源的开发与区域经济密切联系，从而使开发得到更有力的支持。

4. 休闲环境的营造

休闲目的地的环境可以充分展示休闲资源的地域背景，如一个地区的政治局势、社会治安、风俗习惯以及当地居民的文化修养、思想观念、好客程度等，从而直接或间接地对休闲者产生吸引或排斥作用，进而影响休闲资源开发的效果。因此，在进行休闲资源开发时，一定要营造良好的休闲环境，从而提高休闲者的满意程度。

（四）休闲资源开发的方式

根据休闲资源的性质和开发目的，休闲资源开发包括新建、利用、修复、改造和挖掘提高五种方式。

1. 新建

凭借当地的休闲资源特点，建立新的休闲区，建设一些必要的休闲服务基础设施，以增加休闲吸引力，满足休闲需求，推动休闲业发展。这种方式，重在创新，贵在特色，必须创造出"人无我有，人有我优，人优我特"的具有鲜明个性和独特风格的休闲产品。

2. 利用

利用指将原有的没被认识到的休闲资源，通过整理、组织和再开发，从而使之成为休闲吸引物的一种开发方式。随着社会的进步和人们生活水平的提高，人们的休闲需求及消费行为特征也呈现多样化趋势。所以，可以根据人们需求的新变化，开发利用那些以前未被认识到的休闲资源，使其成为新的休闲产品。

3. 修复

自然或历史的原因而被损毁，但又有很高艺术、历史文化或科学研究价值的休闲资源，经对其进行整修、修复或重建，使之重新成为可供人们休闲娱乐的吸引物。

4. 改造

改造是指投入一定数量的人力、物力和财力，对现有的、但利用率不高的休闲景观、休闲设施或非休闲设施进行局部或全部改造，使其符合休闲市场需求，成为受人们欢迎的休闲产品。

5. 挖掘提高

挖掘提高是指对已被开发但又不适应休闲业发展需要的休闲产品，需要深入挖掘，增加一些休闲设施和新的服务，提高其整体质量，再生出新的休闲吸引力的一种开发方式。

以上五种开发方式并无严格的明显界限，难以截然分开，通常是结合现状与需求，根据具体的休闲资源状况，确定具体的开发方式及其组合。

（五）休闲资源开发的程序

休闲资源开发是一项复杂的系统工程，开发的程序具体可分为确定开发项目、可行性研究、开发规划、具体项目规划设计和项目实施与监控几个步骤。

1. 确定开发项目

确定开发项目就是根据当地休闲资源的特色，休闲市场需求特点和区域经济发展水平，选定要开发的休闲项目，并对未来开发工作有一个初步的构想。这是休闲资源开发工作的起点。选定资源开发项目的基本依据是：休闲市场需求趋势，区域休闲资源特色，地方经济发展水平，区域休闲业发展的主体形象等。

2. 可行性研究

进行可行性研究就是要论证项目中所涉及的休闲资源或休闲项目，是否具有开发前景，是否具有开发建设的必要性和可行性。休闲资源开发的可行性研究主要包括五个方面：休闲资源调查与评价、休闲地社会经济环境分析、客源市场分析、环境影响分析、投资和效益分析预测。

以上五个方面是一个有机的整体，相互联系，相互渗透，是综合判断休闲资源开发项目是否可行的具体标准。五个方面的分析研究构成了研究报告的总体框架结构，最终形成可行性研究报告。

3. 开发规划

所谓开发规划，就是在休闲资源调查与评价的基础上，根据市场需求，为实现发展目标而进行的项目计划的设计过程与实践过程，是从总体上指导休闲资源开发工作的计划和蓝图。其目的是增强资源开发工作的计划性、科学性，避免随意性和盲目性。制订开发规划，主要包括五个方面的工作：确定发展目标、休闲资源开发定位（包括形象定位、功能定位、市场定位、产品定位、模式定位）、确定开发范围、规模和性质、进行项目总体布局、决定开发顺序和步骤。

由于人力、物力、财力的限制，休闲资源开发一般不会同时全面铺开，应有选择、有重点、有时序地分期建设。在保证重点项目开发的基础上，不断增添新项目、新产品，以休闲资源开发为核心，并逐步建立、建全休闲服务和配套设施，逐渐形成完善的休闲服务配套体系。

4. 具体项目规划设计

休闲资源开发规划只是从总体上对休闲资源开发项目进行宏观规划，不可能对具体项目进行微观设计。与总体规划相比，具体项目规划设计更加复杂，更加精细，任务也更加繁重。

5. 项目实施与监控

有了开发规划和具体项目的规划设计方案，在按照法定程序上级相关部门审批之后，休闲资源开发工作就可以付诸实施建设。在建设过程中，需要解决的是资金筹措和部门分工的问题。筹措资金的方式多种多样，可以采取政府融资，集体融资，私企融资，或国际融资等方式。融资形式可以有自筹资金、银行贷款和证券融资（股票、债券）等。为了保证开发项目的顺利进行，必须成立一个专门的组织机构，负责整个项目的领导、指挥、协调和监管，以保证各部门能合理分工，劳动力资源能有效配置。

实施过程中应随时对开发的工程质量、经济支出进行统计监管，将统计结果与预定目标和财政预算进行比较，找出偏差及其原因，从而调整实施方案或预定目标，但前提是基本按开发规划执行，保证休闲资源开发过程中的动态平衡。

【复习思考题】

1. 何谓休闲资源？
2. 休闲资源有哪些特点？
3. 简述休闲资源评价的内容。
4. 简述休闲资源开发应遵循哪些原则以及开发的内容和方法。

【案例分析】

云南抚仙湖开发之痛

抚仙湖位于云南省玉溪市澄江、江川、华宁三县间，距昆明60多公里，形如倒葫芦状，面积216.6平方公里，湖水平均深度95.2米，为珠江源头。更重要的是，抚仙湖水质为国家Ⅰ类，是国内为数不多的Ⅰ类水质淡水湖。

《云南省抚仙湖保护条例》规定，抚仙湖的一级保护区，包括水域和湖滨带，"水域是指抚仙湖最高蓄水位以下的区域，湖滨带是指最高蓄水位沿地表向外水平延伸100米的范围"。

然而这一切，都没能阻挡众多的豪华湖景别墅、五星级酒店、高尔夫球场在抚仙湖保护的"绝对禁区"内拔地而起，不少新建建筑和设施都紧临湖水。这些"巨无霸"项目被冠以"旅游度假区""休闲胜地""体育公园"等各种名称，但实地调查发现，事实上它们大多是房地产开发项目。

位于抚仙湖东岸的太阳山国际生态旅游休闲度假社区（以下简称太阳山），启动区面积6618亩，一期果岭海与三期天晴湾均位于环湖公路内侧，一期更是三面环湖。太阳山宣传资料称，该项目是"世界深蓝湖区，世界财富阶层的心灵栖息地"。

在抚仙湖区，"环湖公路内侧"是湖泊保护的一条警戒线。因为环湖公路距湖边，最远的地方也不过数百米，一旦在这一范围内兴建项目，就无法保证不冲破上述100米红线。

事实上，据现场所见，太阳山项目中，环湖公路内侧一处正在建设的公寓，即临近湖边，附近湖水因施工污染而呈红土之色。该项目一期的希尔顿酒店亦位于环湖公路内侧，其附近还分布着精装修的近20幢别墅。这些均价在每平方米3万元左右的别墅，产权为40年，几乎未经宣传，即在短期内售出；距抚仙湖不远的公寓目前也以每平方米1.6万元至1.8万元的价格售出。

位于江川县抚仙湖上游西岸九龙湾的九龙晟景项目，则干脆在宣传资料称自己是"目前为止离抚仙湖最近的度假公寓，最近处距离水岸仅50米"，这些欧式风格别墅"其中95%的房间都能看到湖景"。该项目总占地1500亩，包含豪华酒店、海景酒店公寓及海景别墅，开发商为香港林大福国际集团。

直逼抚仙湖水边的还有高尔夫球场。以太阳山为例，一期与二期均各建有一个高尔夫球场。这两个球场分别位于环湖公路内外两侧，其中公路内侧的一片高尔夫练习场已部分对客户开放，在青葱草坪上挥杆，可望见不远处的湛蓝湖水；公路外侧的大片高尔夫球场则被种草坪的薄膜覆盖，很远就能看见。

基于保护耕地的需要，2004年，国务院办公厅发布《关于暂停新建高尔夫球场的通知》规定，从2004年1月10日起，地方各级政府、国务院各部门一律不得批准建设新的高尔夫球场项目。

（资料来源：http：//news.dichan.sina.com.cn 21世纪经济报道 2013/6/7）

思考题：

1. 抚仙湖休闲资源开发违反了哪些开发原则？应该吸取什么教训？
2. 结合案例阐述资源评价的意义。

第三章 休闲产业与休闲市场

本章对整个休闲产业及市场的相关概念、特点、分类进行梳理归纳,内容包括休闲产业及休闲市场两节内容。第一节阐述休闲产业及休闲产品的概念、特点、分类及其对经济社会的影响等;第二节休闲市场分别从休闲需求、休闲供给、休闲消费行为等方面,阐述整个休闲市场存在的基础、影响因素、运行规律及特点。

【学习目标】

1. 明确休闲产业、休闲产品、休闲需求、休闲供给、休闲市场细分的概念;
2. 熟悉并掌握休闲市场细分、休闲产品的性质、特征;
3. 了解休闲产业及休闲产品的分类;
4. 掌握休闲市场细分的方法。

【导入案例】

著名未来预测学家格雷厄姆·T.T.莫利托在《全球经济将出现五大浪潮》一文中认为:休闲是新千年全球经济发展的五大推动力中的第一引擎,新千年的若干趋势使得"一个以休闲为基础的新社会有可能出现"。到2015年前后,世界发达国家将进入"休闲时代"。休闲将成为人类社会文明的重要组成部分。伴随着人们闲暇时间和可支配收入不断增多、文化品位及生活水平不断提升的同时,休闲经济发展演进的步伐也逐渐加快,大致会呈现以下几种趋势:

第一,从宏观经济走向的角度看,休闲经济将在发展中国家备受青睐。休闲经济将

会成为发展中国家扩大内需、拉动经济增长、解决人口就业问题、推动产业结构调整、促进国民经济增长的重要途径。特别是在当前受国际金融危机的影响，一些发展中国家制造业受挫、国际贸易受阻的情况下，发展休闲经济对 GDP 的贡献意义深远，这有助于本国就业机会的增多、有助于本国市场的活跃、有助于本国经济的回暖。

第二，从国民经济结构的角度看，发展休闲经济必将导致经济结构向休闲化方向转变。随着人们生活方式和劳动方式休闲化程度的加深，必然带来社会需求方式及人们的消费方式朝着休闲化方向转变，从而引起经济结构的调整和优化，提升社会的整体休闲供给水平。那些以满足人们休闲生活或休闲化生活需要为主的产业将日益蓬勃发展，造成经济结构的休闲化并创造出丰富多样的经济供求关系，成为经济社会持续增长的源泉。

第三，从消费的角度看，休闲消费是整个市场结构的一部分，休闲消费市场的培育开发将成为经济发展的一个重要的、新的增长空间。随着人们收入水平的增高，休闲消费越来越成为人们消费中重要的部分。发展休闲消费有利于挖掘消费者"潜在需求"；有利于培育消费热点，从而促进消费结构的升级和优化，形成新的经济增长点，形成消费需求与经济增长之间的良性循环。

第四，从提高消费者效用角度看，休闲经济大众化趋向走势明显。休闲经济是以提供休闲活动和休闲体验来获得经济产出的，它是以旅游业、娱乐业和服务业为龙头形成的产业系统。它不仅要提供休闲产品、设施和服务，更重要的是要提供一种休闲体验，营造出满足特定消费群体需要的消费氛围，增强顾客消费时愉悦的精神感受和心理体验。从而实现消费者多元化的消费需求，提高消费者效用水平。显然，休闲经济易于大众接受，大众化的趋向走势已十分明显。

第五，从经济多元化的角度看，休闲经济将向国际化方向发展。随着经济全球化背景的不断加深，国际的交往合作将日益密切。相互会体验对方的休闲活动、相互会接受对方的休闲文化、相互会购买使用对方的休闲产品，乃至相互会引进休闲设施、投资休闲产业，从而推动休闲经济向国际化方向发展。

（资料来源：http://www.360doc.cn/article/943329_24784374.html）

第一节 休闲产业与休闲产品

一、休闲产业概述

（一）休闲产业内涵界定

目前学术界对休闲产业没有一致的定义，综合学术界比较有代表性的观点可以发现休闲产业具备以下两个共同点：休闲产业是众多相关行业的集合，它既需要这些行业作为支撑，同时具备这些行业的部分功能；休闲产业的任务是便利休闲活动，通过提供休闲产品和服务满足休闲者的需要。

作为人们的共识，这两点也是我们重新界定休闲产业概念必须考虑进去的重要因素。但是，有一个事实经常被我们忽略，那就是人们的休闲活动有很多是属于自给性的，如散步、听音乐、阅读、打扑克等，这些活动中有些并未涉及相应的商业化的休闲产品和服务，对休闲产业的经济贡献并不明显。就此，对休闲产业概念的理解应该有广义和狭义之分。由于休闲产业的投入与产出难以清晰地测算和确定，要完全明确地界定广义休闲产业的技术性定义几乎是不可能的，这一点甚至在狭义休闲产业的界定时也会遇到。为了理论研究和实际工作的需要，还是有必要在综合前人成果的基础上给出较为宽松的休闲产业定义。本书认为，广义的休闲产业是指以休闲资源为依托、以休闲设施为基础、以休闲产品为手段、以休闲市场为对象，通过提供休闲服务满足休闲消费者多样化需求并以此获得经济利益的综合性行业。休闲资源、休闲设施、休闲产品、休闲市场、休闲服务是休闲产业经营管理的五大要素。狭义的休闲产业是指为休闲者的休闲娱乐活动提供直接服务的行业和部门。旅游业、服务业和娱乐业构成休闲产业的三大支柱。

（二）休闲产业分类及结构系统

休闲产业是与人们休闲行为密切相关的产业领域，特别是指以旅游、度假、健身娱乐、文化传播、社区服务等产业为主形成的产业群。如今，休闲产业已成为不少国家的龙头产业。但是由于休闲产业与服务业、第三产业、文化产业等相互交叉与渗透，产业边界十分模糊。

发达国家休闲产业服务业一般包括营利性组织、非营利性组织和公益事业三类部门，其中营利性组织在这三类部门中居主导地位。以美国为例，95%的休闲服务项目由营利性服务机构承担，主要包括旅游设施（包括旅游景区、饭店、俱乐部等）、休闲产品（玩具、游戏器材、运动设备、书籍、车辆制造与销售）及文化娱乐活动（协会组织、体育比赛、文娱演出或康体健身活动）等。非营利性组织和公益机构主要为青少年和老人服务。非营利性组织提供的休闲内容包括公共娱乐场所、博物馆、运动场地等。公益性组织提供的休闲内容包括环境保护机构、社区活动场所、娱乐策划组织、文化组织和俱乐部等（详见表3.1）。

表 3.1　国外休闲服务结构的主要分类

类型	营利性组织	非营利性组织	公益性组织
内容	剧院、电影院、饭店饭馆、咖啡馆酒吧舞厅及夜总会、旅行社及旅游公司、航空公司及代理、旅游吸引物、健身俱乐部及工作室、综合购物娱乐中心、运输公司	体育健身中心、图书馆、博物馆、艺术中心及美术馆、观光景点、旅游信息中心、公园、体育场所及游戏地、游泳池、其他特殊设备	环境保护机构、社区活动产所、娱乐策划组织、俱乐部及协会

在我国，休闲产业通常称为第三产业。学者王寿春把城市休闲产业划分为两大类：一类是公共福利设施的经营管理以及为此提供的相关服务构成的经济活动，主要包括由政府和各社会团体投资兴建的公共福利设施的经营活动以及为此提供的免费服务；另一类是付费休闲形成的商业活动，主要包括休闲旅游业、文化传播业、体育健身业和休闲娱乐业四大领域（详见表3.2）。

表3.2 城市休闲产业构架

大类		类型	类别
城市休闲产业	福利休闲产业	公共基础设施	城市公园、地质公园、自然保护区、森林公园、城市街道、公共绿地、休闲广场、休闲街区、社区绿地
		公共活动场所	图书馆、群众艺术馆、文化馆、文化站、村镇文化中心、文物馆、博物馆、档案馆、展览馆、少年宫、科技馆、工人文化馆
		公共服务与管理	城市公共基础设施的维护、公共活动场所的管理与服务、休闲研究和教育、城市环保与环卫、旅游管理、文化管理、体育管理、娱乐管理、宗教事务管理
	付费休闲	休闲旅游业	名胜古迹、主题公园、古民居、观光农业园和牧场、度假宿营地、野炊场所、汽车旅馆、都市观光场所、海岸游乐园、植物园、节庆活动
		文化传播业	电视台、电台、图书馆、书店、电影制片企业、电影院、剧场、工艺美术品拍卖、画廊、文化俱乐部、报社、杂志社、书馆、音乐厅、印刷企业、图书报刊零售业、服装表演、文化经济与代理
		体育健身业	竞技比赛场馆、健身俱乐部、高尔夫球场、台球厅、赛马场、保龄球场、游泳馆、划船俱乐部、马术场、射击场、滑雪场、旱冰场、网球俱乐部、石岩探险、户外拓展、虚拟运动俱乐部
		休闲娱乐业	餐厅、酒店、棋牌室、洗浴中心、网吧、酒吧、氧吧、陶吧、艺吧、舞厅、歌厅、卡拉OK厅、录像厅、电子游戏室、美容中心、茶馆、垂钓园、狩猎场、温泉、SPA

资料来源：王寿春．城市休闲经济的规模与产业结构构件研究［J］．财经论丛，2005（5）：27．

从狭义上看，休闲是一种直接面向消费者的消费性服务，是产业末端的产品和服务。从作为产业末端产品的休闲产品和服务开始追本溯源，可以发现休闲产业不仅渗透于第三产业，还与农业、工业等第一、第二产业有关联。这也符合产业复合性原则。为休闲需要而提供相关产品与服务的企业渗透在国民经济各行各业。参照国家统计局2008年9月正式出版的《国民经济行业分类注释》及《国家经济行业分类》，将休闲产业分类整理（详见表3.3）。

表 3.3　休闲产业统计范围

三次产业分类	《国民经济行业分类》(GB/T 4754—2002) 类别、名称及代码			纳入休闲统计的门类
类别	门类	大类	类别、名称	
第一产业	A		农、林、牧、渔业	
		1	农业	休闲农业
		2	林业	休闲林业
		3	畜牧业	科普休闲
		4	渔业	休闲渔业
第二产业	C		制造业	
		13	农副食品加工	休闲食品加工
		14	食品制造业	休闲食品制造
		15	饮料制造业	休闲饮品
		16	烟草制造业	全部统计
		18	纺织服装、鞋、帽制造业	休闲服装
		19	皮革、毛衣、羽毛（绒）及其制品	休闲商品类
		20	木材加工及木竹、藤、棕、草制品业	休闲商品类
		42	工艺品及其他制造业	休闲商品类
		43	废弃资源和废旧材料回收加工业	休闲商品类
	D		电力、燃气和水的生产和供应业	
		44	电力、燃气的生产和供应业	休闲业类
		45	燃气生产和供应业	休闲业类
		46	水的生产和供应业	休闲业类
	E		建筑业	
		47	房屋和土木工程建筑	休闲业类
		48	建筑安装业	休闲业类
		49	建筑装饰业	休闲业类
		50	其他建筑业	休闲业类

续表

三次产业分类	《国民经济行业分类》（GB/T 4754—2002）类别、名称及代码			纳入休闲统计的门类
类别	门类	大类	类别、名称	
第三产业	F		交通运输、仓储和邮政业	
		51	铁路运输业	休闲业交通
		52	道路运输业	休闲业交通
		53	城市公共交通业	休闲业交通
		54	水上运输业	休闲业交通
		55	航空运输业	休闲业交通
		59	邮政业	休闲业交通
	G		信息传输、计算机服务和软件业	
		60	电信和其他信息传输服务	互联网
		61	计算机服务	网吧服务业
		62	软件业	休闲软件、游戏软件类
	H		批发和零售业	
		65	零售业	为休闲业的零售类
	I		住宿和餐饮类	
		66	住宿业	休闲旅游住宿
		67	餐饮业	休闲餐饮
	J		金融业	
		70	保险业	休闲类保险
	K		房地产业	
		72	房地产业	休闲房地产
	L		租赁和商务服务业	
		73	租赁业	休闲旅租车
	M		科学研究、技术服务和地质勘查业	休闲研究
	O		居民服务和其他服务业	
		82	居民服务业	居民休闲服务
		83	其他服务业	休闲服务

续表

三次产业分类	《国民经济行业分类》(GB/T 4754—2002) 类别、名称及代码			纳入休闲统计的门类
类别	门类	大类	类别、名称	
第三产业	P		教育	
		84	教育	休闲教育
	Q		卫生、社会保障和社会福利	
		85	卫生	休闲教育
	R		文化、体育和娱乐业	
		88	新闻出版业	全部统计
		89	广播、电视、电影和音像类	全部统计
		90	文化艺术业	全部统计
		91	体育	休闲体育
		92	娱乐业	全部统计
	S		公共管理和社会组织	
		94	国家机构	休闲管理机构
		97	基层群众自治组织	休闲组织
	T		国际组织	
		98	国际组织	如国际休闲产业协会

资料来源：张建. 休闲都市论 [M]. 上海：东方出版中心，2009：162.

卿前龙和胡跃红将存在于三大产业中的休闲产业部门分别称为休闲第一产业、休闲第二产业和休闲第三产业。其中，休闲第一产业和休闲第二产业可以统称为休闲物品业，休闲第三产业也称为休闲服务业。休闲物品业包括休闲农业、休闲林业、休闲畜牧业、休闲渔业、休闲食品加工业、休闲用品（具）制造以及休闲建筑业。休闲服务业包括休闲旅游业、健身和美容休闲业、文化和娱乐休闲业、餐饮休闲以及其他服务业等。休闲产业广泛存在于国民经济三大产业之中，与三大产业存在交叉、包含关系（见图3.1）。

结合我国国民经济行业分类和休闲产业的性质，我国的休闲产业群涉及了除电力、燃气及水的生产和供应业，国际组织等行业以外的国民经济18个行业大类和众多的小类，具体可以概括为以下三类：核心产业、支持产业和关联产业。核心产业是直接为休闲活动提供产品和服务的产业群，如博物馆、游乐场、健身房、娱乐中心、商场、图书馆、景区景点等；支持产业是为核心产业提供物质支持或休闲活动组织的企业群，如食品加工业、光盘制作公司等；关联产业是为核心产业和支持产业提供各项服务的产业群，如银行、社区服务公司、交通公司、广告公司、保险公司等。

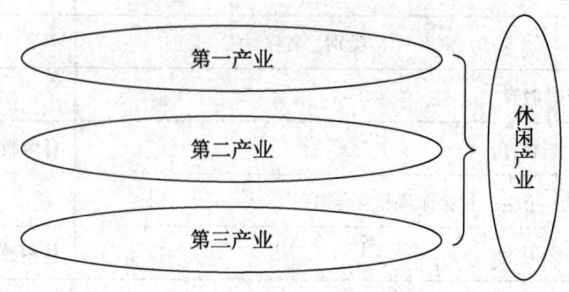

图3.1　休闲产业与三大产业的关系

当然，从广义看，休闲产业是"泛产业"，只要是为消费者休闲活动提供服务的行业均可归于休闲产业。从产业资源的供给看，休闲产业的边界可以无限延伸；从产业发展的时空维度看，休闲需求的动态性和休闲供给的区域特色导致休闲产业边界的不确定性；从产业发展的驱动要素看，休闲产业的发展已进入软要素驱动阶段，即创意成为休闲产业发展的主动力。因此，本书认为，休闲产业是一个随着人们的休闲需求的变化而不断更新的产业，是一个典型的与时俱进的产业。

（三）休闲产业的性质

现代休闲业是一项大众产业，这一命题涉及休闲业性质的两个重要方面，即社会性和经济性。

一方面，休闲业与国民经济发展和广大人民群众的日常生活有着十分紧密的联系，它既提供商品、物资的服务，也提供相关的生活性服务，同时还营造着人们的生活环境和宜居条件，在构建和谐社会中的地位十分重要，因此具备明显的社会性。在产业的发展之初，休闲业更多地表现为一种政府主导的公益性事业，其主要目标是提高人们的生活水平，满足人们工作之余的休闲需求。随着产业的不断发展壮大，休闲业的发展水平逐渐成为衡量一个地区居民生活质量高低的标准之一，其社会属性表现得越来越显著。

另一方面，作为一个新兴的产业，休闲业的经济性是不言而喻的，任何一个国家或地区发展休闲都具有明显的经济动机。单纯从字眼上看，"业"本身就是经济生产范畴的概念，主要是指因社会分工而形成的各种经济生产职能与组织的分类。所谓"某某业"则指此种职能分类中具有共同生产性质或经营性质的具体劳动组合，是生产直接经济价值的特定劳动行业组织的业种称谓。休闲业是通过休闲产品和服务的生产与交换来获取经济利益的综合性行业，理所当然具有经济属性。

（四）休闲产业的特点

休闲业以休闲资源为依托，以休闲设施为基础，以休闲产品为手段，以休闲市场为对象，因而兼具上列要素的一些基本特点，如综合性、复杂性、层次性等。除此之外，从休闲业的职能和实际效用等方面来看，它还具有某些自身特点。

1. 依赖性

休闲业的依赖性特点主要表现在三个方面：一是需要以休闲资源作为依托（在休闲资源极度贫乏的地区大力发展休闲业是不现实的）；二是有赖于国民经济的发展（区域的经济发展水平决定着休闲者的数量、消费水平和消费频率）；三是有赖于相关行业和部门的通力合作与协调发展，其产业链条上任何一个行业脱节，都会使休闲经营活动难以正常运转。

2. 带动性

休闲业本身是一个产业群体，以其中的旅游业来说，据世界旅游组织资料显示，旅游部门每直接收入1元，相关行业的收入就能增加4.3元；旅游部门每增加1个直接从业人员，社会就能增加5个就业机会。可见，休闲业的带动性不仅表现在行业联动方面，还突出表现在就业联动方面，作为一个综合性的行业，休闲业比其他行业具备更强的就业吸纳能力。

3. 休闲产业是劳动密集型产业

休闲业是以劳动密集型为主导的产业，也是低就业门槛的产业，其人力资源结构总体上向初级技能劳动者倾斜。美国学者认为，很难对休闲产业的范围有一个全面的统计，几乎所有的产业，包括国防，都有一些与休闲相关的工作。如果每4万美元的消费可以创造一个工作职位（相当于全职工作职位），则1万亿美元的休闲消费就相当于2 500万个工作职位。可见，休闲业的就业带动性强，就业乘数高，是典型的劳动密集型产业。

4. 大众性

随着社会生产率的不断提高，物质财富不断充裕，休闲已不仅仅再局限于有钱、有闲的高收入人群的生活享受。广大民众包括大量低收入阶层也能够参与各项休闲活动来实现个人精神生活的满足。目前我国公共假日已经达到115天，带薪休假制度也已经出台。根据专家调查，我国城市居民周平均每日闲暇时间为6小时，占总时间25%，休闲已经成为一种大众行为，成为生活不可或缺的一部分。

5. 层次性

由于地域差别、城乡差别和贫富差别，休闲产业分化出了高端、中端和低端休闲市场三个层次。例如，在健身行业中，各大健身中心会针对不同的消费者推出几百到上万不等的会员种类，层次分明，享受的服务也大相径庭。在餐饮行业，高端私人会所不断增加的同时，面向普通消费者的大众餐饮市场也势头强劲。

（五）休闲产业对区域经济的推动作用

1. 发展休闲产业，是加快城市化进程、解决非城市人口就业问题的有效途径

一方面，随着城市化进程的不断加快，人们对休闲服务多样化的需求也不断地扩

大，并直接影响到各种休闲企业的成长。另一方面，休闲服务又提高了新兴城区的生活质量，从而吸引更多的外来人口涌向新兴城区，反过来促进了城市化进程。同时，劳动密集度非常高的休闲产业提供了更多的就业机会。

2. 发展休闲产业，是发展区域经济、优化公共服务和地区投资环境的战略选择

休闲产业的发展在地区性的经济发展中也起着重要作用。如今要想吸引到投资，仅有好的政策、完备的工业配套设施以及可观的市场收益已经远远不够了。对于许多企业来说，是否对某一地区进行投资，在很大程度上取决于企业所依赖的员工群体是否满意那里社区的生活服务水平。而衡量生活质量好坏的指标，如公园绿地、健身设施、娱乐场所、自然环境等大多数与休闲产业有关。

3. 发展休闲产业，是调整经济政策，优化产业结构的必经之路

休闲产业的迅猛发展所产生的经济、社会双重效应在引起政府和经济学家高度重视后，带动政府宏观经济政策和经济规划作出相应的调整，制定新的经济政策。促进不同方面的消费，调整新的产业结构，建立新的市场。同时休闲产业的发展，使社会各产业之间的划分进一步趋于模糊化，旅游业、娱乐业、文化产业、体育产业、影视传播等产业之间的交叉发展趋势进一步增强。

4. 发展休闲产业，是调节地区收入，促进公平分配的重要手段

发展休闲产业可以调节国民收入的再分配，降低贫富梯度。休闲消费一方面可以使货币回笼，使资本在运转过程中增值；另一方面，休闲拥有足够可随意支配收入的富裕阶层的消费活动，通过发展休闲产业带来的休闲消费，能够促使新兴产业应运而生，为社会提供大量的就业机会，为低收入者带来致富的机会，使得财富实现合理转移，促进公平分配。

5. 发展休闲产业，是促进国家经济增长，顺应全球服务业发展潮流的必然趋势

发展休闲服务业已经成为全球经济新的增长点。1998年全美消费者用于休闲消费超过10000亿美元，占全部消费支出的1/3，极大地刺激了经济的增长。因此，发展休闲产业是增加休闲消费，顺应全球服务业发展潮流，促进国家经济增长的明智选择。

> 【案例阅读】
>
> 杭州市实施"城市国际化"战略和"服务业优先"战略是杭州发展的"新蓝海""新增点"，是完善城市功能、提升城市竞争力的重中之重。这就要求杭州市要大力推进现代服务业的快速发展，把服务经济打造成杭州的"首位经济"，而美食、茶楼、疗休养、演艺等与杭州城市气质相符的重要休闲行业，当之无愧地成为杭州的特色发展行业。这些行业是未来杭州城市发展的方向，是杭州城市再次向前迸发的新引擎。

1. **美食行业**

杭州美食源远流长，南宋时杭菜成为中国八大菜系之一——浙菜的主体。东坡肉、西湖醋鱼……一道道美味佳肴伴随着一段段美丽的传说流传至今。

美食业是杭州商贸服务业的重点行业之一，已在全国享有很高的知名度和美誉度。近几年，杭州美食业发展势头迅猛，兼收并蓄。新涌现出了一大批知名的餐饮美食品牌企业。在立足本地的同时，近年来成功实现了向上海、南京、北京、香港等各大地区和城市的扩张。据不完全统计，杭州知名餐饮美食企业已在全国近20个城市开出了近百家餐饮连锁店，在海内外形成了"杭帮菜"效应。

杭州菜系博采各大菜系之所长，坚持创新，名厨众多，新菜迭出，领全国创新之潮流。行业经营手段多元化，也是杭菜的优势之一。民营企业在餐饮业中占主导地位，随着消费需求的差异性、多元化和多样化，杭城的特色餐饮也得到了长足的发展。

2. **茶楼行业**

据《梦粱录》记载"杭州茶肆，插四时花，挂名人画"，到了南宋时杭州的茶馆更趋繁荣，逐渐成为当时的茶肆中心。

杭州的茶楼以其浓郁的文化特色享誉全国。随着近年来"茶为国饮、杭为茶都"品牌的打造，茶楼行业已经形成一定的行业规模，并呈高速增长态势。杭州茶楼行业推陈出新，首创自助式茶点的经营模式。杭州茶楼已由过去的以品茗赏景为主发展到集休闲、饮食、娱乐、交易等多种功能于一身的现代茶馆。

杭州的茶楼依托杭州深厚的文化底蕴、丰富多样的资源优势，集武林山、西湖水、虎跑泉、龙井茶之天下美名于一身。西湖龙井茶是杭州的一张"金名片"。2005年第一届西湖国际茶文化博览会上，杭州被授予"中国茶都"称号。目前，杭州茶楼已形成了都市茶艺馆、景区茶馆、农家茶楼、社区茶室、主题茶园等五大类别。杭州茶馆十分注重服务人员的素质，强调文化服务、品牌服务、特色服务。

3. **演艺行业**

西湖歌舞是杭州演艺文化元素延续和历史记忆。南宋时杭州曾是中国演艺业的中心，遍布全市的勾栏、瓦舍在中国演艺业历史上留下了浓彩重墨的一笔。

近几年来，杭州演艺行业快速发展，特别是针对中外旅游者为主题目标市场的文艺演出产品丰富多彩，在国内享有较高的知名度，如《宋城千古情》《西湖之夜》《印象·西湖》等。包括省属院团在内，全市共有18个专业文艺院团，特别是浙江小百花越剧团、浙江昆剧团、杭州歌舞剧院、杭州越剧院和杭州金海岸娱乐有限公司、杭州黄龙越剧团和宋城艺术团等享誉全国。杭州演艺业正朝特色化和规模化发展。

> 杭州拥有杭州大剧院、杭州剧院、黄龙体育中心等20多个大型演出场馆，总座位12万个，硬件设备保障强大。随着近年来杭州经济的迅猛发展，市民的文化消费能力快速提高。再加上演艺业与旅游业结合日益紧密，杭州演艺产业市场需求巨大。国有单位大胆创新，引进合作伙伴，与民营剧院形成优势互补。另外，民营演艺企业也在不断摸索和创新，全市有民营院团60个，在演出场次和营业收入上，已占据半壁以上江山。

二、休闲产品概述

休闲产品是休闲业存在和发展的基础，是休闲经济活动的出发点；休闲产品的品质、数量和质量直接关系到休闲业的兴衰和休闲经济的可持续发展。

（一）休闲产品基本概念

通过对休闲产品特点的归纳，其一般具有以下内涵：

休闲产品是一个整体概念；

休闲产品既包括有形实物产品又包括无形服务产品；

休闲产品主要消费对象为休闲者，它在功能上具有可参与性或愉悦性，在空间上具有地域性；

休闲产品或多或少含有人类的劳动投入，这是其价值来源所在；

各种媒介物不是休闲产品，但它们可以构成休闲产品利益的追加组成部分。

根据对休闲产品内涵特点的概括，对休闲产品的概念作出如下界定：休闲产品是指由休闲经营者凭借着休闲吸引物和休闲设施生产或开发出来的为了迎合休闲者体验和愉悦的需求，通过市场途径提供给其消费的一切有形实物产品和无形服务产品的总和。

（二）休闲产品构成要素

对休闲产品构成的认识也可以从两个不同的侧面着眼，即休闲产品的要素构成和休闲产品的类型构成。休闲产品的构成要素主要包括休闲吸引物、休闲设施、可进入性和休闲服务。

1. 休闲吸引物

休闲吸引物是休闲者选择目的地的决定因素。它可能是物质实体，可能是个事件，也可能是某种现象。休闲吸引物广泛蕴藏于自然环境和人类社会中，代表着各休闲胜地的特色和不同民族的文化传统，其数量的多寡和吸引力的大小是一个地区能否开发成热点休闲区域的先决条件。

2. 休闲设施

休闲设施是直接或间接向休闲者提供服务所凭借的物质条件，分为休闲服务设施和休闲基础设施两种。休闲服务设施是指休闲经营者直接服务于休闲者的凭借物，一般包括住宿、餐饮、交通及其他服务设施；休闲基础设施是指不直接对休闲者服务，但在休闲经营中它是政府部门和企业必不可少的基本设施，如水电供应系统、通信设施系统、排水排污系统、交通运输系统、医疗救护系统等。

3. 可进入性

可进入性是指休闲者进入休闲目的地的难易程度，具体表现为进入游览点、服务设施和参与休闲活动所付出的时间和费用。可进入性除受交通工具和目的地交通条件的制约外，还受到政府政策和经营方面因素的影响。

4. 休闲服务

休闲服务是休闲产品的核心，作为一种行为，它要以有形物质产品、自然物和社会现象为载体，在存在休闲需要的情况下实现其价值和使用价值。休闲产品能以一种混合体的形态出现，主要是由它的服务性质决定的。休闲服务也是一个整体概念，它是各种单项服务组合而成的一体化系列，无论缺少哪一个环节，顾客都会感到不满意；休闲者对休闲经历的评价主要取决于他所感受到的服务水平和质量。

（三）休闲产品分类

休闲产品是满足人们包括娱悦身心、体验人生价值、享受生活乐趣等需求的，具有彰显人文文化功能含量的第二自然物。它主要是指人们在闲暇时间中为休闲目的而消费的物质产品。休闲产品与其他一般产品的主要区别就在于休闲产品所包含的文化信息含量多和主要发挥文化功能这两个方面。

就社会而言，一个社会休闲产品种类的多少取决于这个社会生产力水平的高低。社会生产力水平越高，这个社会的休闲产品种类就越多。同时，就个人而言，一个人能够消费和使用休闲产品的多少取决于这个人拥有财富的多少。面对大量的休闲产品，人们习惯上简单地从两个角度进行分类。

1. 以休闲产品内容为标准进行划分

以休闲产品内容为标准对休闲产品进行分类包括：音乐休闲产品、艺术休闲产品、美术休闲产品、园艺休闲产品、集邮休闲产品、摄影休闲产品、体育休闲产品、竞技休闲产品、节庆休闲产品、旅游休闲产品、民俗休闲产品、影视休闲产品、娱乐休闲产品、聚会休闲产品、宴庆休闲产品等。通过这些活动提供的线索，可以找出蕴含在其他休闲活动中的休闲产品。

2. 以休闲产品的人文文化功能为标准进行划分

以人类的休闲产品内容种类为标准来分类休闲产品，尽管涵盖了大部分休闲产品，但没有完全涵盖部分带有休闲人文文化功能的，既可满足休闲活动，又可满足非休闲活动的第二自然物。因此，以休闲产品的人文文化功能为标准进行划分，休闲产品有地域特色饮食产品、艺术风情服饰产品、文化装饰建筑产品、艺术修饰日用产品、公共设施文化产品、生态环境保护产品、文化用品专用产品、文化修饰消费产品。

（四）休闲产品特征

休闲产品作为一种以无形服务为主的特殊产品，除了具有一般有形产品的基本属性——价值和使用价值外，还具有自己独特的性质。

1. 综合性

休闲产品的综合性首先表现在它是由多种休闲吸引物、交通设施、住宿餐饮设施、娱乐场地以及多项服务构成的复合型产品，能够同时满足休闲者在吃、喝、玩、乐方面的综合性需求，它既是物质产品和服务产品的综合，又是休闲资源、基础设施和接待设施的结合。其次，休闲产品的综合性还表现在休闲产品的生产涉及众多行业和部门，其中既有直接为休闲者服务的餐饮业、娱乐业、交通运输业等，又有间接为其服务的农副业、商业、建筑业、制造业等行业和海关、邮电、公安、银行、保险、医疗卫生等部门。

2. 同一性

由于休闲产品是一种经过深度加工的高附加值产品，原来分散存在于各个行业的不同产品，经过休闲经营者的设计、开发、组合与销售，大大提高了其原有价值，而且它所含的价值内容有相当大的部分是由即时劳务所构成，所以决定了休闲产品的生产和消费具有高度的同一性。这种同一性同时也表明休闲产品是一种不可贮存的特殊产品，当没有休闲者到来并购买时，休闲产品就不会生产出来，也就无法像其他有形产品那样，在暂时销售不出去的情况下可以贮存起来留待日后再出售。因此，休闲产品与休闲者的在场是同步的，一旦休闲者作出购买抉择，他便可即时拥有休闲产品的使用权；当其消费行为结束时，休闲产品就自然解体，因而它还是一种最终消费品。

3. 替代性

休闲消费是建立在人类的基本生活需要之上的一种较高层次的需求，它因受到政治、经济、文化、战争等各方面复杂因素的影响而表现出较大的需求弹性和替代性。首先是休闲产品和其他商品之间存在互相替代关系，两者价格的不同变化，会引起休闲产品需求量的从属变化。其次是不同的休闲产品之间也具有很强的替代性，日益增多的休闲产品数量和类型使休闲者有了更多的选择余地，从而增加了其选择的随机性，导致了不同休闲目的地和不同类型的休闲产品相互替代性较强。实践证明，休闲产品的需求价格弹性、需求收入弹性和交叉弹性都比较高，因而使休闲产品经营具有很大的风险，竞争也很激烈。

4. 脆弱性

休闲产品的脆弱性是指其价值或使用价值的实现受多种因素的制约和影响易于折损的现象。这些因素有休闲产品本身特点形成的，也有受外部不可控制因素的制约而形成的。首先，休闲产品结构中吃、喝、玩、乐各部分的构成比例关系因休闲者的规模、标准不同而有不同的最佳组合。在休闲接待过程中，任何一部分的超前或滞后都会影响休闲经济活动的正常运转，从而影响到休闲产品整体效能的发挥。其次，休闲产品的脆弱性还表现在休闲活动必然会涉及人与自然、人与社会和人与人之间的多层关系，因此诸如战争、社会动乱、安全事故的发生和国际关系、政府政策、经济状况、汇率变化等的变化都会引起休闲需求的变化，继而影响休闲产品价值的实现。

第二节 休闲市场

一、休闲消费基本概念

（一）休闲需求

1. 概念

休闲需求是指在某一特定时期内，在可能的消费支出水平下，也即休闲产品复合价格水平下，愿意并能够参与的休闲主体的数量，即是休闲购买能力与购买欲望的总和。

2. 类型

休闲需求可分为有效需求、延期需求和潜在需求。

有效需求是指实际参加或消费休闲服务的数量。有效需求取决于休闲时间、利用者年龄、是否拥有汽车以及其他社会经济背景等因素。

延期需求是指有参加休闲活动的能力，但由于缺乏休闲信息或休闲设施等而没有实现的需求。

潜在需求是指由于自身社会、经济、环境等无法参加休闲活动，但希望未来能参加的需求。所有的人都有潜在的休闲需求，但它没有反映在现实的休闲利用。

3. 个人需求影响因素

休闲需求的决定因素是多种多样的，很难用统一的分类标准把它们一一列出来。我们在此列举休闲市场中常见的影响个人休闲需求的因素。

（1）收入水平。收入水平与休闲时间一样，都是影响休闲需求的主要因素，是休闲活动参与率的决定因素。在收入水平较低的阶段，如果休闲活动的对象满足基础休闲需求的话，那么人们关心的是重复消费，而不是选择更高级的消费需求。一般情况下，教育水平主要影响休闲的参与和选择，而收入水平则主要影响休闲活动的参与率。

（2）教育水平。教育水平与个人的社会经济地位及收入等有密切联系。尤其是具有不同教育水平的人，其休闲观、参与频率、休闲体验的类型等都有很大的差异。

（3）职业。职业的特点也在很大程度上影响休闲的参与率和活动形式。调查发现，在参与休闲活动次数方面，专业人员和管理人员远远超过半熟练工、非熟练工、农民和服务业的人员。这说明从事高层次或专门职业的人喜欢参加各种休闲活动，喜欢参加体能消耗和运动型的活动。

(4) 生命周期。生命周期也影响休闲活动，这是因为在不同的生命周期，家庭所追求的价值也不同。未婚男女，新婚夫妇，有子女的家庭，子女出嫁的家庭，老年人等的休闲活动的选择与参与率互不相同。一般说来，未婚男女参加个人享受型休闲活动，新婚夫妇选择能共同享受的合作型休闲形式，而有子女的家庭一般考虑可以照顾家庭成员的休闲形式，尤其子女较小的时候更倾向在离居住地较近的空间休闲。

(5) 居住地。居住地也影响休闲参与率和需求。休闲主体的居住地是决定休闲机会可能性的重要因素。根据美国学者的调查，各地区的休闲参与率情况是：城市居民在野外游泳、开车兜风、郊游的参与率更高，而农村居民在钓鱼、打猎、露营方面的参与率更高。

(6) 性别。性别对休闲方面向来有重要作用。男女在休闲行为所消耗的时间和能量等方面存在的差异，对社会活动的熟练程度和兴趣等也有很大差异。与男性相比，家庭和子女这两个休闲障碍更限制女性参加野外活动和运动型娱乐活动。女性一般依照内在动机参加休闲，因此，参加有氧健身、野餐、教养讲座等的频率较高，而男性的休闲活动更多由外在动机产生，因此，饮酒、围棋、运动竞技等的参与率较高。

(7) 年龄。年龄与休闲有密切的关系。年轻人追求新的体验和活动型的休闲形式；而老年人则追求熟悉、亲近的空间和静态的休闲形式。年轻人一般参加体育、野营、登山、海水浴等和悬挂式滑翔、跳伞滑翔、冲浪滑板、游艇等使用器械的休闲活动；而老年人则较多参与看电视、友人交流、附近公园散步、宗教活动等。

(二) 休闲供给

1. 概念

休闲供给是指在休闲现象中，满足休闲利用者休闲需求的休闲资源、休闲产业等的总和，它往往也包括促进休闲活动的教育、项目等的开发和提供。

休闲供给的组成要素有直接满足休闲需求的主要供给要素和间接满足休闲需求的次要供给要素。主要供给要素指的是特定的休闲空间及主要设施本身，而次要供给要素指的是辅助人们顺利使用主要供给要素的补充型休闲空间及设施等。

2. 类型

休闲供给类型可根据供给内容、供给要素和供给范围等进行多种分类。

(1) 按供给要素的所有权性质划分，休闲供给可分为公共休闲部门和民间休闲部门。前者是国家或地方公共团体为了提高国民福利、扩大休闲机会而提供的休闲设施和服务，也叫休闲行政，如疗养式公寓、滑雪场、高尔夫球场、主题公园等。

(2) 按供给要素的空间范围划分，休闲供给可分为地方级、国家级和中间级。按空间范围分，休闲供给的方法与休闲需要的范围有关。地方级供给的对象是有限的本地区居民，而国家级供给则为大规模的、广泛的休闲利用者提供休闲机会。

（3）供给要素的利用时间划分，休闲供给在广义上可分为当日型、住宿型、周末型、休假型等。当日型供给一般在居住圈内，周末型供给在广域生活圈内，而休假型供给则在全国生活圈内。

（4）按供给要素的形态划分，休闲供给可分为有形供给和无形供给。例如，休闲空间和设施是有形的，而休闲信息和事件型大型活动、服务等是无形供给。

3. 决定因素

（1）休闲容量。休闲容量是指在不明显引起资源的生物性和物理性变化或者不严重影响休闲体验的前提下，休闲设施所能提供的休闲机会的数量。休闲容量是衡量休闲资源接待能力十分有用的工具。

（2）可进入性。休闲供给的物理因素包括可进入性，可进入性是增加休闲资源利用率的重要变量。对于利用者导向型的休闲资源来说，可进入性是休闲供给的首要考虑因素。

（3）资源管理。休闲资源管理是提高资源价值和供给质量的重要途径。资源的性质和类型对资源管理方式和内容有决定性影响。

（4）活动项目。基于物理休闲资源所开展的活动项目能极大提高休闲供给质量，特别是当难以从休闲资源的物理方面来提高休闲供给质量的时候更是如此。休闲活动项目可以由公共组织、商业组织、宗教组织等各种机构提供，其类型主要有身体活动项目、知识性活动项目、艺术活动项目、社交活动项目、实习活动项目、特别项目等。

（三）休闲供求影响因素

1. 政治因素

政治和政策会极大影响国民的休闲活动。大部分现代国家为了提高国民的福利，从政策上积极努力地保护休闲空间、缩短劳动时间、实行带薪休假制度等。但是，发达国家和发展中国家的休闲政策有显著的差异见表3.4。

发达国家主要致力于提高低收入层的福利，发展中国家主要通过政府来健全休闲以提高生产效率。

表3.4 发达国家和发展中国家的休闲政策比较

项目	发达国家	发展中国家
享受对象	低收入层	中、低收入层
基本理念	认定休闲是基本需要，体现机会均等	诱导休闲，普及、健全休闲，生产意义
支援形式	对少数特困者补助休假费用	部分支援
休闲行政	地方分权	中央集权

【案例阅读】

国家战略的支持为休闲发展营造了良好的政策环境

自国务院将旅游业确定为国民经济的新的增长点以来,全国各省、市、自治区分别出台了相应的鼓励政策。历时三年,几易其稿,于2013年2月2日正式获批、2013年2月18日正式发布的《国民旅游休闲纲要(2013—2020年)》为休闲产业的发展开辟了广阔的空间。纲要指出在积极推动带薪休假制度渐进落实,保障国民旅游休闲时间的同时,要加大政策和资金支持,推进旅游基础配套设施建设,加强旅游休闲产品开发与活动组织,丰富旅游产业链。此外,纲要对增强和普及国民休闲意识,提高国民休闲参与度,加快推进休闲公共服务建设,建立引导休闲发展的有效工作体系,大力推动休闲产业发展成为一项国家战略等方面具有重要意义。随着我国经济的发展和人民收入水平的提高,由国家政策层面鼓励而引发的休闲消费效应日趋明显,休闲度假、休闲购物、休闲体育、休闲旅游逐渐成为人们追求生活意义和实现自我发展的一种生活方式。在此背景下,我国旅游业总收入、住宿和餐饮业增加值、文体娱乐业增加值等从2006年到2011年都有一个较快的增速。

在国家宏观层面的政策引导下,国家旅游局在原有中国优秀旅游城市工作基础上,借鉴西方国家城市的经验,积极制定相关的《休闲城市创建、服务与管理导引标准》,指导休闲城市的开发、建设、管理、运营。文化部等其他各大部委也积极完善休闲产业相关制度,2012年文化部颁布的《文化部"十二五"时期文化产业倍增计划》以及《文化部关于加强非物质文化遗产生产性保护的指导意见》中均明确指出休闲文化产业的重要意义。此外,随着运动场所的不断增加,随处可见的社区健身一角,各大体育馆、游泳馆,各种健身房、瑜伽练功馆,都成了人们热衷的锻炼场所。居民家庭的教育投资理念也不断增强,无论是成人工作之余的充电,还是子女的课外兴趣班,居民的教育支出大幅增长,教育水平不断提高,人们对于休闲的认识也更为积极,休闲和旅游逐渐成为人们重要的生活方式。

近年来,各地方政府也开始全面落实科学发展观,更加注重把改善居民休闲环境、提升休闲竞争力与完善休闲基础设施功能、科学确定休闲城市定位、构建和改造休闲城市等方面进行相关法规的出台,显示出休闲产业科学发展、和谐发展的良好态势。在休闲环境方面东部有着得天独厚的优势。长江三角洲地区作为我国休闲目的地的主要目标,区域休闲产业发展环境优势突出,在休闲政策上领跑全国。2010年浙江省人民政府发布了《浙江省人民政府办公厅关于加快发展体育产业的实施意见》,指出大力发展体育产业,丰富群众体育生活,提高群众身体素质、生活质量,促进全省体育强省建设和经济社会协调发展。

(资料来源:中国休闲发展年度报告(2012—2013))

2. 经济因素

国家的整个经济状况在很大程度上影响国民休闲活动的数量、形式以及休闲意识。个人收入直接影响休闲支出。如果经济发展增加家庭可支配收入，那么家庭消费能力也会提高。随着经济快速发展和收入的明显提高，我国城乡居民消费水平不断提高，人均消费支出大幅增长。2011年，我国农村居民人均生活消费支出为5221元，比1978年的116元增长45倍。随着居民生活水平的提高，居民消费结构明显优化，城乡居民家庭恩格尔系数显著下降。2011年我国城镇居民家庭恩格尔系数为36.3%，比1978年的57.5%下降了21.2个百分点；农村居民家庭恩格尔系数为40.4%，比1978年的67.7%下降了27.3个百分点，城乡居民消费结构出现了质的变化。城乡居民用于休闲消费等支出项目比重不断提高，2011年全国城镇和农村居民家庭文教娱乐支出比重分别为12.21%和7.6%，比1990年分别增加了1.09和2.23个百分点。可见，随着城乡居民可支配收入的增加，城乡居民消费结构发生了明显变化，居民用于发展和享受型消费项目的支出不断提高，消费模式开始由生存型向享受型升级，大大促进了国民休闲消费需求的产生。随着经济的高速发展，城乡居民收入也有了很大提高。城镇居民的人均可支配收入从1978年的343.4元增长到2011年的21809.8元，是1978年的63倍多。农村居民的人均家庭可支配收入从1978年的133.6元增加到2011年的6977.3元，是1978年的近52倍。人均可自由支配收入的不断增长、生活质量的不断改善，为休闲产业发展提供了巨大的市场需求，推动着我国休闲消费持续发展。

3. 社会文化因素

影响休闲的社会文化因素包括社会环境、文化环境。社会环境是指人口统计因素文化环境包括个人意识、生活方式、价值观等。人口统计因素有：人口规模、出生率、死亡率、人口密度、人口分布、人口增减、人口流动、结婚及离婚率等。而影响休闲的人口统计因素主要有人口的增减、因老龄人口的增加而引起的人口结构的变化、家庭结构的变化等。因平均寿命的增加而引起的老龄人口的增加促进了"银发族"的休闲供给，家庭成员数量的减少促进了以家庭为单位的休闲空间。此外，女性进入社会、独身者的增加、高学历化等现象也引起休闲需求的变化。

文化环境包括民族特征、文化传统、价值观念、宗教信仰、教育水平以及流行趋势等，各国各地区由于文化差异，其休闲形态也各不相同。世界各国都有不同的传统、风俗、生活方式和价值观，因此，休闲空间、休闲设施以及享受休闲的形式也各不相同。在文化活动内容上，各社会阶层之间的差异比较明显，低收入阶层以电视、收音机、电影院作为主要休闲设施，中等收入阶层则主要利用各种公演场所、展示厅和活动媒体等。根据斯塔姆斯的调查结果，不同社会阶层的休闲爱好存在很大差异。

4. 技术因素

技术的发展直接或间接地影响休闲。快速和舒适的交通手段不仅提高休闲空间和设施的可进入性，还能够实现休闲活动空间的扩大；发达的媒体及通信提供既快捷又丰富的休闲信息，从而影响休闲供求。此外，应用尖端技术开发的新的休闲设施诱发新的休闲活动形式，导致休闲供给的增加和多样化。

> 【知识链接】
>
> 　　青藏铁路东起青海西宁，南至西藏拉萨，全长 1956 公里，被誉为"天路"，是实施西部大开发战略的标志性工程，是中国新世纪四大工程之一。2006 年 7 月 1 日，青藏铁路正式通车运营。青藏铁路西宁至格尔木段 814 公里已于 1979 年铺通，1984 年投入运营。青藏铁路格拉段东起青海格尔木，西至西藏拉萨市，全长 1142 公里，其中新建线路 1110 公里，于 2001 年 6 月 29 日正式开工。途经纳赤台、五道梁、沱沱河、雁石坪，翻越唐古拉山，再经西藏自治区安多、那曲、当雄、羊八井到拉萨。其中海拔 4000 米以上的路段 960 公里，多年冻土地段 550 公里，翻越唐古拉山的铁路最高点海拔 5072 米，是世界上海拔最高、在冻土上路程最长、克服了世界级困难的高原铁路。青藏线大部分线路处于高海拔地区和"生命禁区"，青藏铁路建设面临着脆弱的生态、高寒缺氧的环境和多年冻土的地质构造等三大世界铁路建设难题。2014 年 8 月 15 日，青藏铁路延伸线拉日铁路开通运营。也被人们称为：团结路、幸福路。青藏铁路的通车使得进出西藏的休闲旅游活动的方式变得更加多样化。与此同时，青藏铁路整个客运旅途由于设施设备及服务的提升和沿途丰富绚丽的自然景观，使得旅途本身也成为一种很好的休闲方式。

5. 生态因素

生态环境指的是影响休闲的自然资源与环境。近年来，随着经济发展，水质污染、大气污染、土壤荒废、周边环境破坏等问题不断出现。尤其是产业结构的变化引起的城市人口集中，急剧破坏了生活环境，迫使城市人口进行野外娱乐和旅游。而休闲空间和设施、生态系统的休闲容量超载，加速休闲资源的破坏和污染，最终导致环境破坏、休闲供需不均衡等严重问题。

二、休闲市场细分与目标定位

休闲市场营销，首先必须进行准确合理的目标市场定位，这样才能有针对性地进行市场营销，提升市场占有率。

（一）休闲市场细分

1. 休闲市场细分的概念

对休闲市场进行细分是选择合理的目标市场定位的前提条件，要选择目标市场，首先要对休闲市场进行细分。每一个休闲市场对休闲产品的需求是有差异的，休闲经营者无法同时满足每一个休闲市场的需求。此外，在不同的休闲市场进行产品宣传营销的投入产出比例也是不同的。因此，必须对休闲市场进行细分，从中选择自己的目标市场。

所谓的休闲市场细分，是指将整个休闲消费者市场按照休闲市场的地理位置、消费者特征等，把休闲市场划分为不同的消费群体的过程。每一个消费群体就是一个细分市场。

2. 休闲市场细分的作用

（1）有助于发现营销机会。通过市场细分，可以发现哪些消费者群的需要尚未得到满足，这样，就可考虑提供这些细分市场需要的产品和服务，来增加销售量和利润。

（2）有助于制定和调整营销因素组合。通过营销调研，集中了解目标市场的需要和愿望，就能更好地确定营销因素组合，生产适销对路的休闲产品。

（3）有助于取得有利的竞争地位。集中全力对一个或几个细分市场进行营销活动，就更能满足目标市场消费者的需要，使自己的产品和服务成为他们的第一选择，从而在激烈的休闲产品市场竞争中处于有利的地位。

（4）可以更有效地使用各种资源。有助于根据细分市场的特点，集中使用人力、物力、财力等各种资源，通过满足目标市场的需要，提高经济效益。

3. 休闲市场细分方法

一般来讲，对休闲市场的细分，可以从市场的有形属性、消费者的行为特点、市场质量三个大的方面进行划分（见图3.2）。

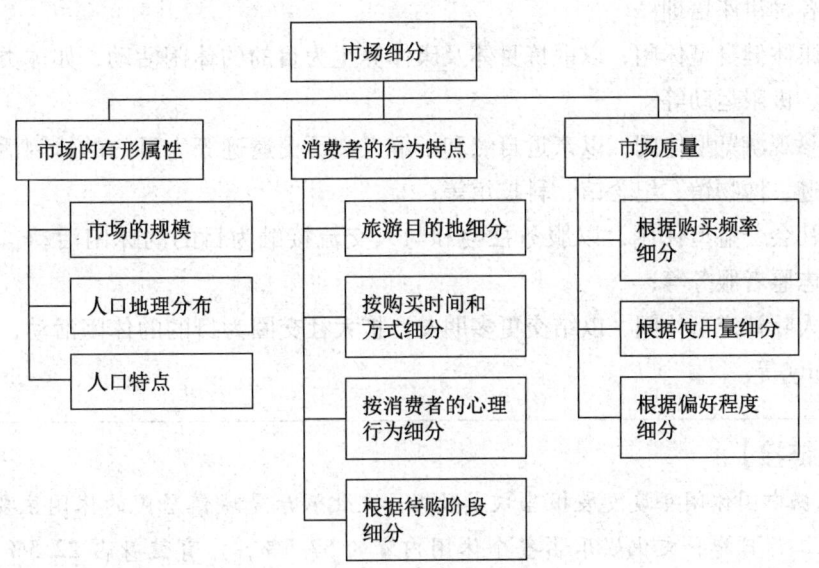

图 3.2　休闲市场细分方法

（1）市场的有形属性。可以有以下分类：

第一，根据市场的规模。要识别休闲市场，就要了解市场规模，即了解购买者的人数和销售收入。

第二，根据人口地理分布。按照休闲消费者居住空间位置可以划分为城镇休闲消费市场、农村休闲消费市场；按照休闲消费的半径距离可以划分为家庭内部休闲消费、城市中心休闲消费、城郊休闲消费、乡村休闲消费。

第三，根据人口特点。休闲市场可根据消费者的年龄、性别、家庭规模、家庭生命周期、收入水平、职业、文化程度、宗教、民族、种族等人口因素进行细分。一方面由于消费者的愿望、偏好及消费频率和人口因素有着非常密切的关系，另一方面这些人口特征方面的因素比较容易衡量，因此，根据人口因素细分市场是最常采用的方法。

（2）消费者行为特点。可以有以下分类：

第一，根据休闲消费目的。由于可以根据休闲目的不同进行不同休闲产品的开发，所以按照休闲目的进行细分是最为广泛使用的一种方法。根据休闲消费者目的的不同，可以对休闲市场划分为以下7种类型。

一是娱乐消遣型休闲，以获得乐趣和增进情感为目的的休闲活动，如家庭聚会、打牌、下棋、逛街、上网等；

二是观赏鉴赏型休闲，以心情转换和审美观赏为目的的休闲活动，如看电视、电影、表演、听音乐会等；

三是学习提升型休闲，以扩大知识面和增长见识为目的的休闲活动，如看书、看报、参加各种讲座培训；

四是康体健身型休闲，以锻炼身体及康体养生为目的的休闲活动，如球类运动、登山、游泳、极限运动等；

五是参观游览型休闲，以亲近自然和了解人文历史遗迹等为目的的休闲活动，如参观名胜古迹、博物馆、纪念馆、科技馆等；

六是社会公益型休闲，以服务社会和与人交流接触为目的的休闲活动，如植树造林、参加志愿者服务等；

七是人际社交型休闲，以结交更多朋友，扩大社交圈为目的的休闲活动，如参加各种聚会Party等。

【知识链接】

根据中国休闲年度发展报告权威数据，文化娱乐是城镇居民的休闲主要方式，其中在工作日中，文化娱乐占整个休闲内容的57.5%，体育健身占22.5%，餐饮购物占10.9%，旅游占4.6%，其他占4.5%；在周末及节假日中，文化娱乐占整个休闲内容的44.9%，体育健身占16.6%，餐饮购物占17.7%，旅游占13.7%，其他占7.5%。

（资料来源：中国休闲发展年度报告（2012—2013））

第二，根据购买时间和方式。对于休闲企业来说，了解一年、一季度、一月、一周中消费者购买的时间分布，以及购买方式是相当重要的。根据购买方式可以分为实体店消费、网络消费、团购等形式。

第三，根据消费者心理行为。根据休闲消费者的心理因素进行细分，通常可以按照消费者的生活态度、生活方式、个性特征、消费习惯等进行划分。如按照消费习惯进行划分，包括根据外界标准行事者、根据自我意图行事者、追求舒适者、冒险者、有各种癖好者、追求便宜者等；此外，根据布劳格创立的熟悉/好奇理论，可以按照消费者的性格将休闲消费者分为开放型和保守型，以及介于其间的近开放型和近保守型。

第四，根据购买阶段。按照休闲消费者所处的购买阶段可以分为有购买的想法、详细了解并有兴趣、准备购买等，根据不同的阶段，休闲企业进行营销的方式是不一样的。

（3）市场质量。可以有以下分类：

第一，根据购买频率。购买频率是休闲消费者购买某种产品或服务的次数。据此，可以分为不消费者、曾经消费者、潜在消费者、初次消费者、重复消费者、经常消费者。

第二，根据使用量。根据对某种休闲产品的使用量，可以分为大量使用者、中量使用者、少量使用者。大量使用者在消费者中也许占比重较小，但是他们对休闲产品的使用度却非常高，比如一些对某种品牌或产品的品牌忠诚者，企业要对这类的消费市场着重考虑。

第三，根据偏好程度。根据对休闲产品的喜爱程度，可以分为极端偏好者、中等偏好者、偏好变动者（花蝴蝶）、无偏好者。

（二）休闲市场目标定位

休闲市场细分的目的是选择目标市场，以便加强促销，提高市场占有率。在对休闲市场进行细分的基础上，就可以进行休闲市场的目标定位。

休闲市场目标定位包括以下6个步骤（见图3.3）。

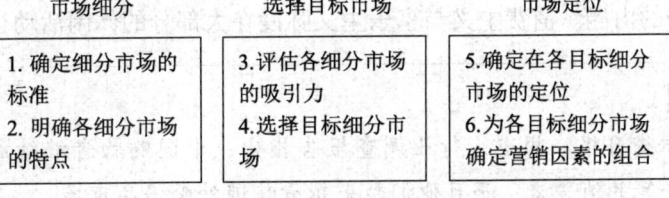

图 3.3　休闲市场目标选择定位步骤

一般而言，我们进行目标市场确定可以遵循以下几种方式：

1. 市场集中化

密集单一市场，亦称产品单一市场。最简单的模式，只选择一个细分市场，只生产一类产品，只面向某一单一的顾客群，进行集中营销。

2. 选择性专业化

有选择地进入几个不同的细分市场。即选择若干客观上都有吸引力并符合企业目标

和资源的细分市场，为不同的顾客群提供不同类型的产品。其中每个细分市场与其他细分市场之间较少联系。其优点是可以有效地分散经营风险，即使某个细分市场盈利情况不佳，仍可在其他细分市场取得盈利。

3. 产品专业化

同时向几个细分市场销售一种产品。即企业生产一种产品，向各类消费者同时销售这种产品。但产品在档次、质量、功能以及促销上有所不同。优点是企业专注于某一种或某一类产品的生产，有利于形成和发展生产和技术上的优势，在该领域树立形象。其局限性是当该领域被一种全新的技术和产品所代替时，产品销售量有大幅度下降的危险。

4. 市场专业化

集中满足某一特定顾客群的各种需求。即企业向同一消费群提供性能有所区别的同类产品，企业专门为这个顾客群体服务而获得良好声誉，如出境游可包括欧洲游、美国游、澳大利亚游等不同产品。

5. 市场全面化

意图为所有顾客群提供他们所需要的所有产品。

三、我国休闲消费分析

随着国民经济的快速发展，我国的休闲消费也呈现出较快的增长速度，然而作为新型的经济体，我国尚处于GDP崇拜阶段，疯狂的资本积累和粗放的经济增长方式，也对我国的休闲消费带来了一些消极的影响，使得我国社会中出现了大量的"狂躁的消费者"和"粗浅的消费者"，这部分消费者的金钱在迅速积累，但过于看中金钱带来的休闲消费方式，从而偏离了休闲最初带来快乐满足感的本真。

（一）伪休闲

休闲行为与心灵诉求相背离，休闲消费者只注重休闲形式下的享乐、刺激、炫耀，而从不顾及休闲的内涵。消费主义与享乐主义弥漫在大部分的休闲活动当中。

【案例阅读】

据《华尔街日报》报道，行业调查报告指出，中国购物者继续成为全球奢侈品行业最大手笔的消费者，而且他们越来越青睐国外奢侈品市场。

财富品质研究院院长、《2015年中国奢侈品报告》的作者周婷指出，奢侈品牌在中国之所以被列为"奢侈品"，主要受营销手段的影响，但是在像美国这样的国家，它只是另一种品牌，被不是"奢侈品"，而"中国消费者已经开始注意到这一点。此外，他们正在寻找更加私人定制的产品，他们想要的是独特性"。

报告预计，中国购物者2016年将花1168亿美元购买奢侈品，同比增长9%，其中78%的奢侈品消费发生中国之外，消费额达910亿美元，同比增长12%。在全球奢侈品消费中，中国购物者占据高达46%的份额。

（二）逆休闲

进入 21 世纪后，经济的快速发展，使得劳动生产率以及我国的社会福利都有很大的提升，我国居民闲暇时间也应随着增长。然而，根据不少研究表明，我国居民的闲暇时间并没有随之增加，反而有减少的趋势。经济的发展使得人们把更多的时间放在了事业工作上，变得越来越忙碌，而进行休闲消费的投入力度随之降低，这就是所谓的逆休闲。

【知识链接】

我国随着经济发展而出现"逆休闲"现象的主要原因表现在以下几个方面：

1. 物价指数不断上升。工资的增加赶不上通货膨胀的速度，生活压力不断增加。

2. 闲暇机会成本增加。在这个由物质主导的时代，人们更愿意将时间用于创造更多的物质商品，而将时间用于休闲则在很多人眼里显得过于浪费。

3. 休假制度难以落实。我国《劳动法》规定工作时间不得超过 44 小时/周，并规定了大量的法定节假日和年休假，但真正落实的却不多，加班仍是一个常态化的工作状态。

4. 闲暇时间分配不均匀。虽然现在的社会劳动已经普遍化，但是更多的闲暇时间仍掌握在少数人手中，休闲资源仍被较少的一部分人使用，我国的休闲经济基尼系数还很高。

资料来源：郭鲁芳. 休闲学［M］. 北京：清华大学出版社，2014.

（三）浅休闲

随着国民经济的发展和社会的进步，休闲消费呈现多元化的发展趋势，更多有品质的休闲方式被越来越多的人接受。然而，不可否认的是在我国的很多地区，尤其是农村偏远地区，人们的休闲观念还非常落后，平时的闲暇时间仍然是待在家里看看电视、聊聊天等初级的休闲活动，这体现出了我国休闲发展的不平衡的一种浅休闲。

（四）忙休闲

我国经济的快速发展在更大的层面上带来的是人们行动更加迅速，即使是在进行休闲活动的时候，人们也选择以更快的速度更节约的时间来完成。例如，现在在城市中居民的假日休闲在选择餐饮服务的时候很多人为了节省时间而选择快餐服务；在旅游景区大多数旅游者都是"走马观花"地大致游览一下。这体现出我国休闲消费的忙休闲。

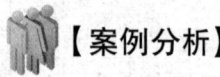【复习思考题】

1. 影响休闲市场供求的因素有哪些？
2. 简述休闲市场细分及目标市场定位方法。
3. 请分析我国的休闲消费行为特征。
4. 休闲产品特征主要有哪些？
5. 请简述休闲产业的性质及特点。

【案例分析】

横店旅游：寒冬时节魅力不减

在寒冬逐渐来临之时，浙江省东阳市横店影视城，其精彩与魅力使造访过它的人意味无穷，流连忘返。横店在时值深冬这样的季节里依然风情飘逸。因为，一年四季，景区总是为前来的游客精心准备视觉大餐，静待游客尽情品玩。

1. 缤纷演艺明星云集

演艺是横店影视城的名片和王牌。22个大型旅游演艺节目，充满了影视文化特色。《梦幻太极》《暴雨山洪》分被评为2011年和2013年"中国最具国际影响力的十大旅游演出"之一，堪称横店影视城标志性演艺节目。这两个节目与《江南遗韵》节目一样，都在梦幻谷景区内每晚激情上演，最多时一个晚上连演九场，观众达到4.3万人次，其盛况不难想象。明清民居博览城景区的《秦淮八艳》《金粉恋歌》，广州街景区的《怒海争风》《大话飞鸿》等节目，均各有千秋，值得观赏。最重要的是，不少节目演出过程中，游客可以参与互动，譬如在《大话飞鸿》中，游客可以登场加入迎亲队伍；在《暴雨山洪》中，游客可以疯狂泼水；最让人开心的莫过于《龙帝惊临》了！坐在4D轨道车里穿越黑暗中的万丈峡谷，与追求长生不老的秦始皇对话，与凶猛无比的巨龙厮杀，那是一种怎样的体验啊？难怪有一位游客耗时一个上午，连续排了九次长队，连着看了九遍《龙帝惊临》。目前，正在横店影视城拍摄的影视剧组有19个，还有20多个新剧组已进驻横店筹备，即将陆续开机。随着天气凉爽下来，赴横店拍摄的影视剧组将会更多。如果运气好，你甚至就能在横店贵宾楼、国贸大厦、丰景嘉丽大酒店、影星酒店、旅游大厦的电梯里，与明星们面对面。在那么狭小的空间里。你与明星几乎是零距离啊。而在国贸大厦篮球馆里，你还有机会看到一些影星在与横店影视城员工一起打篮球。

2. 美食荟萃唇齿留香

味蕾深处是故乡，唇齿留香风土情。横店是东阳的经济重镇，饮食文化上也体现出了浓郁的东阳特色。横店影视城旗下的各家酒店、餐厅的大厨们，都是烹制东阳地方美食的高手。游客来到横店，如果不品尝东阳美食，就对东阳地方文化风俗缺少了一次体验。东阳沃面、东阳麻糍、东阳糖烊、东阳索粉、东阳饧梅、东阳瓦罐鸡、东阳烤豆腐等，都是响当当的东阳传统美食。当然，雪舫蒋火腿更是闻名天下的金华火腿中的极品。上卢馄饨、千祥羊肉也在横店的街头巷尾中能轻易地吃到。得益于开放包容性强的横店，还是全国各地风味美食的汇集地。在横店，你甚至能吃到新疆大盘鸡，经营东北菜、杭帮菜、川菜、湘菜、粤菜、赣菜的餐馆甚多。夜幕降临，明清民居博览城大门前的广场上，人头攒动，浓香扑鼻，这里就是声名鹊起的"横国夜市"，不少影视明星都会在收工后到这里喝啤酒、吃烧烤。

3. 活动丰富自在畅游

"每次都有新发现"，是多次游过横店后不少游客的共同感受。即便入冬，横店影视城也是花团锦簇、色彩斑斓。这两年的秋冬季，横店影视城淡季不淡，景区先后推出在明清宫苑景区举办的麦浪音乐节，在清明上河图景区举办的金秋菊花节，在秦王宫景区举办的汉服婚礼服装秀，在大智禅寺景区举办的庙会，在华夏文化园景区举办的全国钓鱼大赛等活动，无不让游客的心为之触动。而在这里举办过的"皇宫广场舞大赛"，也曾让来自全国各地众多可爱的大妈们，在横店尽情展示她们的风采。在横店旅游，有一个特别的活动千万不要错过，即在明清宫苑景区"明星梦工场"里拍一部 DV。从几十部剧本中挑一部，从几千套戏服里挑一套（很多戏服是大牌明星亲自穿过的），自己演主角，被一大堆导演、摄像、化装、服装、剪辑、场务人员伺候着，那感觉肯定不会差。回去后播放出来，心里美美的："和明星比，我的演技也不赖啊！"

思考题：结合案例，分析发展休闲产业的推动作用。

休闲项目管理

　　休闲项目管理包括项目的可行性研究、项目融资、项目的风险评估等几方面。
　　可行性研究是在投资项目拟建之前,通过对与项目有关的市场、资源、工程技术、经济和社会等方面的问题进行全面分析、论证和评价,从而确定项目是否可行或选择最佳实施方案的工作。
　　如何融到必备资金,对任何一家企业的诞生或者发展至关重要。对中国企业或企业经营者而言,存在两个问题:一是对有效的融资方式缺乏了解;二是面对众多融资方式,不知如何选择和如何着手,特别是在一些中小企业和创业者看来,融资只是大企业独有的权利。
　　项目风险评估是在风险识别之后,通过对项目所有不确定性和风险要素的充分、系统而又有条理的考虑,确定项目的单个风险。然后,对项目风险进行综合评价。它是在对项目风险进行规划、识别和估计的基础上,通过建立风险的系统模型,从而找到该项目的关键风险,确定项目的整体风险水平,为如何处置这些风险提供科学依据,以保障项目的顺利进行。

【学习目标】

1. 熟悉休闲项目管理的内容和含义,了解项目管理的原则和方法;
2. 学会应用现实环境因素对休闲项目进行机会分析;
3. 了解休闲项目融资对项目实施的意义;
4. 掌握休闲项目风险的识别、评估、应对及其控制。

【导入案例】

休闲农庄是法国的重要组成部门。目前法国有1.6万户农家建立了家庭旅馆，推出农庄旅游，在全国33%的游客选择了乡村休闲度假，乡村农业休闲旅游接待游客200万，每年给农民带来700亿法郎的收入，相当于全国旅游收入的1/4。

普罗旺斯位于法国南部，普罗旺斯最令人心旷神怡的是，它的空气中总是充满了薰衣草、百里香、松树等的香气。这种独特的自然香气是在其他地方无法轻易体验到的。其中又以薰衣草最为得天独厚且受到喜爱。这个地区的活动之多，更是令人目不暇接，从年初2月的蒙顿柠檬节到7、8月的亚维农艺术节。

普罗旺斯的生活简朴而高尚，单来这里把节奏放缓，好好地吸一口忘草香，尝一口鲜味芝士，也是人生难得的境界。南普罗旺斯的古老小城阿尔，以热烈明亮的地中海阳光和时尚的艺术风格闻名。看过《凡·高传》的人大概都会记得杰出的画家曾在这里创作、生活过。这里的街道、房屋、酒吧，到处充满了浓厚的艺术气息。古罗马的建筑、艺术家的作品、生活在现代文明社会的人，在这里和谐相处，宁静美好。这里每年7月，还会举办一个很时髦的国际摄影节，在石头古巷和小广场上，展览当今缔造潮流的大摄影师的杰出作品。

第一节　休闲项目可行性研究与决策

一、休闲项目机会分析

休闲项目机会分析一般从经济环境、技术环境、政治环境、社会文化环境这四个方面进行分析。

经济环境是影响企业营销活动的主要环境因素。

技术是社会生产力最活跃的因素，它影响着人类历史进程和社会生活的方方面面，因此，新科技的出现，必然对消费品种、范围形成新的影响，消费结构也会随之变化。

企业作为社会的一分子，其营销活动必然受到政治法律环境的影响和制约。一方面，企业的营销活动要严格遵守国家的法律法规及有关政策方针；另一方面，企业也要注意到国家的法律政策，尤其是经济方面的法律政策，对消费者需要的数量及动向，消费结构和水平都有极其深远的影响。企业应认真研究有关的政治法律政策，以对经营方向进行指导。

社会文化环境一般包括教育状况、价值观念、消费习俗、宗教信仰等方面。

二、休闲项目选择

一是休闲需求识别。有休闲需求的人是如何描述需求的，他们的需求是否真实、重

要，还有没有关联的需求，其他人是否也有如此需求。

二是休闲项目识别。谁识别项目，项目的发起人——投资人还是项目经理。

三是休闲项目解决方案。分析具体休闲项目的特点，休闲项目的构架，休闲项目的理念及定位、实施，项目保障体系。

三、休闲项目可行性研究

可行性研究是在投资项目拟建之前，通过对与项目有关的市场、资源、工程技术、经济和社会等方面的问题进行全面分析、论证和评价，从而确定项目是否可行或选择最佳实施方案的工作。

（一）休闲项目可行性研究的作用

可行性研究是建设休闲项目投资决策和编制设计任务书的依据；

可行性研究是休闲项目建设单位筹集资金的重要依据；

可行性研究是建设单位与各有关部门签订各种协议和合同的依据；

可行性研究是进行休闲项目设计、施工、设备购置的重要依据；

可行性研究是向当地政府、规划部门和环境保护部门申请有关建设许可文件的依据；

可行性研究是国家各级计划综合部门对固定资产投资实行调控管理、编制发展计划、固定资产投资、技术改造投资的重要依据；

可行性研究是项目考核和后评估的重要依据。

（二）休闲项目可行性研究的意义

休闲项目可行性研究是确定建设项目前具有决定性意义的工作，是在投资决策之前，对拟建项目进行全面技术经济分析的科学论证，在投资管理中，可行性研究是指对拟建项目有关的自然、社会、经济、技术等进行调研、分析比较以及预测建成后的社会经济效益。在此基础上，综合论证项目建设的必要性、财务的营利性、经济上的合理性、技术上的先进性和适应性，以及建设条件的可能性和可行性，从而为投资决策提供科学依据。

休闲项目可行性研究报告分为政府审批核准用可行性研究报告和融资用可行性研究报告。审批核准用的可行性研究报告侧重关注项目的社会经济效益和影响；融资用报告侧重关注项目在经济上是否可行。具体概括为：政府立项审批，产业扶持，银行贷款，融资投资、投资建设、境外投资、上市融资、中外合作、股份合作、组建公司、征用土地、申请高新技术企业等各类可行性报告。

四、休闲项目评估

休闲项目评估就是在直接休闲投资活动中，在对休闲投资项目进行可行性研究的基础上，从休闲投资者整体的角度对拟投资建设项目的计划、设计、实施方案进行全面的技术经济论证和评价，从而确定休闲投资项目未来发展的前景。

（一）休闲项目评估的目的

全面审核可行性研究报告中反映的各项情况是否属实；

分析可行性研究报告中各项指标的计算是否正确，包括各种参数、基础数据、定额费率的选择；

从企业、国家和社会等方面综合分析判断项目的经济效益和社会效益；

对项目作出取舍的最终投资建议。

（二）休闲项目评估的基本原则

1. 评估的客观公正性原则

客观公正性就是在项目评估中要尊重客观规律，不带主观随意性，讲求科学性。坚持评估的客观公正性原则，首先要求项目评估人员避免各种先入为主的观念，克服主观随意性和片面性。项目评估中的随意性和片面性，既可来自项目评估人员自身，也可来自项目评估人员外部的影响，如投资承办单位不实事求是的愿望、上级决策者不实事求是的意图等。对于来自外部的愿望和意图，项目评估人员应根据实事求是的精神加以鉴别，不受其主观性和片面性的影响，是坚持客观性原则的基本前提，也是项目评估公正性的必要保证。其次要求项目评估人员深入调查研究，全面系统地掌握可靠的信息资料。深入调查研究是尊重客观事实、尊重客观规律的具体体现。不进行深入的调查研究或在调查研究过程中不下真功夫，就难以认识客观事物及其客观规律，也会落入主观性和片面性的窠臼。深入调查研究，全面系统地掌握信息资料，是坚持客观性原则的基本点，也是项目评估科学的基本保证。总之，只有坚持项目评估工作的客观性原则，才有可能保证项目评估的公正性和科学性。这条原则对项目评估人员的思想作风、工作作风和职业道德作风提出了最基本的要求。

2. 系统性原则

系统性原则，就是在评估中考虑任何问题，都要有系统观念，也就是将拟建投资项目当作一个开放的系统看待。用系统观念对拟建项目进行评审和估价，就是要求从投资项目内部要素的内在联系，从其内部要素与外部条件的广泛联系入手，进行全面的动态的分析论证，来判断项目的生命力。因此，系统性原则要求项目评估人员克服孤立地、静止地分析问题的僵化思想，在全面系统动态的分析论证过程中，创造性地对拟建项目进行评审和估价。

3. 评估的效益性原则

项目评估涉及项目技术、经济的各个方面，通过评估要判断项目的技术上是否可行，在经济上是否合理。休闲建设项目，由于规模和产品不同，设备和工艺不同，原材料供应和运输方式不同等，客观上存在着许多方案。而不同方案的效益是有别的，这就

要进行多方案比较，找到效益最好的方案。再说，对于一个好的休闲项目，技术上可行是它的前提条件，经济上合理才是它的最终标志。有些项目技术上可行，甚至比较先进，但经济上并不合理，对这类项目，不能因技术上先进而加以接受，否则就违背了评估的效益性原则。在贯彻效益性原则时，要处理好投资项目的财务效益和国民经济效益的关系。

4. 评估方法的规范化原则

方法规范化原则，就是评估工作中所采用的定性和定量分析方法，必须符合客观实际，体现事物的内在联系。项目评估是一种科学的项目决策方法，同时也是一种规范的科学决策方法。项目评估能够得到广泛应用，除了它所具有的科学性以外，使用规范化的方法，也是项目评估得以广泛应用的重要条件。项目评估的规范化方法论体系，构成了项目评估学科的稳定结构和基本内容，如项目的财务经济效益的指标体系，每个指标的内涵、考核范围和计算方法，评价参考数的使用，不确定性分析的方法和指标计算，方案比较选择的方法及指标的计算等。如果项目评估人员在这些规范方法之外，使用自认为可行的方法，就脱离了公认的标准，也就无法判断其结论的正确性。因此，规范化原则要求项目评估人员，首先要学习和掌握好项目评估的规范化方法，其次要处理好使用规范化方法与创造性评估的关系。一般来说，使用规范化方法并不影响项目评估人员的创造性劳动，而是项目评估人员创造性劳动容易得到承认的必要条件。

5. 评估指标的统一性原则

指标统一性原则，是指在项目评估中所使用的国家参数、效益指标的标准化，也就是衡量项目经济效益统一的标准和尺度。同一项目，用不同指标进行评价，其结果大不一样。专家认为，指标的统一性不但在项目的最终评价中起标准尺度作用，而且也是方案比较选择的依据，标准不一，方案就没有可比性。实行统一指标标准，就等于把不同的项目，置于相同的起跑线上，这样才能把诸多复杂因素化为单一因素，从而减轻评价差异度。在项目评估中，要实现指标统一性这一原则，首先国家有权机关应制定统一的评价参数，如基准收益率、折现率、投资回收期等；其次在评估过程中运用参数和各种收益指标时，要特别注重针对性，即不同的休闲产品，应使用相应的评价参数和评价指标。

6. 评估价值尺度的合理性原则

价值尺度的合理性原则，就是在评估投资效益时，使用合乎于休闲项目评估目标的价值尺度，计量项目的成本和效益。价值尺度是计算项目成本和效益时使用的计量价格。使用不同的计量价格，将会给休闲项目的成本和效益带来不同的价值判断。价格是休闲项目评估中经济效益的核心问题，贯彻合理使用价值尺度的原则，要求进行休闲项目的财务评估、经济评估和社会评估时，分别使用与之相适应的计量价格。项目的财务评估，主要是用于判断项目在现行财税制度下的财务盈利能力和财务清偿能力。因此，项目财务评估，主要是用于判断项目在现行财税制度下的财务盈利能力和财务清偿能力。因此，项目财务评估的合理尺度应该是财税制度所要求的现行价格，即现实经济生活中通过的价格。

（三）休闲项目评估的基本程序

1. 组织安排

组织安排是休闲项目评估工作的第一步，即：组织力量、制订计划。

2. 收集资料

为直接投资提供咨询服务的投资银行机构应收集这些资料数据，加以查证核实，并作进一步的分析研究；投资银行还应根据评估内容和分析要求，通过企业调查和项目调查，进一步收集必要的数据和资料；根据查证发现的问题和疑问，通过调查，进一步核实清楚；根据收集的大量资料，加工整理，汇总归类，以供评估中审查分析以及编制各种调查表和编写文字说明之用。

3. 审查分析

审查分析是在收集到必要的资料以后开始的，主要包括基本情况审查和财务分析两个方面。具体内容包括：企业和项目概况审查；市场和规模分析；技术和设计分析；财务预测；财务效益分析；经济效益分析。

4. 编写报告

根据调查和分析结果，编写投资评估报告。评估报告要对可行性研究中提出的多种方案，加以比较评估，肯定一种最优方案，并提出对投资项目的评估结论。评估报告要按规定程序送交企业最高投资决策机构审批。

（四）休闲项目评估的内容

1. 休闲项目建设必要性的评估

（1）休闲项目是否符合国家的产业政策和行业规划。

（2）通过市场调查和市场预测，对休闲产品，尤其是新休闲产品的需求情况和在市场上的竞争力进行分析。

（3）休闲项目建设对国民经济发展的作用及其社会经济意义。

（4）休闲进行最优建设规模的分析。

2. 休闲项目建设条件的分析与评估

（1）休闲项目所需的资源是否清楚。

（2）水文、地质是否符合建设要求。

（3）休闲项目所需的建设的和营运的原材料、燃料、动力等是否有可靠来源。

（4）休闲项目的交通是否有保证。

（5）协作配套项目是否落实。

（6）项目的环境保护是否有必要的治理方案和措施。

（7）对项目引进的成套项目和设备，是否经过多方案的比较分析，是否选择了最优

方案。

（8）项目的选址是否科学、合理。

（五）休闲项目评估的作用

通过休闲项目评估，促进休闲产品建设项目前期工作，促进休闲项目决策的科学化，民主化，促进休闲投资管理的加强和投资效益的提高。休闲项目的作用概括为以下的几方面：

优化建设方案，完善项目可行性研究；

实事求是的校核投资，落实资金筹措办法和渠道；

促进项目决策科学化，避免重复建设和盲目建设；

有利于客观经济调控，落实经济发展规划；

有助于统一认识，协调行动，为项目实施创造条件；

休闲项目评估与休闲可行性研究的主要区别与联系。

（六）休闲项目评估与休闲可行性研究的主要区别

1. 立足点不同

可行性研究一般是站在用资角度考虑问题，项目评估一般是站在银行、国家投资角度考虑问题。

2. 侧重点不同

可行性研究侧重于项目技术、经济方面的论证。项目评估则着重于对可行性研究的质量和可靠性的审查和评估。

3. 作用不同

可行性研究主要是作为项目决策的依据，更确切地说它是为项目评估提供依据和资料。项目评估不仅是为项目决策服务，而且是银行参与决策和决定贷款与否的依据，同时，两者相互不能替代。

4. 单位不同

可行性研究报告由有资格的设计或咨询机构来编制，项目评估则由项目隶属的政府部门（计委、经委等）、项目主管部门、贷款银行等有权机构，或由上述部门委托有资格的专门评估机构来做。

（七）休闲项目评估与休闲可行性研究的联系

项目评估与可行性研究有着密切的联系，两者的理论基础，基本内容和要求都是一致的，同时，两者具有因果关系，没有项目的可行性研究，就不会有项目的评估，不经项目评估，项目的可行性研究也就不能最后成立。

（八）休闲项目后评估

项目后评估是指对已经完成的项目（或规划）的目的、执行过程、效益、作用和影响进行的系统的、客观的分析；通过项目活动实践的检查总结，确定项目预期的目标是否达到，项目的主要效益指标是否实现，通过分析评价达到肯定成绩、总结经验、吸取教训、提出建议、改进工作、不断提高项目决策水平和投资效果的目的。

1. 后评估的作用

后评估是在项目投资完成以后，通过对项目目的、执行过程、效益、作用和影响所进行的全面系统的分析，总结正反两方面的经验教训，使项目的决策者和建设者学习到更加科学合理的方法和策略，提高决策、管理和建设水平。后评估是增强投资活动工作者责任心的重要手段。后评估主要是为投资决策服务的，即通过后评价建议的反馈，完善和调整相关方针。

政策和管理程序，提高决策者的能力和水平，进而达到提高和改善投资效益的目的，总之，后评价要从投资开发项目实践中吸取经验教训，再运用到未来的开发实践中去。

2. 项目后评估与项目前评估的主要区别

项目后评估与项目前期准备阶段的评估，在评价原则和方法上没有太大的区别。都采用定量与定性相结合的方法。但是，由于两者的评估时点不同，目的也不完全相同，因此存在一些区别。前评估的目的是确定项目是否可以立项，它是站在项目的起点，主要应用预测技术来分析评价项目未来的效益，以确定项目投资是否值得及可行。后评估则是在项目建成之后，总结项目的准备，实施，完工和运营，并通过预测对项目的未来进行新的分析评价，其目的是为了总结经验教训，为改进决策和管理服务。所以后评估是站在项目完工的时点上，一方面检查总结项目实施过程，找出问题，分析原因；另一方面，要以后评估时点为基点，预测项目未来的发展。前评估的重要判别标准是投资者要求获得的效益率或基准收益率，而后评估的评价标准侧重点是前评估的结论，主要采用对比的方法，这就是后评估与前评估的主要区别。

五、休闲项目决策

中国经过长期的经济建设，在吸取成功和失败的经验基础上，通过学习和吸收国外项目管理的做法，初步形成一套比较适合国情的项目决策程序和科学方法。这一程序可归结为以下几个步骤：

首先，根据国家经济、社会发展的长远规划，行业地区规划和经济、社会发展中长期计划，在调查研究和综合比较的基础上，提出需要进行可行性研究的项目建设书。

其次，各级计划部门按照规定的决策权限，对提出的项目建议书进行审查和平衡，并按有关规定纳入各级的建设前期工作计划。列入前期工作计划的项目即可进行可行性研究的各项工作，以具体评价项目在建设上的可能性、技术上的可行性和经济财务的收益水平。在研究和分析论证的基础上，提出项目是否可行，以及最佳的建设方案，并据此写出可行性研究报告和编制设计任务书。

再次，邀请有关技术、经济专家和承办投资贷款的银行，共同参加项目预审。对项目可行性研究报告和编制的设计任务书，进行全面细致的检查、计算和核实，写出项目评估报告。

最后，在上述工作完成以后，如果项目是可行的，建设方案是优选的，有关决策部门则通过项目设计任务书，完成项目决策。

六、休闲项目计划

（一）项目范围

项目范围包括项目的最终产品或者服务，以及实现该产品或者服务所需要执行的全部工作。明确规定项目的范畴，即确定了项目的哪些方面是应该做的，哪些是不应该做的。也可说是产生项目产品所包括的所有工作及产生这些产品所需要的过程。项目干系人必须在项目要产生什么样的产品方面达成共识，也要在如何生产这些产品方面达成一定的共识。

休闲项目范围计划是指进一步形成各种文档，为将来项目决策提供基础，这些文档中包括用以衡量一个项目或项目阶段是否已经顺利完成的标准等。作为范围计划过程的输出，项目组要制订一个范围说明书和范围管理计划。

古语云："预则立，不预则废！"一个项目经理要想真正管理好项目范围，没有必要的技术和好的方法是肯定不行的。

要做好一个项目首先强调的就是周密地做好范围计划编制。范围计划编制是将产生项目产品所需进行的项目工作（项目范围）渐进明细和归档的过程。做范围计划编制工作是需要参考很多信息的，比如产品描述，首先要清楚最终产品的定义才能规划要做的工作，项目章程也是非常重要的依据，通常它对项目范围已经有了粗线条的约定，范围计划在此基础上进一步深入和细化。

（二）项目进度计划

项目进度计划是指在确保合同工期和主要里程碑时间的前提下，对设计、采办和施工的各项作业进行时间和逻辑上的合理安排，以达到合理利用资源、降低费用支出和减少施工干扰的目的。按照项目不同阶段的先后顺序，计划分为以下几种：

1. **项目实施计划**

承包商基于业主给定的重大里程碑时间（开工、完工、试运、投产），根据自己在设计、采办、施工等各方面的资源，综合考虑国内外局势以及项目所在国的社会及经济情况制定出的总体实施计划。该计划明确了人员设备动迁、营地建设、设备与材料运输、开工、主体施工、机械完工、试运、投产和移交等各方面工作的计划安排。

2. **详细的执行计划（目标计划）**

由承包商在授标后一段时间内（一般是1个月）向工程师递交的进度计划。该计划是建立在项目实施计划基础之上，根据设计部提出的项目设计文件清单和设备材料的采办清单，以及施工部提出的项目施工部署，制定出详细的工作分解，再根据施工网络技术原理，按照紧前紧后工序编制完成。该计划在工程师批准后即构成正式的目标计划予以执行。

3. **详细的执行计划（更新计划）**

在目标计划的执行过程中，通过对实施过程的跟踪检查，找出实际进度与计划进度之间的偏差，分析偏差原因并找出解决办法。如果无法完成原来的目标计划，那么必须修改原来的计划形成更新计划。更新计划是依据实际情况对目标计划进行的调整，更新计划的批准将意味着目标计划中逻辑关系、工作时段、业主供货时间等方面修改计划的批准。

（三）资源计划

项目资源计划，是指通过分析和识别项目的资源需求，确定出项目需要投入的资源种类（包括人力、设备、材料、资金等）、项目资源投入的数量和项目资源投入的时间，从而制定出项目资源供应计划的项目成本管理活动。

1. **项目资源计划编制的依据**

（1）项目工作分解结构；

（2）历史项目信息；

（3）项目范围说明书；

（4）项目资源描述；

（5）项目组织的管理政策；

（6）活动工期估算。

2. **项目资源计划编制的方法**

（1）专家判断法。专家判断法指由项目成本管理专家根据经验和判断去确定和编制项目资源计划的方法。

（2）统一定额法。统一定额法指使用国家或民间统一的标准定额和工程量计算规则去制订项目资源计划的方法。

（3）资料统计法。资料统计法使用历史项目的统计数据资料，计算和确定项目资源计划的方法。

（4）项目管理软件法。

（四）计划成本

计划成本：是指根据计划期内的各种消耗定额和费用预算以及有关资料预先计算的成本。它反映计划期休闲产品成本应达到的标准，是计划期在成本方面的努力目标。计划成本与定额成本是不同的，计划成本是按计划期内平均定额水平计算的，而定额成本是按现行定额计算的；计划成本反映平均水平，定额成本反映当时应达到的水平。

（五）休闲计划应注意的问题

第一，防止人为提高成本差异率。有些企业，为了控制超额利润，大都从隐匿收入和虚增成本两个方面进行作弊，人为提高材料成本差异率，多分摊材料成本差异，是采用计划成本进行日常核算企业的常用作弊手段。

第二，防止人为压低差异率，与提高成本差异率相反，有些企业为了完成承包任务，而人为地压低材料成本差异率，用来降低成本，虚增销售利润，实现承包任务。

第三，防止计划成本过度偏离实际成本。

七、休闲项目控制

项目控制是指在项目按事先制订的计划朝着最终目标挺进的过程中，前期工作的不确定性和实施过程中多种因素的干扰，项目的实施进展必然会偏离预期轨道。为此，项目管理者根据项目跟踪提供的信息，对比原计划（或既定目标），找出偏差，分析成因，研究纠偏对策，实施纠偏措施的全过程。所以项目控制过程是一种特定的、有选择的、能动的动态作用过程。

（一）控制的目的

识别变更出现的位置，保证改变是必需或有利的，在所有可能的地方收缩和限制变更，并管理变更的实施。因为范围的变更直接影响工期和成本，控制范围变更是控制工期和成本的重要方面。范围变更控制通过变更控制系统和配置管理来实施。

（二）项目控制基本步骤

项目控制的基础是项目计划，项目计划的基础是项目目标。

第一步，要明确项目目标。项目目标应该包括软件系统的范围、质量、进度、成本、市场或政治目标。范围目标是指功能范围；质量目标包括性能要求、技术指标、质量要求等；进度目标包括交付时间，与客户达成共识的其他时间要求，如验收时间、培训时间等；成本目标对企业内部来说就是项目的预算，对于客户来说就是能够给出合理的价格；市场或政治目标就是诸如完成市场占有率、提高企业形象和知名度、击败某个竞争对手等。

第二步，根据目标分析自身的资源状况。资源包括人力资源（管理水平、技术水平、数量、行业知识与经验积累、技术知识与经验积累）、设备、资金、信息、与相关人员的关系或渠道。

第三步，根据项目目标和资源约束来制订项目计划。项目计划应包括项目目标、项目任务的分解、项目组的组织机构和各角色责任、项目任务的责任分配、项目进度计划、成本计划、质量计划、沟通计划、风险防范计划、项目控制计划。

第四步，实施项目计划。在项目计划实施过程中要持续跟踪监控项目进展情况，并与项目计划比较，发现偏差，分析原因，及时采取纠正、预防措施，随时解决项目中需要解决的问题，包括项目团队的沟通和冲突问题。

项目内外各种因素具有不确定性，同时项目相关环境中存在一定的干扰，因此项目的实施难以完全按照项目计划进行，出现偏差是不可避免的。良好的项目控制可以保证项目按照计划稳定地完成项目目标，就是说可以及时地发现偏差、有效地缩小偏差、迅速地纠正或预防偏差，使项目始终按照合理的计划推进。

第二节　休闲项目融资

从广义上讲，为了建设一个新休闲项目或者收购一个现有的休闲项目，或者对已有的休闲项目进行债务重组所进行的一切融资活动都可以被称为休闲项目融资。从狭义上讲，休闲项目融资是指以休闲项目的资产、预期收益或权益作抵押取得的一种无追索权或有限追索权的融资或贷款活动。我们一般提到的休闲项目融资仅指狭义上的概念。

项目融资始于20世纪30年代美国油田开发项目，后来逐渐扩大范围，广泛应用于石油、天然气、煤炭、铜、铝等矿产资源的开发，如世界最大的、年产80万吨铜的智利埃斯康迪达铜矿，就是通过项目融资实现开发的。项目融资作为国际大型矿业开发项目的一种重要的融资方式，是以项目本身良好的经营状况和项目建成、投入使用后的现金流量作为还款保证来融资的。它不需要以投资者的信用或有形资产作为担保，也不需要政府部门的还款承诺，贷款的发放对象是专门为项目融资和经营而成立的项目公司。如何融到必备资金，对任何一家企业的诞生或者发展至关重要。对中国企业或企业经营者而言，存在两个问题：一是对有效的融资方式缺乏了解；二是面对众多融资方式，不知如何选择和如何着手，特别是在一些中小企业和创业者看来，融资只是大企业独有的权利。因此，在我国商业界不乏因资金等问题而失掉发展机会的企业。

一、休闲项目融资特点

项目融资和传统融资方式相比，具有以下特点：

（一）融资主体的排他性

项目融资主要依赖项目自身未来现金流量及形成的资产，而不是依赖项目的投资者或发起人的资信及项目自身以外的资产来安排融资。融资主体的排他性决定了债权人关注的是项目未来现金流量中可用于还款的有多少，其融资额度、成本结构等都与项目未来现金流量和资产价值密切相关。

（二）追索权的有限性

传统融资方式，如贷款，债权人在关注项目投资前景的同时，更关注项目借款人的

资信及现实资产,追索权具有完全性;而项目融资方式如前所述,是就项目论项目,债权人除和签约方另有特别约定外,不能追索项目自身以外的任何形式的资产,也就是说项目融资完全依赖项目未来的经济强度。

(三) 项目风险的分散性

因融资主体的排他性、追索权的有限性,决定着作为项目签约各方对各种风险因素和收益的充分论证。确定各方参与者所能承受的最大风险及合作的可能性,利用一切优势条件,设计出最有利的融资方案。

(四) 项目信用的多样性

将多样化的信用支持分配到项目未来的各个风险点,从而规避和化解不确定项目风险。如要求项目"产品"的购买者签订长期购买合同(协议),原材料供应商以合理的价格供货等,以确保强有力的信用支持。

(五) 项目融资程序的复杂性

项目融资数额大、时限长、涉及面广,涵盖融资方案的总体设计及运作的各个环节,需要的法律性文件也多,其融资程序比传统融资复杂。而且,前期费用占融资总额的比例与项目规模成反比,其融资利息也高于公司贷款。

项目融资虽比传统融资方式复杂,但可以达到传统融资方式实现不了的目标:一是有限追索的条款保证了项目投资者在项目失败时,不至于危及投资方其他的财产;二是在国家和政府建设项目中,对于"看好"的大型建设项目,政府可以通过灵活多样的融资方式来处理债务可能对政府预算的负面影响;三是对于跨国公司进行海外合资投资项目,特别是对没有经营控制权的企业或投资于风险较大的国家或地区,可以有效地将公司其他业务与项目风险实施分离,从而限制项目风险或国家风险。可见,项目融资作为新的融资方式,对于大型建设项目,特别是基础设施和能源、交通运输等资金密集型的项目具有更大的吸引力和运作空间。

二、休闲项目融资参与主体

由于项目融资的复杂结构,因而参与融资结构并在其中发挥不同程度重要作用的利益主体也较传统的融资方式为多。概括起来,休闲项目融资的主要当事人包括休闲项目发起人、项目公司、贷款人、项目承建商、项目设备/原材料供应者、项目产品的购买者、融资顾问、保险公司、东道国政府。

(一) 休闲项目发起人

休闲项目发起人是休闲项目公司的投资者,是股东,它通过组织项目融资,实现投资项目的综合目标要求。项目的发起人可以是一个公司,也可以是许多与项目有关的公司(如承建商、供应商、项目产品的购买方或使用方)构成的企业集团,还可以是对项目没有直接利益的实体（如交通设施项目中土地所有者和房地产商等）。一般来说，发起人是项目公司的母公司。

（二）项目公司

项目公司通常是项目发起人为了项目的建设而建立的经营实体，它可以是一个独立的公司（corporate），也可以是一个合资企业（joint venture）、和合伙制企业（partnership），还可以是一个信托（trusts）机构。除项目发起人投入的股本金之外，项目公司主要靠借款进行融资。

（三）贷款人

贷款人主要有商业银行、国际金融组织、保险公司非金融机构（如租赁公司、财务公司、某种类型的投资基金）和一些国家政府的出口信贷机构。在一个项目融资中，贷款人可以是简单的一两家商业银行，也可以是由十几家组成的国际银团，还可以是众多的项目债券持有人。贷款人的参与数目主要根据贷款的规模和项目的风险两个因素决定。

（四）项目承建商

项目承建商通常与项目公司签订固定价格的总价承包合同，负责项目工程的设计和建设。对于大项目，承建商可以另签合同，把自己的工作分包给分包商。项目承建商的实力和以往的经营历史记录，可以在很大程度上影响项目融资的贷款银行对项目建设期风险的判断。

（五）项目设备/原材料供应者

项目设备供应者通过延期付款或者优惠出口信贷的安排，可以构成项目资金的一个重要来源。项目原材料生产者在一定条件下愿意以长期的优惠条件为项目供应原材料以保证其长期稳定的市场，这样有助于减少项目初期以致项目经营期间的许多不确定因素，为安排项目融资提供了有利条件。

（六）项目产品的购买者

项目产品的购买者/可以在项目融资中发挥相当重要的作用，是构成融资信用保证的关键部分之一。项目产品的购买者通过与项目公司签订长期购买合同（特别是具有"无论提货与否均需付款"和"提货与付款"性质的合同），保证了项目的市场和现金流量，为投资者对项目的贷款提供重要的信用保证。项目产品的购买者作为项目融资的一个参与者，可以直接参加融资谈判，确定项目产品的最小承购数量和价格公式。

（七）融资顾问

项目融资的组织安排工作需要一个具有专门技能的人来完成，绝大多数的项目投资者缺乏这方面的经验和资源，需要聘请专业融资顾问。融资顾问在项目融资中扮演着一

个极为重要的角色,在某种程度上可以说是决定项目融资能够成功的关键。融资顾问通常聘请投资银行、财务公司或者商业银行中的项目融资部门来担任。

(八) 保险公司

当对借款人或项目发起人的追索权是有限的情况下,项目的一个重要安全保证是用保险权益做担保。因而,必要的保险是项目融资的一个重要方面。由于项目规模很大,存在遭受各种各样损失的可能性,该项目发起人应建立起与保险代理人和承包商的紧密联系,从而正确地确认和抵消风险。

(九) 东道国政府

东道国政府在项目融资中的角色虽然是间接的,但很重要。在宏观方面,政府可以为项目提供一种良好的投资环境。在微观方面,政府可以为项目的开发提供土地、良好的基础设施、长期稳定的能源供应以及经营特许权;政府还可以为项目提供条件优惠的出口信贷和其他类型的贷款和贷款担保,促进项目融资的完成。

三、休闲项目融资的程序

一般来说,休闲项目融资的程序大致可以分为以下五个阶段。

(一) 投资决策阶段

对于任何一个投资项目,在决策者下决心之前,都需要经过相当周密的投资决策的分析,这些分析包括宏观经济形势的判断、工业部门的发展以及项目在工业部门中的竞争性分析、项目的可行性研究等内容。一旦作出投资决策,接下来的一个重要工作是确定项目的投资结构,项目的投资结构与将要选择的融资结构和资金来源有着密切的关系。同时,在很多情况下项目投资决策也是与项目能否融资以及如何融资紧密联系在一起的。投资者在决定项目投资结构时需要考虑的因素很多,其中主要包括:项目的产权形式、产品分配形式、决策程序、债务责任、现金流量控制、税务结构和会计处理等方面的内容。

(二) 融资决策阶段

在这个阶段,项目投资者将决定采用何种融资方式为项目开发筹集资金。是否采用项目融资,取决于投资者对债务责任分担、贷款资金数量,时间、融资费用以及债务会计处理等方面的要求。如果决定选择采用项目融资作为筹资手段,投资者就需要选择和任命融资顾问,开始研究和设计项目的融资结构。

(三) 融资结构分析阶段

设计项目融资结构的一个重要步骤是完成对项目风险的分析和评估。项目融资的信用结构的基础是由项目本身的经济强度以及与之有关的各个利益主体与项目的契约关系和信用保证等多重因素构成的。能否采用以及如何设计项目融资结构的关键点之一就是要求项目融资顾问和项目投资者一起对于项目有关的风险因素进行全面分析和判断，确定项目的债务承受能力和风险，设计出切实可行的融资方案。项目融资结构以及相应的资金结构的设计和选择必须全面反映投资者的融资战略要求和考虑。

（四）融资谈判阶段

在初步确定了项目融资方案以后，融资顾问将有选择地向商业银行或其他投资机构发出参与项目融资的建议书、组织贷款银团、策划债券发行、着手起草有关文件。与银行的谈判中会经过很多次的反复，这些反复可能是对相关法律文件进行修改，也可能涉及融资结构或资金来源的调整，甚至可能是对项目的投资结构及相应的法律文件作出修改，来满足债权人的要求。在谈判过程中，强有力的顾问可以帮助加强投资者谈判地位，保护其利益，并能够灵活地、及时地找出方法解决问题，打破谈判僵局，因此，在谈判阶段，融资顾问的作用是非常重要的。

（五）执行阶段

在正式签署项目融资的法律文件之后，融资的组织安排工作就结束了，项目融资进入执行阶段。在此期间，贷款人通过融资顾问经常性地对项目的进展情况进行监督，根据融资文件的规定，参与部分项目的决策、管理和控制项目的贷款资金投入和部分现金流量。贷款人的参与可以按项目的进展划分为三个阶段：项目建设期、试生产期和正常运行期。

四、项目融资模式

（一）BOT 模式

BOT 模式是指国内外投资人或财团作为项目发起人，从某个国家的地方政府获得基础设施项目的建设和运营特许权，然后组建项目公司，负责项目建设的融资、设计、建造和运营。BOT 融资方式是私营企业参与基础设施建设，向社会提供公共服务的一种方式。BOT 方式在不同的国家有不同称谓，我国一般称其为"特许权"。以 BOT 方式融资的优越性主要有以下几个方面：首先，减少项目对政府财政预算的影响，使政府能在自有资金不足的情况下，仍能上马一些基建项目。政府可以集中资源，对那些不被投资者看好但又对地方政府有重大战略意义的项目进行投资。BOT 融资不构成政府外债，可以提高政府的信用，政府也不必为偿还债务而苦恼。其次，把私营企业中的效率引入公用项目，可以极大提高项目建设质量并加快项目建设进度。同时，政府也将全部项目风险转移给了私营发起人。最后，吸引外国投资并引进国外的先进技术和管理方法，对地方的经济发展会产生积极的影响。BOT 投资方式主要用于建设收费公路、发电厂、铁路、废水处理设施和城市地铁等基础设施项目。

BOT 很重要，除了上述的普通模式，BOT 还有 20 多种演化模式，比较常见的有：BOO（建设—经营—拥有）、BT（建设—转让）、TOT（转让—经营—转让）、BOOT（建设—经营—拥有—转让）、BLT（建设—租赁—转让）、BTO（建设—转让—经营）等。

（二）TOT 融资

TOT（Transfer-Operate-Transfer）是"移交—经营—移交"的简称，指政府与投资者签订特许经营协议后，把已经投产运行的可收益公共设施项目移交给民间投资者经营，凭借该设施在未来若干年内的收益，一次性地从投资者手中融得一笔资金，用于建设新的基础设施项目；特许经营期满后，投资者再把该设施无偿移交给政府管理。

TOT 方式与 BOT 方式是有明显的区别的，它不需直接由投资者投资建设基础设施，因此避开了基础设施建设过程中产生的大量风险和矛盾，比较容易使政府与投资者达成一致。TOT 方式主要适用于交通基础设施的建设。

国外出现一种将 TOT 与 BOT 项目融资模式结合起来但以 BOT 为主的融资模式，叫作 TBT。在 TBT 模式中，TOT 的实施是辅助性的，采用它主要是为了促成 BOT。TBT 有两种方式：一是公营机构通过 TOT 方式有偿转让已建设施的经营权，融得资金后将这笔资金入股 BOT 项目公司，参与新建 BOT 项目的建设与经营，直至最后收回经营权。二是无偿转让，即公营机构将已建设施的经营权以 TOT 方式无偿转让给投资者，但条件是与 BOT 项目公司按一个递增的比例分享拟建项目建成后的经营收益。两种模式中，前一种比较少见。

长期以来，我国交通基础设施发展严重滞后于国民经济的发展，资金短缺与投资需求的矛盾十分突出，TOT 方式为缓解我国交通基础设施建设资金供需矛盾找到一条现实出路，可以加快交通基础设施的建设和发展。

（三）PPP 融资模式

PPP（Public Private Partnership），即公共部门与私人企业合作模式，是公共基础设施的一种项目融资模式。在该模式下，鼓励私人企业与政府进行合作，参与公共基础设施的建设。

其中文意思是：公共、民营、伙伴。PPP 模式的构架是：从公共事业的需求出发，利用民营资源的产业化优势，通过政府与民营企业双方合作，共同开发、投资建设，并维护运营公共事业的合作模式，即政府与民营经济在公共领域的合作伙伴关系。通过这种合作形式，合作各方可以达到与预期单独行动相比更为有利的结果。合作各方参与某个项目时，政府并不是把项目的责任全部转移给私人企业，而是由参与合作的各方共同承担责任和融资风险。这是一项世界性课题，已被国家计委、科技部、联合国开发计划署三方会议正式批准纳入正在执行的我国地方 21 世纪议程能力建设项目。

（四）PFI 融资模式

PFI 的根本在于政府从私人处购买服务，目前这种方式多用于社会福利性质的建设项目，不难看出这种方式多被那些硬件基础设施相对已经较为完善的发达国家采用。比较而言，发展中国家由于经济水平的限制，将更多的资源投入到了能直接或间接产生经济效益的地方，而这些基础设施在国民生产中的重要性很难使政府放弃其最终所有权。

PFI 项目在发达国家的应用领域总是有一定的侧重，以日本和英国为例，从数量上看，日本的侧重领域由高到低为社会福利、环境保护和基础设施，英国则为社会福利、基础设施和环境保护。从资金投入上看，日本在基础设施、社会福利、环境保护三个领域仅占英国的 7%、52% 和 1%，可见其规模与英国相比要小得多。当前在英国 PFI 项目非常多样，最大型的项目来自国防部，如空对空加油计划、军事飞行培训计划、机场服务支持等。更多的典型项目是相对小额的设施建设，如教育或民用建筑物、警察局、医院能源管理或公路照明，较大一点的包括公路、监狱和医院用楼等。

（五）ABS 融资模式

即资产收益证券化融资。它是以项目资产可以带来的预期收益为保证，通过一套提高信用等级计划在资本市场发行债券来募集资金的一种项目融资方式。具体运作过程是：组建一个特别目标公司—目标公司选择能进行资产证券化融资的对象—以合同、协议等方式将政府项目未来现金收入的权利转让给目标公司—目标公司直接在资本市场发行债券募集资金或者由目标公司信用担保，由其他机构组织发行，并将募集到的资金用于项目建设—目标公司通过项目资产的现金流入清偿债券本息。

很多国家和地区将 ABS 融资方式重点用于交通运输部门的铁路、公路、港口、机场、桥梁、隧道建设项目；能源部门的电力、煤气、天然气基本设施建设项目；公共事业部门的医疗卫生。供水、供电和电信网络等公共设施建设项目，并取得了很好的效果。

第三节 休闲项目管理组织

一、休闲项目管理组织制度——项目业主责任制

项目业主责任制是一种新的项目管理组织制度，是投资项目决策与实施的有效的组织形式。

项目业主责任制的实质是实行政企分离，将投资所有权与经营权分离，从建设项目的筹划、筹资、设计、建设实施直至生产经营，归还贷款本息以及国有资产的保值增值，均由项目业主负责承担全过程投资风险，从而真正建立起一种各类投资主体自负盈亏，自求发展，自主经营，自我约束的微观运行机制。

项目业主责任制是在市场经济体制下，建立投资风险约束机制的重要举措。

(一) 项目业主

项目业主是指由投资方派代表,组成对项目全面负责并承担投资风险的项目(企业)管理班子。

可以采取的组织形式:原有企业投资进行建设的项目,业主就是原有企业的领导班子;不同投资方以合资方式投资的新建、扩建项目;由政府单一投资的新建项目,设立管理委员会,管委会是业主;由投资各方协商组建的各类开发,联营公司的领导班子等也可以成为业主。

(二) 项目业主的主要职责

负责筹集建设资金,提出项目的建设规模、产品方案、厂址选择和需要落实的建设条件;负责组织工程设计、监理、设备和施工的投、中标单位,按照国家有关规定审定或审查工程设计、概算、集资计划和用款计划,审定项目(企业)的年度投资和建设计划,审定项目财务预算、决算;按合同规定审定归还贷款和其他债务的数额,审定利润分配方案。根据项目的具体情况,业主可自行聘任和解聘项目(企业)总经理。如需经政府有关部门批准的,可由业主推荐上报。确定总经理的职责范围;根据国家有关规定确定企业的产品、劳务价格;审定项目机构编制、劳动用工及职工工资福利方案;批准项目(企业)总经理报告;处理工程建设中的重大问题等。

(三) 项目业主与各方的关系

项目业主内各投资方之间,项目业主与施工单位之间、银行和政府之间是一种经济关系。

项目业主的建设、生产的经营活动受法律保护。

政府依法对项目进行监督、协调和管理,并对有关政府投资的项目进行审批。项目业主遵照国家产业政策和行业、地区发展规划。

以自有和自行筹措的资金从事生产性建设、能够自行解决建设和生产条件的,在国家规定的审批权以内由业主自主决定立项,报政府有关部门备案并接受监督。政府有关部门应根据登记注册的会计师事务所或审计事务所的验资证明,出具认可业主自行立项的文件;业主从事建设,超过国家规定的审批权限以及不够自行解决建设和生产条件,或需要政府投资的,报政府有关部门批准。

二、项目组织机构的特征

第一,组织目标单一,工作内容庞杂。项目组织的目标很明确,即进度快,质量好,费用省。为实现这一目标,需要进行的工作内容却十分庞杂,是一个纵横交错的系统工程。

从纵的方向看,项目组织既要与上级主管部门保持联系以取得指导和支持,又要通过对下属单位的合理组织搞好有机协调工作。

从横的方向看，项目组织要妥善处理好各类关系、如地质勘查单位，工程设计单位，投资者，工程施工队，物资供应商以及提供水、电、风、气、土地、道路等有关部门，甚至还要与司法、保卫、安全、绿化等业务部门打交道。因此要有计划有组织地处理好各种经济关系、行政关系和人事关系等，争取得到各方面的理解、支持和配合，使项目能按预定计划顺利实施。

第二，项目组织是一个临时性机构。项目组织因开发建设项目而设立，项目完成后，组织的使命结束，因而随之解体。

第三，项目组织应精干高效。项目组织体系必须精干，成员少而精，讲求实效。要广纳各方面的优秀人才形成合理的智力结构，使组织体迸发出巨大的能量。

第四，项目经理是项目组织的关建。

三、设置项目组织机构的原则

（一）有效管理幅度原则

管理幅度是指一个主管能够直接有效地指挥下属的数目。一个主管能直接而有效地指挥下属的人数是有限度的，既不是越多越好，也不是越少越好，如何选择适宜的管理幅度应根据项目的实际情况，考虑三方面因素的影响，其一，领导者面对的问题的复杂程度；其二，才能高低；其三，授权程度。

（二）才职相称原则

管理人员的才智、能力与担任的职务应相适应。设计了各种职位、职务之后，就要安排相应的人员担任工作，或通过培训使其胜任工作。因为每种职位、职务都有其所要求的能力水平。

此外，还有命令统一原则、效果与效率原则等。

四、项目组织结构的类型

（一）直线职能型组织结构

特点：专业分工、专业化程度高；部门拥有职权，生产人员接受多方指挥，不易造成大的失误和损失。但是，职能组织的结构机制是多头领导，职责不易分明，容易引起管理混乱，部门之间难以协调；职能组织的行为机制偏重行政命令，容易产生官僚主义行为，不易发挥人的主观能动性，难以对其环境问题作出及时的反应。

（二）项目型组织结构

特点：各个职能部门的综合，各类专业人员的交融，是一个摆脱官僚主义行为的舞台；它有利于任务运作的协调，能调动人的积极性，对环境变化有一定的适应性。但

是，项目组织是以横向的项目或产品结构组织，与垂直的职能结构缺乏直接联系，专业水平难以提高，业务水平受到影响；另外，在项目组织中人员调动频繁，给管理增加了难度，对项目经理提出了更高的要求。

（三）矩阵型组织结构

基本类型包括弱矩阵型组织结构、均衡矩阵型组织结构、强矩阵型组织结构。特点是具有职能组织和项目组织的综合优点，是项目管理中一种有效性和高效率的组织形式。

（四）网络组织结构

网络型组织结构是目前流行的一种新形式的组织设计，它使管理当局对于新技术、时尚，或者来自海外的低成本竞争能具有更大的适应性和应变能力。网络结构是一种很小的中心组织，依靠其他组织以合同为基础进行制造、分销、营销或其他关键业务的经营活动的结构。在网络型组织结构中，组织的大部分职能从组织外"购买"，这给管理当局提供了高度的灵活性，并使组织集中精力做它们最擅长的事。

采用网络型结构的组织，它们所做的就是通过公司内联网和公司外互联网，创设一个物理和契约"关系"网络，与独立的制造商、销售代理商及其他机构达成长期协作协议，使它们按照契约要求执行相应的生产经营功能。由于网络型企业组织的大部分活动都是外包、外协的，因此，公司的管理机构就只是一个精干的经理班子，负责监管公司内部开展的活动，同时协调和控制与外部协作机构之间的关系。

优点：动态网络型结构的优点是网络型组织结构极大地促进了企业经济效益实现质的飞跃：一是降低管理成本，提高管理效益；二是实现了企业全世界范围内供应链与销售环节的整合；三是简化了机构和管理层次，实现了企业充分授权式的管理。组织结构具有更大的灵活性和柔性，以项目为中心的合作可以更好地结合市场需求来整合各项资源，而且容易操作，网络中的各个价值链部分也随时可以根据市场需求的变动情况增加、调整或撤并；另外，这种组织结构简单、精炼，由于组织中的大多数活动都实现了外包，而这些活动更多地靠电子商务来协调处理，组织结构可以进一步扁平化，效率也更高了。

缺点：动态网络型结构的缺点是可控性太差。这种组织的有效动作是通过与独立的供应商广泛而密切的合作来实现的，由于存在着道德风险和逆向选择性，一旦组织所依存的外部资源出现问题，如质量问题、提价问题、及时交货问题等，组织将陷入非常被动的境地。另外，外部合作组织都是临时的，如果哪个组织中的某一合作单位因故退出且不可替代，组织将面临解体的危险。网络组织还要求建立较高的组织文化以保持组织的凝聚力，然而，由于项目是临时的，员工随时都有被解雇的可能，因而员工对组织的忠诚度也比较低。

三、项目经理

从职业角度，项目经理是指企业建立以项目经理责任制为核心，对建设工程实行质量、安全、进度、成本、环保管理的责任保证体系和全面提高工程项目管理水平设立的重要管理岗位；从从业角度，项目经理是指受企业法人代表人委托对工程项目施工过程全面负责的项目管理者，是企业法定代表在工程项目上的代表人。

项目经理需要具备以下素质：

（一）能适应变化

作为项目经理，这意味着你愿意改变，是乐于改变而不是勉强改变。在我们的生活中变化是永恒的。事实上，多数的现代管理思想都围绕着如何管理大组织中连续和深刻的变化展开。抗拒变化的人以怀疑的目光看待工作生活中的改变，是不可能当好项目经理的，原因很简单，因为任何项目几乎总是会发生某些变化。就个人来说，欢迎变化就是对你在工作生活中所碰到的新工作、新技术和新方法感到自然舒适。你会发现乐于迎接变化的人是较早热心接受信息技术的人，这些人总是挖掘计算机的潜力来帮助其工作。适应变化与不武断干预别人如何安排其工作有很大的关系，因为实现一种目标并非只有一种方法。你选择的方法对别人可能不是最有效的方法，认识到这一点是很重要的。所以一个好的项目经理总是乐于接受别人提出的新见解。

（二）有实践能力

项目经理所需要的实践能力，不是指像换一个插头或维修一台电脑的日常技能，关键的是按照你所想的方法去做。当然，要通盘考虑运筹帷幄。面对项目中要实现的很多目标，不能只见树木不见森林，还要看到森林中树木之间的关系，只有通盘考虑的人才能在解决问题时过关斩将。项目经理善于收集信息，尤其是那些问题中不同环节间如何关联的信息，善于发现两种不同行动之间的逻辑关联。例如，项目经理能够看出在完成某项任务之前必须完成另一项任务。项目经理善于运用和平衡项目中可用的有限资源，也善于判断每项工作是否进展良好而保持整个项目的正常运转，不会让局部的原因使整个项目停下来。通盘考虑是项目经理在项目过程中的思维主题，尤其是当考虑挑选队伍，决定时间表和组织资源时更显得重要。

（三）能进行创造性的思考

这一品质是与全盘考虑相关的，但是它还有另外的意思。针对项目，项目经理可能需要通过另外的方法来达到目标，尤其当面临时间和资源的约束时更是如此。如果必须在有限的时间内完成任务，或者不能得到想要的预算，就不得不另辟蹊径完成项目。有一个重要的方法可以帮助项目经理进行创造性思考。如果能勾画出任务的全景，就能容易地说出哪些是问题的重要部分和关键的环节，之后就更容易抓住优先的部分，尝试更

快或更有效的方法来完成项目。

（四）乐于学习

当项目经理承担一个项目时，很可能是以前从没有做过类似工作。当然，要去学习，去了解和掌握有关新工作的关键因素。然而，乐于学习不仅是指乐于学习你所不知道的事情，它还包括乐于挑战现在的工作方法（也许是你最受益的工作方法），用新知识的眼光严格地反复检查这些方法。现在人们经常谈论"学习型组织"，好像组织本身有大脑。事实上"组织大脑"确实真的存在，它存在于组织的所有员工之间。员工的学习愿望决定了组织的能力。项目组的每个成员都乐于学习是重要的，尤其是项目经理应该在不易接受变化的成员中倡导学习文化，使他们乐于接受新观念和新方法。

（五）有带团队的能力

除了在最小的项目，也就是通常只能称之为任务的情况之外，项目经理总是和别人一起协同工作。如果人们不能以团队的方式有效地工作，就不可能使项目完满完成。

有人对团队意识存在一个很大的误解，团队意识不意味着总是同意成员们所说的或是从不进行争论。在一个团队中没人挑战和怀疑就不是一个团队而是一帮"死党"。团队意识是说尊重团队中的其他成员，因为他们对团队的贡献是不可或缺的。团队意识意味着以开放的态度听取别人的观点，可以不同意但却坦诚友好地对待别人的观点。事实上，在绝大多数项目组中，为了以最好的方式完成项目的不同部分，项目组的某些成员或全体成员间随时会发生小的争议和讨论，项目组成员会觉得争论令人兴奋而不是令人害怕，项目经理的关键作用是发展这种文化，友好而富有创造性的文化氛围有利于更好地完成项目。

（六）具有大局观与组织能力

项目管理，就如下棋打仗，需要大局观，如果只计较一子一地的得与失，却失之全局形势的把握，失败就是必然的。现在的项目越来越复杂，尤其是非技术因素的影响日益增加，其非理性对项目的影响有可能是致命的。另外，从纯粹技术或业务的角度看，项目包含的内容也非常多，同样需要有大局观。在项目中，有大局观，还要有组织协调能力，才能调度所拥有的众多资源，以保证项目的顺利实施，没有组织协调能力，计划是无法执行的。

（七）适应各类企业的文化与价值观

每类企业都会有自己独特的文化与价值观，文化与价值观引起的冲突往往会给项目带来很大的不良影响。项目经理需要适应企业的文化与价值观，做到对各种客户企业文化能够认可和包容。

（八）善于与人沟通

作为项目经理，沟通既是一种工作方法也是一种学习方法。与项目组成员沟通是建设团队的必要手段，与管理高层沟通可以有效地获得领导的支持，与客户沟通（有时是谈判）可以获得客户的理解和支持，也是提高客户满意度的重要方法之一。

（九）善于描绘愿景

以激发和激励项目组成员的方式，阐明项目正在努力实现的目标是项目经理的重要职责。经常提供愿景，可以使项目队伍付出超常的努力，从而使项目取得惊人的成功。

六、项目团队

现代项目管理认为，项目团队是由一组个体成员为实现一个具体项目的目标而组建的协同工作队伍。项目团队的根本使命是在项目经理的直接领导下，为实现具体项目的目标，完成具体项目所确定的各项任务而共同努力，协调一致和有效地工作。项目团队是一种临时性的组织，一旦项目完成或中止，项目团队的使命即已完成或终止，项目团队即告解散。

（一）项目团队的特点

为完成特定的项目而设立的专门组织，它具有很高的目的性。

一种一次性的临时组织。

由项目工作人员、项目管理人员和项目经理构成。

项目团队强调的是团队精神和团队合作。

团队成员在一些情况下，需要同时接受双重领导。

不同的组织中的项目团队具有不同的人员构成、不同的稳定性和不同的责权利构成。

项目团队还具有渐进性和灵活性等方面的特性。

项目团队建设是项目获得成功的组织保障。

（二）团队精神与团队绩效

团队精神的内涵：高度的相互信任和相互依赖性；统一的共同目标；全面的互助合作平等与积极参与，自我激励和自我约束。

绩效必须关注团队精神。休闲项目管理组织是合作的组织，绩效管理就必须关注团队精神培养，强化合作意识。而实现这一点，光指望鼓励、号召、启发觉悟，不触及利益问题，是无济于事的，所以必须形成团队凝聚力的物质基础，形成"团结协作不够，个人利益就少；没有团结协作，就得不到个人利益"。这种压力一定要通过员工绩效管理来具体体现利益分配，才可能产生影响。

对待这两件事，一是要有严格的功能区分，二是要注意相互间的配合。因此，在设计员工绩效考核指标时必须考虑到：

第一，员工绩效管理是以实体绩效管理为基础的管理活动。

第二，员工绩效管理的立足点是放在考查员工"执行上级指令的坚决性"这一点上。它的重要功能也在强化"上司"的管理权威。

第三，员工绩效管理是加大"压力"的工作。因为组织压力再大，员工作为个人还可能感受不切实。所以，一定要在施加组织压力抓紧实体绩效管理的同时，把员工个人的绩效管理作为加大"压力"的重要环节，严格实施。

体现员工绩效考核指标设计与团队绩效管理相关性的标志，这两项绩效管理的主题必须一致，这可以从两个角度来思考：

第一，动态主题：企业层面的管理重心。依循着企业的发展趋势，我们要站在企业全局的立场，根据企业的发展、行业的特点、市场的现状等因素的变化情况。不断地提炼当前管理工作的中心，以及与之相对应的绩效管理的主题，并不断在设计员工绩效考核指标时，把它作为主题来体现。

第二，静态主题：职能系统层面的责任分布。设计员工绩效考核指标，分解和统摄实体绩效考核指标是惯常的做法，这样的分解，必须有从全局出发的意识。例如，考虑各个岗位的成本责任，就必须首先研究：研发、制造、营销、管理等职能模块中，哪个职能系统的成本责任最大？直接的反映往往集中在制造系统，认为制造系统的成本责任最大，采购可能更是首当其冲，其实这不一定对，成本责任最大的职能系统也可能是研发：设计的如果是高成本产品，再怎么注意，成本下降也有限；其次，营销中的投入也是成本，不注意控制，成本的浪费也会惊人，而管理成本，往往另账处理，花了多少钱，也无法归类，以全局性分析成本责任权重分布为依据定出来的成本指标，才是有意义的成本绩效考核指标。如此类推，利润绩效考核指标、营业额绩效考核指标、客户满意度绩效考核指标等，都要慎重地在总体统筹思考的基础上确认，才可能是准确而公正的。

【知识链接】

"主题设计"成体验式购物中心关键

后商业地产时代的知识链接"主题设计"来临，第四代城市综合体的兴起，购物不再是人们来购物中心的主要目的，体验消费成为时下最热门的词汇，如何加强购物中心的体验性，除了项目本身的硬件条件外，业态规划、进驻品牌、后期运营策划缺一不可。

而如何让这些元素组合起来，让消费者参与进来，这时，"主题设计"就成了营造购物中心"体验"的另一个关键词。本专题从购物中心为何走主题路线、主题设计有何价值、主题设计须注意的问题，以及目前国内购物中心主题设计的发展情况等方面为您剖析购物中心的"主题设计"。

> 主题体验式购物中心：根据消费者的兴趣、爱好、年龄、知识和教育背景以及社会角色等因素，将购物中心细分成与之相对应的主题鲜明、个性独特的多元化消费场所，借业态及品牌组合，通过建筑设计、室内装饰、商场服务等细节配合体现统一的主题，让消费者形成鲜明的视觉和感觉冲击。通过对主题的具象挖掘和营销推广，把商品作为"道具"，服务作为"舞台"，环境作为"布景"，使顾客在集零售、餐饮、娱乐为一体的购物中心商业活动中享受到美好的体验。
>
> "同质化"危机加剧了竞争，购物中心纷纷通过布局主题特色来增加自身亮点，吸引客流。除了通过建筑创新、展示方法改变以及增加文化特色和品牌资源以外，部分购物中心开始发展多层次多主题的功能复合型综合体，照顾不同消费者的需求。当"体验"成为商业地产领域的热门词汇时，"主题设计"又成为营造购物中心"体验"的另一个关键词。

第四节 休闲项目风险管理

一、休闲项目风险的含义

休闲项目风险管理是指通过风险识别、风险分析和风险评价去认识项目的风险，并以此为基础合理地使用各种风险应对措施、管理方法技术和手段，对休闲项目的风险实行有效的控制，妥善地处理风险事件造成的不利后果，以最少的成本保证项目总体目标实现的管理工作。

风险管理与项目管理的关系。通过界定项目范围，可以明确项目的范围，将项目的任务细分为更具体、更便于管理的部分，避免遗漏而产生风险。在项目进行过程中，各种变更是不可避免的，变更会带来某些新的不确定性，风险管理可以通过对风险的识别、分析来评价这些不确定性，从而向项目范围管理提出任务。

二、项目风险的分类

按风险后果分为纯粹风险与投机风险。纯粹风险是指风险导致的结果只有两种，即没有损失或有损失（不会带来利益）。纯粹风险一般可重复出现，因而可以预测其发生的概率，从而相对容易采取防范措施。投机风险重复出现的概率小，因而预测的准确性相对较差。纯粹风险和投机风险常常同时存在。投机风险是指风险导致的结果有三种，即没有损失、有损失或获得利益。

按风险来源划分为自然风险与人为风险。自然风险是指自然力的不规则变化导致财

产毁损或人员伤亡,如风暴、地震等。人为风险是指人类活动导致的风险。人为风险又可细分为行为风险、政治风险、经济风险、技术风险和组织风险等。

按风险的形态分为静态风险与动态风险。静态风险是自然力的不规则变化或人的行为失误导致的风险。从发生的后果来看,静态风险多属于纯粹风险。动态风险是人类需求的改变、制度的改进和政治、经济、社会、科技等环境的变迁导致的风险。从发生的后果来看,动态风险既可属于纯粹风险,又可属于投机风险。

按风险可否管理分为可管理风险与不可管理风险。可管理风险是指用人的智慧、知识等可以预测、可以控制的风险。不可管理风险是指用人的智慧、知识等无法预测和无法控制的风险。

按风险的影响范围分为局部风险与总体风险。局部风险是指某个特定因素导致的风险,其损失的影响范围较小。总体风险影响范围大,其风险因素往往无法加以控制,如经济、政治等因素。

按风险后果的承担者划分为政府风险、投资方风险、业主风险、承包商风险、供应商风险与担保方风险等。

按风险对目标的影响分析。按照项目目标系统的结构进行分析可分为:工期风险、费用风险、质量风险、市场风险、信誉风险、人身伤亡、安全、健康以及工程或设备的损坏、法律责任。

三、休闲项目风险管理的过程

(一)风险识别

风险识别包含两方面内容:其一,识别哪些风险可能影响项目进展及记录具体风险的各方面特征。风险识别不是一次性行为,而应有规律地贯穿整个项目中。其二,风险识别包括识别内在风险及外在风险。内在风险指项目工作组能加以控制和影响的风险,如人事任免和成本估计等。外在风险指超出项目工作组等管控力和影响力之外的风险,如市场转向或政府行为等。严格来说,风险仅仅指遭受创伤和损失的可能性,但对项目而言,风险识别还牵涉机会选择(积极成本)和不利因素威胁(消极结果)。项目风险识别应凭借对"因"和"果"(将会发生什么导致什么)的认定来实现,或通过对"果"和"因"(什么样的结果需要予以避免或促使其发生,以及怎样发生)的认定来完成。

(二)风险评估

风险评估的基础是首先要对以下几项内容进行估计:风险事件发生的可能性大小;可能的结果范围和危害程度;预期发生的时间;一个风险因素所产生的风险事件的发生频率。常用的方法工具包括:风险可能和危害分析等级矩阵、项目假定测试、数据精度分级。

1. 风险可能和危害分析等级矩阵

风险的大小是由两个方面决定的：一方面是风险发生的可能性，另一方面是风险发生后对项目目标所造成的危害程度。对这两方面，可以用一些定性的描述词分别进行描述，如"非常高的""高的""适度的""低的""非常低的"等。

2. 项目假定测试

风险评估中的项目假定测试是一种模拟技术，它是分别对一系列的假定及其推论进行测试，进而发现风险的一些定性信息。

3. 数据精度分级

风险估计需要准确的、不带偏见的有益于管理的数据，数据精度分级就是应用于这方面的一种技术，它可以估计有关风险的数据对风险管理有用的程度。它包括如下的方面：风险的了解范围、有关风险的数据、数据的质量、数据的可信度和真实度等。

项目管理的本质是计划、预测、预算和估算，这都表明了项目中的确定因素是很少的。因此，要决定项目的不确定性就需要考虑项目的方方面面。但这是非常不切实际的，因为评估需要的成本和时间是有限的，因此，一般需要保证的是，风险评估的对象必须是那些在项目中受到最严重的约束和具有最大不确定性的地方。另外，需要强调的是，这个评估的过程事实上是反复的，只有当评估者和项目经理都认为所有未发现的风险都是无关紧要的时候，风险评估才能完成。评估过程允许风险承担者定义风险类型。可以根据概率和影响，或者根据安全措施和冒险。影响表示的是作用于预算、项目完成时间表、工作质量或者项目安全性的影响的严重程度。风险发生的概率及风险影响的程度究竟是高还是低，是风险评估者和项目经理所关心的问题。

(三) 风险应对

1. 风险发生阶段的应对

在风险的发生阶段，风险已经来临，风险将带来的损失已经不难预料，这个阶段的风险管理重在应对。

（1）选择和实施风险应对预案。事先准备的预案可以大大提高风险应对的决策效率，把决策简化到抉择。例如，当你的电脑系统被病毒侵袭的时候，当你的技术关键人员突然辞职的时候，当你的主要客户因故拖延付款的时候，当你的主要供应商突然宣布提高价格的时候，如果你能够事先准备好应付的预案，你就会有更多的选择余地，有充分的应对时间，就不会在突然降临的风险打击下束手无策。

（2）采取权宜措施缓解风险。有些时候实施风险预案需要时间和条件，权宜措施就是为了争取时间和创造条件。当你的电脑被病毒袭击而瘫痪的时候，你首先要做的也许不是修复系统而是抢救文件；当客户拖延付款的时候，你当务之急也许不是催讨债款而是拆借周转资金。在很多情况下，权宜措施也是构成风险预案的组成部分，但是当风险预案没有料到的情况发生时，应急的权宜措施最能考验一个管理者的应变能力。

（3）采取补救措施抵消损失。当风险造成的损失不可避免的时候，可以堤外损失堤内补救。例如，产品如果出现质量问题，应该立即和产品供应商积极协商，尽量减少损失；如果客户无力偿还债务，可以用动产及不动产之类的资产抵扣部分损失；如果因下雨不能户外施工，就安排培训，以免浪费时间。

2. 风险后果阶段的应对

在风险的后果阶段，风险造成的损失已经成为事实，形势危急，这个阶段的风险管理重在应急和善后。

（1）选择和实施危机处理预案。如果电脑文件丢失，如果欠债客户卷款逃逸，这时风险就变成了危机，应对就变成了应急。应急实际上和风险应对没什么区别，不过预案的作用会更突出，因为危机时刻没有时间容你深思熟虑，只能选择过去准备好的方案。

（2）实施灾难救助措施。危机往往伴随着灾难性的后果，损失已经铸成事实，形势无法逆转，因此需要考虑善后措施，如挽回信誉、收拾残局、另寻替代方案等。

（3）资料存档总结教训。这是善后要做的最后一件事情，但是它常常被忽略忘记。所有的风险和灾难留下的记录都是人类的遗产，它将为后人识别风险提供宝贵的线索。今天的人是站在前人肩膀上进步的，如果没有前人留下的资料，我们至今还在黑暗中摸索，还会在同一块石头上绊倒无数次。文档化管理，是我们迈向学习型组织必须跨过的门槛。

（四）休闲项目风险的控制

根据控制措施的费用应当与风险相平衡的原则，企业应该对所选择的安全控制措施严格实施以及应用。达到降低风险的途径有很多种，下面是常用的几种措施：

免风险，如改善施工程序及工作环境等；

转移风险，如进行投保等；

减少威胁，如阻止具有恶意的软件的执行，避免遭到攻击；

减少薄弱点，如对员工进行安全教育，提高员工的安全意识；

进行安全监控，如及时对发现的可能存在的安全隐患进行整改，及时作出响应。

【复习思考题】

1. 项目经理需要具备的要素。
2. 在设计员工绩效考核指标时必须考虑的因素。
3. 论述休闲项目风险管理过程的步骤。
4. 采用何种投融资模式解决我国老年休闲养生问题？

【案例分析】

　　休闲农业是利用农业资源环境、农田景观、农业生产、农业产品、农业文化和农家生活，为人们提供观光休闲、体验农业、了解农村的一种农业经营活动。台湾地区农业在20世纪60年代后出现衰退，为农业寻找新机会几乎成为农民与农政单位极力突破的难题。为此，1990年，台湾地区"农委会"在《改善农业结构提高农民所得方案》中设立了《发展休闲农业计划》，从技术、经费、宣传等方面加大了对休闲农业支持的力度。1992年，"农委会"颁发了《休闲农业区设置管理办法》，制定了休闲农业区的一些基本条件。此后，台湾地区休闲农业快速发展，当局修订了《休闲农业区设置管理办法》等相关法规，对休闲农业区与休闲农场进行重新界定，编印指导教材，成立相关团体，确保了观光休闲农业在台湾地区的顺利发展。1990~1997年，台湾地区"农委会""发展休闲农业计划"共办理七县二十乡镇十八个地区，并辅助相关公共设施建设，营造整体休闲农业发展环境，成效良好。

　　思考题：台湾地区有哪些休闲农业的发展模式及其功能？分析大陆的农家乐的发展模式，台湾地区的休闲农业对发展大陆休闲农业有何借鉴意义。

第五章

城市休闲管理

本章主要阐述了城市休闲基本概念,城市休闲产品、城市休闲空间的基本理论。城市休闲具有完善城市功能、传承城市文化、彰显城市个性、美化城市环境、提升城市生活品质、促进城市经济发展的功能,在未来城市休闲的发展趋势为:综合性与集中化、体验性与人性化、健康性与生态化、文化性与特色化、水平空间的差异性。对于城市休闲来说,应重视文化娱乐类、生活消遣类、体育保健类和教育发展类休闲产品的发展,重视城市休闲空间的培育,尤其是城市游憩商业区、城市广场、城市公园、社区休闲空间等关系到人们日常生活品质的空间培育。

【学习目标】

1. 理解城市休闲概念和特征,把握城市休闲发展意义和趋势;
2. 明确城市休闲产品的分类,理解公共休闲空间、私人休闲空间的含义,以及城市休闲空间的培育途径。

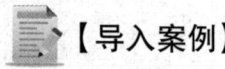【导入案例】

奥兰多城市休闲

奥兰多位于美国的"阳光之州"——佛罗里达州的中部,是佛州中部最大的枢纽城市。奥兰多自然环境良好,阳光充足,湖泊众多,属于亚热带气候,在地理位置上连接南北,拥有得天独厚的经济、文化、交通、旅游及商务优势,因而成为充满欢乐的典型的美式休闲城市。

奥兰多最早依赖柑橘种植业的发展，被誉为"橘子皮城市"，其种植业的成功带动了当地交通和房地产的发展。直至1971年迪士尼主题公园的落户，迅猛地推动了奥兰多休闲旅游业的发展。阳光、沙滩以及温暖舒适的气候使奥兰多成为极具吸引力的休闲度假胜地。全球最大的迪士尼乐园为国内外各个年龄段的游客提供各类主题娱乐项目，更是促进了观光、度假、娱乐、商务会展等行业的快速发展，城市休闲业发展令全球瞩目。

改革开放以来，中国经济的快速发展及城市化进程的推进，为中国城市休闲业的发展奠定了经济基础；中国假日制度及带薪休假制度的进一步落实又为城市休闲的发展提供了时间保障。在这种双重保障下，随着城市民居休闲诉求的普遍增多，新的闲暇消费观念形成，为了满足人们日益增长的休闲需求，城市休闲在中国得到了前所未有的高速发展。中国大部分城市休闲供给基本体系已经具备，无论在公共休闲服务、设施方面，还是在商业性休闲供给方面都有了很大的改善。

由于中国城市具有自己的特色，中国城市休闲也出现了一些独特特征，对中国经济社会的发展意义重大。前瞻中国未来城市休闲的发展趋势，探寻面向未来的城市休闲的培育路径。

第一节 城市休闲概述

一、城市休闲概念

对于城市休闲的概念，中外学者都提出了自己的看法。简森（Jansen Verbeke，1988）在其提出的"Leisure Product（休闲产品）"概念中认为城市是休闲娱乐的产生地，并指出：城市聚集了各类休闲设施；城市是一个开展活动的地方，有着功能齐全的各项供给；城市是休闲之地，城市建筑、环境等物质因素及区域社会、文化特征等都赋予城市以鲜明的特定形象。

陈世斌（2005）认为，城市休闲是指在城市这一特定的地域范围内，休闲主体所特有的休闲观念及休闲行为。城市休闲产业则是与城市休闲观念的形成及休闲行为的开展相联系的供给和消费需求的总和，是所有为城市休闲主体观念的形成、开展休闲活动提供商品和服务的行业总和。

郑胜华、刘嘉龙（2006）认为，城市休闲是指在城市范围内的个体及群体所特有的休闲观念、产生的休闲行为以及相关的休闲产业供给和消费的总和。城市休闲是以科学、文明、健康的休闲理念为基础，以旅游观光、教育培训、体育健身、文化娱乐等现代休闲消费方式为特征，以提高生活、生命质量为目的的现代休闲。

本书认为，城市休闲是将休闲概念地域化，是指在城市范围内，依托城市设施、城市文化，借助城市功能而产生的休闲活动。

二、城市休闲特征

城市休闲是以完成城市休闲功能为目标的，总的来说，城市休闲具有以下基本特征：

（一）具有一定的地域特色

城市休闲产品处于城市范围内，而不同的城市处于不同的地域空间，不同地域的人们的生活方式也会有所差异，他们所采用的休闲方式也会表现出一定的地域特色，如"坐茶馆"是成都人的一种特别休闲嗜好，成都因此茶馆林立。因此，城市休闲也就必然会表现出当地的地域特色，体现不同的地域文化。

（二）休闲场所重游率高

在当今社会，人们的闲暇时间普遍增多，人们的闲暇时间又都分布在日常下班之后、周末、公共假日及带薪休假上。除了公共假日和带薪假期有些人可以外出旅游外，城市居民大部分的闲暇时间都是在城里进行日常休闲活动。人们的活动大都受到闲暇时间的限制，而城市休闲则不用受到这种限制，城市居民可以利用任何闲暇时间进行休闲活动。因此，城市休闲地点表现出间隔周期短、重游率高的特点。

（三）文化性强

城市休闲体现着这个城市的精神风貌和人文精神，它既是休闲的载体，也是文化的载体。人们通过消费休闲产品来满足其休闲需求，进行休闲活动，不仅可以放松身心、愉悦精神，还可以开阔视野、增长知识，从不同的方面感受这个城市的文化内涵，进而传播当地的文化。

（四）具有明显的时代特征

随着我国改革开放的不断深入，在城市不断发展的同时，人们的观念及行为方式也发生着日新月异的变化。城市休闲不仅可以使人们了解到时代的发展与进步，还能让人们感受到现代文明带来的欢乐，具有明显的时代气息。

三、城市休闲发展意义

良好的城市休闲，将会影响人们的生活观念和生活方式，从而实现真正的"诗意栖居"的生活追求。因此，城市休闲的发展与城市生活发展是一种互动关系，对于引导城市和谐有序发展、美化城市形象、彰显其城市特色等都起着重要的作用。

（一）完善城市功能

随着经济的发展和社会的进步，现代城市居民获得了更多的闲暇时间，这必然导致了休闲娱乐活动的增加和对更多休闲娱乐空间的需求。城市中有相当多的游憩、体育、文化、社交等活动需要通过公共休闲空间来完成，而城市公共休闲空间则通过场地及设施直接向居民提供游览、放松、交往、运动等各项服务。从城市系统而言，城市休闲空间往往也是文化中心、娱乐中心、商业中心、活动中心……因此，城市休闲空间浓缩了城市的一些主要功能，成为信息流、人流、物流的集中地，有助于构建城市公共服务体系，使城市的功能更加完备。

（二）传承城市文化

人们的社会生活包含了人与自然、人与社会的各种关系，城市休闲正是人们众多社会文化生活的展现基础，同时具备对城市居民休闲文化素质的社会培育的潜在功能。人类的思想及行为会因环境、媒体的刺激而发生变化。良好的外部环境会调动人们的内驱力，发挥人们的创造潜能，产生积极主动的行为。所以，城市休闲与城市居民的生活存在相互依赖的关系，不少城市的休闲方式是城市发展的历史产物，是城市文化传承的积淀。一些历史性的休闲方式及场所、设施的保留和更新可以传承城市的文化，体验城市的历史文化内涵，使人们能够从城市中解读历史，感受历史空间，传承历史文化，从某种程度上讲，城市休闲的发展也是衡量城市文化发展水平的重要标志。

目前，中国许多城市都以休闲为主题来打造城市形象品牌，力图将城市打造成宜居、宜业、宜游、宜乐的休闲城市，从而提高城市的品质及知名度，如杭州、成都、昆明等。

（三）彰显城市个性

城市休闲不仅体现着城市的文化内涵和品位，还反映着城市的精神气质。形象鲜明的城市休闲场所，往往也能成为城市的地标性场所。城市休闲空间是一个城市整体形象中最重要的环节，休闲空间没有特色的城市是文化苍白的城市。因此，不少城市的政府都在抓紧思考如何更好地满足城市居民休闲娱乐的需要和开发利用更多的城市休闲产品，通过城市休闲的建设来彰显城市的个性和特色。

（四）美化城市环境

许多城市休闲场所和空间都具有鲜明的环境美化功能，比如较大面积的绿地、林带、广场、河岸等作为建筑群之间的缓冲，成功地消除人性需求与现代建筑之间的不协调感，实现城市发展与自然、人文等要素的均衡与和谐，并且净化了空气，降低了噪声，改善了生态环境。许多有魅力的城市，不是因为它们拥有多优美的建筑，而是因为它们拥有许多吸引人的城市休闲空间，从而使人们可以在这些休闲空间里真实地体验这座城市。历史名城威尼斯、锡耶纳、苏州、丽江古城都是很好的例子。城市休闲是创造宜居城市环境、体现城市风貌的重要场所。

（五）提升城市生活品质

在"新城市主义"理念的影响下，人们又开始回归传统文化和地方文化，强调社区性、邻里感、场所精神和生活气息。城市休闲的建设开始更为关注人性化需求，根据市民的生活特点，设计尺度合适的城市休闲空间，提高市民生活环境的舒适度，引导人们到户外进行体育健身、文化娱乐等各种积极的社会交往活动，有利于促进人们的身心健康及社会的和谐健康发展。同时令人愉悦的休闲空间还能激发人们的灵感，增强自信心，促进人们情绪的调节，起到积极的导向作用，提升城市生活品质。

（六）促进城市经济发展

从经济角度来看，城市休闲发展可以吸引不同层次的休闲消费，除了取得直接的经济效益之外，还可以带动相关产业发展并实现经济的乘数增长，在增加地方政府财政税收的同时创造附加经济价值，增加劳动力工作岗位。

四、城市休闲发展趋势

休闲是生命存在的一种状态，是人们对闲暇时间的自主利用方式，是现代人的一种基本生活方式。在世界休闲浪潮的推动下，我国城市休闲建设越来越受到各级政府重视，进入快速发展阶段，由于我国特殊的经济、社会、文化的国情，城市休闲在未来将会出现以下发展趋势：

（一）综合性与集中性

随着现代经济模式的休闲化转变和人类休闲需求的日趋多样化，人们希望在同一休闲空间中实现对多种休闲方式的选择，并尽情体验休闲生活情趣，从而推动城市休闲朝着更加综合性与集中化方向发展。

城市休闲的综合性主要体现在功能和内容两个方面。首先，现代城市倾向于将旅游、休憩、餐饮、购物、娱乐、健身、文化等多种休闲功能在同一区域内进行综合配置，并且在不同功能之间挖掘其内在联系，以形成针对不同层次消费者的休闲空间布局，从而形成整体优势以达到吸引休闲群体、延长休闲时间、增加休闲效益等目标。其次，城市休闲的内容尽可能宽泛，但体现自身特色和差异化竞争，以满足不同消费者的休闲需求。以大型主题公园为例，城市休闲空间的综合性可见一斑。从功能结构上看，作为一种综合性的城市休闲产品，大型主题公园往往集吃、住、行、游、购、娱于一体，能够较好地满足不同层次市民的休闲需求；从内容上看，大型主题公园的休闲内容选择涉及古今中外、天文地理，可以极大地满足人们求新求奇的心理期盼。正是这种综合性的开发模式，才使得大型主题公园在激烈的市场竞争中保持优势地位。

除了综合性之外，不同城市休闲区的相对集中构成整体区域优势，也是未来城市休闲发展的主要趋势之一。比如美国南部佛罗里达州的奥兰多即为集中数家世界一流大型主题公园的地区,该地区建有占地 130 平方公里的"迪士尼乐园"和"奥兰多环球影城"等。多家公园并存一地的优势在于可以组团吸引游客,依靠彼此间的最佳合作延长游客的停留时间,并进一步强势刺激当地餐饮和酒店等相关服务行业的发展。又如深圳华侨城,除拥有"锦绣中华""民俗文化村""世界之窗""欢乐谷"这四大主题公园之外,还拥有星级酒店、何香凝美术馆、欢乐干线、波托菲诺精品社区等旅游、居住、文化、交通设施,实际上已经构成一个产业链比较完整的集中化休闲区,从而使游客在华侨城平均逗留时间延长到 1.5~2 天,从而大大增强了城市休闲区的整体吸引力。

(二) 体验性与人性化

"以人为本"是实现社会和谐的奠基石。对于休闲经济来说,其本质也是追求人文关怀的回归与生活品质的提高。城市休闲产品和设施是为公众而建,因而城市休闲发展必将更关注人性化。主要体现在实现人的参与、体验以及人与休闲产品的互动。这里所强调的参与、体验和互动,主要有两个层面的含义。首先是在生理层面上,即主体参加某项活动,并通过自己的实际体验感受生理上的反应。其次是在心理层面上,即人们不是被动地参观,而是主动参与,并在视觉感受和心灵体验等方面对城市休闲产品和活动产生共鸣,从而上升到人的休闲价值的升华。

进入 21 世纪以来,受西方发达国家体验经济的影响,中国城市居民的休闲观已有所转变,更加注重心理需要、情趣爱好和特定感受。近年来以"农家乐""自助果园"等为代表的假日休闲产品的开发,就是为了满足城市居民对良好生态环境的渴望和对农村生活的好奇心理或怀旧心理。此类城市休闲产品为城市居民提供体验农业劳作或农家生活的机会,对快节奏和高压力的城市生活起到了良好的调剂和补充作用,因而逐渐受到广大城市市民和家庭的青睐。在这种休闲消费观念转变的背景下,城市休闲的发展也就必将在功能、价值方面顺应人们对休闲生活的利益和价值诉求,逐渐向体验性与人性化靠近。

(三) 健康性与生态化

随着近年来中国城市化进程的加快,一系列诸如环境、交通、社会等外界问题和精神压力过大、身心健康不佳等内在问题频繁出现,使人们不得不越来越关注自身的身心健康和生存空间的质量。对城市休闲来说,其开发建设的本质就是为人们提供修身养性的活动场所,而健康即使前提也是基础。健康性是未来城市休闲发展的必然趋势。

城市休闲发展的健康性,主要表现为空间环境的生态化发展。城市现代化与城市可持续发展依赖城市生态平衡和城市生态发展。生态环境是影响休闲空间质量的重要因素,休闲空间的生态发展还有助于引导人们选择积极的休闲行为方式,从而促使人们的行为方式更加健康,推动城市持续快速健康发展。

【知识链接】

城市空间生态性对城市整体形象的影响

城市特色和城市品牌很大程度上来源于城市公共空间内涵的营造，城市休闲空间生态性是否优良对城市整体形象的塑造起到至关重要的作用。在城市发展初期，人们过度迷恋于滚滚而来的经济回报，对城市空间的经济利益的追逐导致了对城市空间生态环境的忽视。尽管1990~2011年中国城市绿化和园林取得了很大进展，2011年中过国城市绿地面积达22430平方公里，较1990年增长了372.2%；2011年人均公园绿地面积达11.8平方米，较1990年增长了555.6%。2011年中国城市公园10780个，公园面积2860平方公里，分别为1990年的5.47倍和7.33倍。但随着工业化和城市化进程的加快，以垃圾围城、交通拥堵、环境污染和人口激增为主要特征的"城市病"频发，不仅严重影响城市空间的发育和完善，也在无形中浪费城市资源和加剧城市负担。以首都北京为例，"空气末日"促使外国人离开北京的报道也频频出现在欧美国家媒体上，如果说北京2013年国际吸引力有所下降，那么罪魁祸首可能是PM2.5（可入肺颗粒物）引起的雾霾。

（四）文化性与特色化

城市休闲是城市居民的日常生活方式，因此不仅汇集了经济要素，还汇集了文化要素。正是这些经济要素和文化要素的有序运动，才形成了城市休闲与居民日常生活之间的互动。随着时代的发展和进步，中国社会正在发生着由重视物质经济消费向关注精神文化消费的转型，城市休闲文化性的重要性不言而喻。以上海新天地改造为例，把具有石库门文化特征的建筑与部件保留下来并加以利用，使整个休闲环境富有浓厚的地域文化色彩，并以其独特的海派文化风韵、格调时尚的中外餐厅、茶坊和艺术展廊等为依托，逐渐成为上海最具吸引力的文化休闲场所。

此外，休闲生活的求新求异需求，也推动着城市休闲的特色化发展。如北京798艺术社区便是特色化城市休闲产品的典型代表。矗立在人行道中的雕塑在该艺术社区随处可见，行为艺术表演更是在社区频繁展示，这些都给消费者以独特的视觉冲击和心灵感受。另外，独特的艺术效果与陈旧的工业建筑形成鲜明的色彩反差，无不透露出建造者强烈的个性艺术表达和休闲生活主张。正因为具有丰富的文化内涵和独特的艺术特色，798艺术社区早已发展成为北京著名休闲场所和国内外休闲者游览北京时不可错过的重要景点。

（五）水平空间的差异性

我国城市休闲发展在未来将呈现出明显的地域差异，总的来说，东部沿海地区显著高于中西部地区,这一分布格局与我国现阶段区域经济发展水平、工业现代化与城市化水平的分布现状基本吻合。北京、上海、广州的城市休闲水平远远高于其他城市,有关城市休闲指标差距巨大。城市经济的快速发展提升了休闲消费能力和休闲产业能力,居民休闲需求转化为城市休闲发展的现实生产力。成都、重庆等西部的中心城市尽管经济发展水平不及东部和核心城市,但这些城市拥有丰富特色休闲资源,依托这些特色资源提升品位,提供高质量、多样化的休闲产品,从而增强了城市休闲实力。

第二节 城市休闲产品创新开发

城市休闲产品是指在城市范围内被开发或设计出来的,用于满足城市休闲者购物、娱乐、康体、求知、旅游、消闲等休闲需求的各种产品和劳务的综合。城市休闲产品概念包括以下几个方面含义:第一,城市休闲产品范围限定在了城市范围内,包括城内及城郊周边地区,有一定的地域性;第二,城市休闲产品开发目的是满足人们的休闲需求,在开发、设计产品的过程中必须一切以休闲者的目的、特征及指向等为休闲产品开发的最根本依据;第三,城市休闲产品可既包括各种直接用于城市休闲消费的物质产品,也包括各种满足城市休闲消费者需要的休闲项目、休闲设施与休闲活动,以及服务、信息、管理等。

城市休闲产品的内涵非常广泛,大致可以分为文化娱乐类、生活消遣类、体育保健类和教育发展类。

一、文化娱乐休闲产品

文化娱乐类的休闲产品可包括由政府或社会组织提供的公益性产品以及由企业提供的营利性的产品。

(一)公益性休闲产品

指由国家或社会兴办的面向全体公民或社会组织的非营利性场所和开展的各项活动,如文化馆、美术馆、图书馆、科技馆、文化宫、青少年宫、妇女儿童活动中心、文化广场、城市公园绿地、植物园等。公益性文化娱乐休闲产品是社会文化事业的重要组成部分,也是政府履行公共文化娱乐职能的主要形式。公益性的城市文化娱乐休闲产品总是与民族的、现代的、大众的、健康的文化形成和发展相伴随,社会公众在满足自己精神文化需求的同时,也陶冶了情操,提高了文化修养,进而构成一个良好的社会文化氛围。作为上层建筑的文化娱乐休闲产品对社会经济发展起着重要的推动作用,也成为社会经济发展的重要增长点。

(二)企业营利性产品

在市场经济条件下,为了满足公众日益增长的精神文化娱乐需求,不仅要建立完善

的公共文化休闲服务体系，还要借助市场的力量，大力发展文化娱乐休闲产品。主要产品形式有民俗风情表演、马戏、魔术、曲艺、茶吧、酒吧、陶吧、书吧、KTV等。

自倡导全民读书以来，在很多城市街头巷角悄然出现了一些融茶书道、文化讲座沙龙于一体的社会休闲阅读空间——咖啡书店、书吧餐厅、网咖书吧、茶书房等，成为休闲阅读传播空间。他们创新经营模式和经营理念，将为社会公众服务和文化传承的理念引入到经营之中，在实现自我价值的同时，也实现社会效益和经济效益双丰收。这些独具文化特色的阅读空间为市民提高文化素养，提供了自由娴雅的读书环境，不定期向社会推出青年创意集市、阅读分享会、公益讲座、文化沙龙等阅读活动，为青年人提供学习交流的平台，在实体书店经营不景气的大环境下，走出一条有特色的自创自营之路。

民俗风情演出从某种角度而言，可以称得上是一座城市的名片，一部好的演出作品能让旅游者了解本地的民俗风情，并且印象深刻。在旅游、游憩追求人文内涵的时代，具有当地特色的演出既能满足旅游者的精神需求，也能大大提高该城市的形象感知度。目前，我国很多城市都推出了极具地域特色的艺术表演，如广西的《印象·刘三姐》，云南的《丽水金沙》，杭州的《印象·西湖》《宋城千古情》，西安的《大唐芙蓉园》等大型表演。

二、生活消遣休闲产品

消遣，意为用自己感觉愉快的事来度过空闲时间，也可称为消磨、派遣、打发时光，或消闲解闷。所谓生活消遣休闲活动，其实就是人们平时工作之余做得最多的事情，主要指人们在家或选择附近的活动中心和娱乐场所所参加的各种纯粹的休闲娱乐活动。

（一）媒体娱乐

包括电视、广播、电影、互联网、报纸杂志书籍、手机上网等。目前，网络已成为年轻人主要的娱乐方式。网络带来的全新的信息沟通模式改变了人们传统意义上的生活方式。网络新闻的时效性、信息的海量性、交流的互动性、无地域的交流限制，通过网络新闻、网络游戏、网聊等方式，提供了丰富多彩的网上娱乐方式。网络已超越电视、报纸、杂志等传统媒介，成为获得信息和娱乐的最重要的媒介。

（二）餐饮购物

民以食为天，"食"不仅仅是人类活动的基本要素，也是中国传统文化的重要表现载体之一。由于地理环境、气候特产、政治经济和民俗习惯等不同，各地的饮食特色异彩纷呈。不同风格的特色菜肴和各具风韵的饮食文化也逐渐成为城市重要的休闲吸引物。品尝具有地方特色的名菜、名点在许多城市已成为一项重要的休闲活动。特色餐饮产品的开发，对带动城市休闲及相关行业的发展，无疑具有十分重要的意义。

购物休闲产品主要指能够满足休闲者购物需求的购物环境、购物场所和特色商品等。例如，香港被誉为"购物天堂"，就是以其独具魅力的购物环境对海内外游客产生强大的吸引力。经济发达的城市把发展商业购物作为推动都市休闲的重要方面。

（三）家庭园艺

随着经济发展和生活水平的提高，生活在大城市的人们希望能在居室中欣赏到大自然的景色，家庭园艺也越来越受到人们的重视和青睐。对于崇尚健康、自然的现代人，欣赏、种植花草休闲产品在人们的休闲消费中也在不断增长。绿色植物，不仅能净化空气，还可使身心放松，受到快节奏、高强度、压力大的上班族的欢迎。

此外，家庭阳台菜园也开始兴起。阳台种菜不但可以吃到新鲜无污染的蔬菜，更能美化家庭环境，提高生活质量。

（四）宠物饲养

随着社会经济的不断发展，人们的精神需求也不断增长。花鸟鱼虫也成为很多人业余休闲生活的一部分。饲养和善待宠物，其实是人满足自身精神需要，珍视自我精神空间的表现。现代人在精神重压之下，饲养宠物成为一个十分普遍的现象。饲养宠物有助于密切人们之间的关系，增强自尊心，提高独立生活的能力。对于空巢老人们来说，饲养宠物能缓解老人不幸。

在当今社会，有相当多的人显示了对宠物的休闲需求，这种需求又派生出另外一些需求。一个以宠物为中心的环形市场在悄然兴起。宠物医院、宠物美容院、宠物培训学校、宠物裁缝、宠物食品、宠物玩具等形成了一个硕大的产业链，由此派生出"宠物经济"。许多宠物医院并非主营"医"，服务项目包括经营收售宠物、销售宠物用品和食品、主人外出托管、宠物美容等。尽管收费不菲，但是生意却很"火"。现在，连"宠物写真"都出现了，一些影楼推出了宠物写真服务，情调温馨。

三、体育保健休闲产品

体育保健休闲产品是针对以体育爱好、体育锻炼、强身健体、保健疗养为主要目的的休闲者，提供的体育活动、健身活动、保健活动、疗养活动及其设施、场所和服务的总和。体育保健休闲是现代城市休闲的重要组成部分，在运动保健休闲中，人们既能强身健体，又能舒缓心理压力，培养坚毅勇敢的性格，对提高国民身体素质，实现个人全面发展，振奋民族精神有巨大贡献。

体育保健休闲产业发展水平的高低也是一个国家经济发展水平的重要标志之一，美国、日本、澳大利亚、英国等发达国家体育保健休闲产业的发展水平较高，体育保健休闲产业也必将成为中国经济新的增长点。

（一）健身俱乐部

随着中国经济的快速发展和时代的进步，人们对生活质量的要求越来越高，健康意

识渐渐增强，体育消费将成为人们日常休闲消费的重要组成部分。如果说过去人们强身健体是为了更加健康、更加长寿的话，时至今日，健身已经是一种更高层次的需求，即追求身体外部形态和身体姿态的完美。如今城市居民尤其是女性热衷于塑造身体形态的运动，如瑜伽、舞蹈、健身器械等，使得城市中的健身俱乐部如雨后春笋般涌现。

（二）体育场馆

包括各类球馆、游泳馆、体育场、马场。这些体育运动对促进人体各器官系统的生长发育、发展身体运动能力、提高人体适应能力、发展智力，以及改善人的精神和社会生活质量等，都具有十分重要的作用。

（三）水疗康体会馆

包括温泉、SPA、足疗按摩等。这类保健休闲产品由于不需要花费太大体力，方便快捷，能够获得较好的身心放松和保健，并且具有时尚性和较高的体验感，所以成为现代都市人们容易选择的休闲项目。

（四）极限运动场所

对于大多数人来讲，生活总是平平淡淡，工作在生产线上或是写字楼里，若能够在休闲中体会到适当的刺激感，就可以改变心理状态。极限运动以其独有的征服感吸引了无数爱好者，如攀岩、蹦极、滑翔、潜水等。除了冒险带来的刺激感，极限运动还包含了人们多方面的需求：健身、环境意识、自然意识。我国公众的休闲意识已经具备，休闲产业发展迅速，在众多休闲方式中，极限运动将成为未来亮点。

【案例阅读】

上海户外运动俱乐部的发展

随着我国经济的发展，居民收入水平不断提高，生活得到不断改善。但是随着竞争的加剧，人们的生活压力越来越大，为了缓解压力，各种各样的休闲活动不断涌现。但是，普通的休闲活动已经不能满足人们的需要，很多人需要的是一种能够回归自然，与自然亲密接触，感受自然的清新又不失惊险刺激，在惊险刺激中释放压力的休闲活动。为此，在一些大都市中形成了一种"有钱有闲又喜欢亲近自然"的"驴友"。这些"驴友"从普通的休闲活动中分离出来，热衷于在大自然中畅游，尤其是一些探险活动，在这种趋势的带动下户外活动得到了迅速的发展。户外运动俱乐部是户外运动适应市场需要的产物，是推动户外运动发展的重要载体。

> 上海作为中国经济最发达的城市之一，也是户外运动最早兴起的城市之一，在上海，户外早已成为一种时尚的代名词。1999年上海第一家户外运动俱乐部——白浪户外成立，从2003年开始，上海户外运动俱乐部进入蓬勃发展期。大批的户外俱乐部和户外用品商店如雨后春笋般在上海滩崛起，出现了爆发式的增长。目前，上海登记备案的户外运动俱乐部有近50家，而没有登记的俱乐部有200多家，更不用说散布在民间的各种各样的户外运动组织。上海游牧人户外俱乐部是上海一家具有相关资质认证的户外运动俱乐部，从2001年成立之初只有五六名会员，发展至今已经拥有会员2000多人。
>
> 随着户外运动装备种类和数量的增加，上海的户外运动从单纯的徒步穿越、野营野炊和登山等活动开始扩展到骑行、速降、溯溪、探洞、潜水、滑雪和滑翔伞等其他广义上的户外运动。户外运动项目开始细分，如攀岩运动被分为非常专业化的抱石、攀冰等，由此，上海的户外运动俱乐部开始逐渐专业化及职业化。

四、教育发展休闲产品

休闲是生命个体摆脱外部束缚而处于自由状态下追求幸福满足、身心愉悦和自我发展的内心体验和行为方式的总和。过去，人们总是认为吃、穿、玩、乐这些消费就已是休闲消费的全部内涵，其实，休闲产品还可以包括知识学习、人际交往、提高素质、增强修养等发展性消费。这些教育发展类的休闲产品已构成了休闲市场的新热点，也丰富了人们休闲消费的内容。

教育发展类休闲产品主要是通过消费者的学习、磨炼、陶冶的过程，为提高自身的素质和能力，在各方面进行的自我教育和自我塑造，从而获得"畅快"的高峰体验。从心理学角度来看，教育发展类的休闲产品与文化娱乐类、体育健身类休闲产品所获得的"畅快"的心灵感受有相似之处，都是通过休闲来获得"内心的自由"。教育发展休闲产品可以真正实现"成为人"的发展过程，引导人们拥有生命的意义，而不至于游手好闲、无所事事地浪费闲暇时间。

（一）博物馆

随着人们休闲时间与心灵需求的增加，博物馆正在逐渐成为大众休闲的最佳选择。博物馆以建筑物和藏品等"物"的独特存在方式展现人类的文明与智慧，为不同兴趣、不同年龄、不同职业的人提供历史的精髓，承担着休闲教育的主要功能。如今博物馆顺应大众休闲文化的潮流，通过资源优化组合，不断拓展博物馆的休闲功能，已成为教育发展休闲产品的典型代表。

（二）主题游乐园

主题游乐园指具有特定游憩主题的，可供人们游乐、休闲、享受的特定空间范围的

园区，能起到增长知识、寓教于乐的作用，如展示自然科学的香港太空馆、香港海洋公园，新加坡展示历史的蜡像馆等。

（三）展览会馆

如今，画展交流、收藏展示、专题展览等新兴的休闲产品业越来越多地受到城市居民的欢迎，新时代的休闲产品正在随着人们休闲理念的变化而不断创新。

（四）文化讲座

如今休闲逐渐进入人们的日常生活，如何寓教于乐，在休闲放松之时尽可能多地进行课余充电、陶冶情操已成为时尚人追逐的焦点。各类讲座伴随着人们对知识的渴望开展起来。针对家庭主妇有各类烹饪、茶花、茶艺讲座；针对公司白领的有周末企业培训；针对时尚女性的有公关、礼仪、化妆等讲座。

第三节　城市休闲活动组织与管理

在激烈的社会竞争中，城市居民迫切需要通过休闲娱乐来消除身心疲劳，同时也希望在学习工作之余进行必要的交流活动。不断增长的城市休闲需求，对城市休闲发展提出了更高的要求。而对于人口密集、土地有限的城市来说，城市休闲是通过场地空间及设施直接向居民提供游览、放松、交往、运动等各项服务，因此城市休闲的发展，最关键的是休闲空间的开拓和培育。城市需要有与城市定位相匹配的休闲空间和休闲设施，才能推动城市休闲活动和休闲文化的发展。

人们在进行休闲活动时所需要的空间场所统称为休闲空间，它是休闲文化的物质载体。城市休闲空间是指在城市建成区及周围都市圈的范围内对市民开放的，并能满足不同层次休闲活动要求，且经过一定人工作用的户外行为环境。城市休闲空间可以分为两部分：公共休闲空间和私人休闲空间。

一、公共休闲空间的培育

公共休闲空间指人们在业余生活中按自主、自发方式所进行的缓解疲劳、观光游览、兴趣参与、随机交往等多种休闲活动所需要的公共空间场所，主要包括城市广场、城市公园、商业街等。

良好的休闲空间能使人心神愉悦，又能提供与人交往、获取信息、强化身体的场所，对促进社会和谐发展起着巨大的作用。步入后工业社会以后，城市空间的分布特性将有巨大的改观，其中最重要的就是城市公共休闲空间的建构和扩展。在明确休闲是城市的基本功能之一的前提下，城市规划的目的开始有所调整。为了充分保证市民休闲活动的正常进行，传统的生产空间将逐渐边缘化、郊区化，而休闲空间是城市社会活动空间分化的产物，城市休闲环境不断提升的过程正是休闲空间不断发展的结果。

（一）城市游憩商业区（Recreational Business District，RBD）

城市游憩商业区是近年来随着休闲观念在城市居民中的渗透而形成的集购物和休闲两大主题功能于一体的商业区，是以城市商业中心为基础而形成的供本地市民和外地游客休息、娱乐、休闲、观光、购物的区域，是城市文化的缩影，是城市休闲系统的重要组成部分。

城市游憩商业区是在主观需求和客观需求的共同作用下形成的，其主要特点是游憩休闲与商业设施和商业活动有着高度的产业共生性和空间共生性。从主观上来看，城市居民收入水平的提高和闲暇时间的增加，不仅使其需求层次不断提高并产生了对游憩休闲的精神需求，而且购物观念的变化促使人们将"一站式"的高效化购物作为一种休闲方式。因此，人们的游憩需求和购物需求构成了城市游憩商业区形成的主观需求。从客观上来看，城市游憩商业区的形成反过来也可以让旅游者的购物潜力得到充分挖掘，从而通过购物旅游和旅游城市化，进一步促进城市商业、游憩业和旅游业的发展。因此，城市商业和游憩业的发展的需求构成了城市游憩商业区形成的客观需求。目前，世界城市游憩商业区主要有大型的购物休闲中心、旧城历史文化改造区、新城文化旅游区等，城市游憩商业区的发展将成为各国城市休闲发展的重要组成部分。

城市游憩商业区的建设要注意几个重点要素，第一是休闲，要有相应的休闲项目、休闲氛围、休闲活动；第二是要有文化娱乐性元素，并要体现得比较充分；第三是商业，有各种各样的商业设施；第四是饮食，餐饮设施要丰富；第五是文化，应有各种各样的文化小品。北京的什刹海、上海的新天地，在这几个要素上都体现得比较充分，是城市游憩商业区中的精品化代表。

【案例阅读】

日本商业区银座

日本最繁华的商业区银座，在 2 平方公里的面积内大小商店、餐厅多达 4000 余家。银座之所以能成为闻名世界的闹市之一，主要是这个区的行业齐全，能满足不同收入阶层的多种消费需求。银座既有历史悠久、各具特色的"三越""西武""松坂屋"等大百货商店，又有为数众多的规模不大、专门经营某些独特产品的"老店"；既有高级酒店、餐厅，也有普通饭馆、酒家。银座不仅是商业中心，也是娱乐中心，它既能满足消费者物质方面的需要，又能适应消费结构的变化，还能满足人们的文化娱乐需要。商业与娱乐业相结合，互相促进、共同繁荣是银座得以迅速发展的另一个原因。

（二）城市广场

城市广场是为满足多种城市社会生活需要而建设的，以建筑、道路、山水、地形等围合，由多种软、硬质景观构成，采用步行交通手段，具有一定的主题思想和规模的结点性城市户外公共活动空间。城市广场周边往往分布着行政、文化、娱乐、商业及其他公共建筑，配置了众多休闲、游憩设施并聚集了旺盛的人气。

近年来，广场成了城市休闲空间中的一种重要和普遍的形式。广场上的环境设施如喷泉、灯光、景观建筑、休息座椅等和绿化环境为人们平时的集聚、公共活动和休闲提供了条件，广场上的文化活动（如画展、艺人表演等）丰富了人们的休闲文化生活。

城市广场建设有三个要点：一是亲民，符合市民的日常休闲需求，适合市民在日常生活中使用；二是近民，区位适当，交通方便，距离市民的居住区距离较近；三是乐民，方便市民开展相关的休闲娱乐活动。

（三）城市公园

城市公园是满足城市居民的休闲需要，提供休息、游览、锻炼、交往，以及举办各种集体文化活动的场所，也是城市生态系统和城市景观的重要组成部分。现代城市公园的兴起是城市化发展的需要，是人类休闲需求发展的需要，也是传统园林发展到现在的需要。高质量的城市公园，具有形象鲜明、功能多样的特点，往往能成为一个城市的标志，也是城市文明和都市繁荣的标志。作为城市的重要公共休闲空间，城市公园不仅仅是休闲传统的延续，也反映着一个城市市民的心态、追求和品位。

城市公园的建设有五个基本要求：一是规模小，城市绿地有限，不能仅仅依靠大型公园支撑，小规模公园才是城市最根本的特点，更适合市民日常休闲。二是布局广，从布局角度来说，城市公园在城市的各个区域都应该体现出来，方便广大市民，因此小型公园布局要广。三是区位适当，一定要贴近社区，方便市民，能使城市公园的休闲功能充分发挥出来。四是绿化充分，绿地是城市的肺，城市公园的绿化面积越大，城市的空气质量越高。五是传承地域文化，对于城市公园来说，体现地域文化、进行历史文化的组建也是其重要功能之一，如北京的天坛、地坛、日坛、月坛等现在都是城市公园，都有很深的历史传承，也是地域文化的充分体现。

（四）城市绿地

城市公共绿地是向公众开放，有一定的游憩设施的绿化用地，是典型的城市休闲空间。城市公共绿地在形态上包括道路绿化、河道绿化和滨海绿化等带状绿化以及风景林区等面状绿化。其中沿河、沿湖、沿海等滨水休闲空间的培育应注意顺应现代人的亲水文化，成为城市居民重要的景观休闲空间，开发度假、观光休闲、运动休闲（球类、健美、游泳、晨练等）、交往休闲、娱乐休闲（散步、划船、潜水、垂钓等）。

（五）特色休闲文化街

与传统的商业街不同的是，特色休闲文化街除注重商业购物功能之外，重点考虑观光休闲功能和展示城市风貌，还依托古老街区、文化街区等休闲设施，从而成为名副其实的文化休闲一条街。比如国外有荷兰鹿特丹中心区的林邦（Linbann）步行街、英国考文垂（Covontry）旧城中心步行街、英国哈罗（Harlow）新城市中心步行街，国内有北京的王府井大街、上海的南京路、广州的上下九步行街、重庆的解放碑步行街等。

二、私人休闲空间的培育

私人休闲空间不单单是人们的居住空间，也是人们与家人、邻里一起进行休闲交往、休闲活动的重要场所，主要包括住宅休闲、社区休闲。

（一）住宅空间

个人住宅空间是最基本的休闲空间单元，早期传统观念上的个人住宅休闲，部分人将其狭义地理解为打麻将、上网、看电视，即中老年打麻将，青年人上网，少年儿童看电视。2012年"中国休闲小康指数报告"显示，在公众最常采用的休闲方式中，"上网"占51.3%，连续3年位居第一；看电视位居第四，占比37.4%。2012年中国卫生部发布《健康中国2020战略研究报告》提出，15年间，中国的患病人次增加了20%，成年人中有八成从不锻炼身体。锻炼身体的时间恰恰是被上网和看电视"抢占"了。报告中显示，中国18岁及以上居民平均每日有4.6小时用于看电视、使用电脑等静态行为。从发展规律看，社会文明程度越高，休闲的内涵就越丰富，因此，倡导积极向上的个人休闲方式变得尤其重要。

什么是积极健康的个人休闲活动呢？有两方面的含义：一是促进身心恢复的消遣性活动，是指补充、恢复、重建人的体力和精力，如放松、娱乐等；二是促进身心发展的消遣性活动，如学习、运动、兴趣发展、研究等。不具有这两层意义的消遣活动大多是消极性休闲。另外，要把握好"度"，适度网络休闲能放松身心，带来愉悦感，但过度的网络休闲会严重影响人的健康，易造成肥胖、腰颈疾病，还间接使人们放弃了许多有益于身心健康的传统休闲方式。

（二）社区休闲空间

社区休闲空间包括社区公园、社区游乐园、社区绿地以及其他社区配套的附属公共空间。它的主要功能是改善人们的居住环境，供居民日常户外活动，如散步、健身、游戏、娱乐、交流等。社区休闲空间是一种"半私有化的"城市休闲空间，它是属于社区范围内的居民共有的活动空间，与市民的日常生活关系最为紧密。

社区休闲空间的建设本质上是为了追求宜居社区、和谐社区，应从以下几方面推动建设：一是合理规划绿地、花园及其他植被，一定程度上保留一些自然风光，促进居民的心情舒畅和身体健康。二是通过休闲理念的渗透和展现提升社区的吸引力。社区的魅力在于以人为本的布局和规划，社区内各种环境要素的和谐统一以及人与自然的和谐统一，特别是房屋建筑、街道与商业机构要有艺术性、文化性及体现社区个性的特色规划设计。三是引导居民积极参加休闲活动，社区有关组织应该在安排活动项目、提供场所和设施、提供各类信息服务以及进行组织引导等方面主动地作为，充分调动社区内的各种休闲文化资源，吸引居民积极参与。

【复习思考题】

1. 城市休闲具有哪些特征？
2. 城市休闲在未来会呈现出哪些发展趋势？
3. 简述城市休闲产品的类型。
4. 城市公共休闲主要有哪些类型？
5. 针对住宅空间内的个人休闲，什么是积极健康的休闲方式？

【案例分析】

杭州茶馆与休闲的融合

杭州是著名的休闲城市，也是中国茶都，休闲与茶馆的融合之美在这里得到了完整的诠释。杭州自古是茶馆云集之地，经过千年发展，已具备深厚和系统的茶文化底蕴，较之其他地区具有明显的发展优势。杭州茶馆数量众多，类型多样，空间分布广泛，为人们休闲提供各种选择。在空间分布上杭州茶馆具有显著的特点：

1. 以西湖为核心，各区域茶馆吸引力不同

总的来说，杭州茶馆主要聚集在离西湖景区较近的地区，而往外延伸，茶馆的分布越少。以西湖中心为圆心，半径在0.5~1.2公里的地区，聚集了杭州城约3/5的茶馆。在这一范围内，茶馆分布较为均匀，大多数茶馆是以旅游吸引物为依托。这些旅游吸引物包括西湖、吴山周边的著名景点以及一些文化氛围浓厚的特色街区。从这个区域再往外扩展，以西湖中心为圆心，半径在1.2~4公里的地区聚集了杭州城约1/4的茶馆，其分布较为稀疏。此区域内茶馆主要分布在城区中，以商业街区以及交通干道的分布为依托。

2. 不同区域的茶馆，经营风格各具特色

距西湖和城市中心较远的城郊"农家茶馆"，经营者为当地的农民，经营场所大多在农民自家房子的内院里，营业时间各异。茶客大多是本地居民，也有一些周边城市的游客，消费水平中等，提供清茶和本地的农家小菜，让茶客在欣赏田园美景的同时，感

受农家淳朴的民风。

西湖周边的湖山"景区茶馆",大多依托景区内外优美的山水风光,大致有两种形式:一种是自助型茶馆,不仅提供各类茶水,还定时提供各种果蔬点心;另一类是一杯清茶加上一桌饭菜的分开消费方式。

市区"都市茶馆",以室内大厅和包间为主,提供各类茶水,供应自助的果蔬点心。客人虽欣赏不到美丽的山水风光,但内部精心的设计、周到的服务,营造了一种清幽高雅的文化情调。

思考题:结合案例,思考我国城市体育保健休闲产品存在哪些问题,应如何改进。

第六章 乡村休闲管理

【本章导读】

本章主要阐述了乡村休闲基本概念，乡村休闲产品、乡村休闲活动组织与管理的基本理论。乡村休闲具有浓郁的乡土性、参与性和体验性、人与自然的和谐性，近年来在世界各地蓬勃发展。未来乡村休闲的发展趋势为：个性化、特色化、精品化；新产品、新业态、新模式层出不穷；从乡村旅游到乡村休闲生活的新理念的转变。乡村休闲呈现出许多新兴休闲产品类型，除了传统的大众乡村休闲产品，还出现了以某种特色为营销亮点的高端乡村休闲产品和特种乡村休闲产品。针对乡村休闲的特殊性，在乡村休闲管理中，应重视乡村休闲生态环境保护和管理、乡村休闲人文环境保护和管理、乡村休闲者行为管理，使乡村休闲能够可持续发展。

【学习目标】

1. 理解乡村休闲概念和特征，把握乡村休闲发展趋势；
2. 明确乡村休闲产品的分类，理解特色高端乡村休闲产品和特种乡村休闲产品的内涵，理解乡村休闲环境的保护和管理、乡村休闲者行为管理的内容。

【导入案例】

台湾地区乡村休闲发展经验

我国台湾地区的乡村休闲以休闲农业为特色。20 世纪 60 年代以后，台湾地区农业开始萎缩，产业结构由农业转型为制造业和服务业，至 20 世纪 90 年代，农业就业人口跌破10%。为寻求解决农民农村问题，台湾开始酝酿如何利用农业资源吸引游客前来游憩消费，享受田园之乐，并促销农产品，于是农业与观光休闲结合的"休闲农业"的概念雏形便应运而生了。

1980年，台北市木栅区指南里的"木栅观光茶园"预示着台湾地区观光农业的兴起。由于这种观光活动正好迎合了市民对于享受阳光、绿叶，回归自然的休闲需求，因此在随后的几年里，台北市大力发展了观光农业。很快，台北市成功的经验便在整个台湾地区得到推广和发展。目前台湾地区的休闲农业经营范围相当广泛，提供的休闲产品非常丰富，包括观光农园、休闲农场、市民农园、教育农园、度假农场等，侧重于不同的功能，满足市民的不同需求。经过30多年的发展，台湾休闲农业已成为世界乡村休闲发展史上的一个典型。

第一节 乡村休闲概述

进入21世纪，人们生活水平逐渐提高，恩格尔系数不断降低，兴趣型消费兴起，"休闲时代"随之而来。现今休闲方式趋向多样化发展，并且逐渐转向体验式、深度休闲的方式。乡村休闲由于其显著的体验性和生态性，对广大城市休闲者有着强烈的吸引力。乡村生活所代表的悠闲意境已成为人们的一种向往，它强调生活的调剂、放松，远离城市的生活环境，进入乡村，亲近自然、感受原始的乡土味。由于生活水平的提高、休闲假期的增加、生活的宽裕使得人们去乡村度假休闲成为可能。

近年来除了传统乡村休闲产品外，国内外还出现了很多乡村休闲新业态、新模式，而由于乡村休闲资源和环境的独特性，其往往对休闲品质要求更高，对乡村生态环境资源、人文资源要求也更高，对乡村休闲者行为管理也有一定要求。

一、乡村休闲概念

关于乡村休闲，国内外专家学者和组织做了很多种界定，但迄今为止，还没有一个被社会各界普遍认可的概念。由于关心的领域和重点不同，因而学者对乡村休闲的观点和看法各有侧重。

世界经济合作与发展组织（OECD，1994）将乡村休闲旅游定义为发生在乡村地域上的旅游活动，指出"乡村性是乡村休闲旅游产品的核心和独特卖点"。

Lane（1994）对于乡村休闲做了全面的阐释：位于乡村地区；休闲活动是乡村的，即休闲活动建立在小规模经营企业，开阔空间，与自然紧密相连，具有文化传统和传统活动等乡村世界的特点；规模是乡村的，即无论是建筑群还是居民点都是小规模的；社会结构和文化具有传统特征，变化较为缓慢，旅游活动常与当地居民家庭相联系，乡村休闲活动在很大程度上受当地控制；由于乡村自然、经济、历史环境和区位条件的复杂多样，因而乡村休闲具有不同的类型。

习宗光（2006）认为乡村休闲是依托乡村农业资源、人文资源以及乡村空间环境而发展起来的一种新型旅游形态，它是现代农业向传统农业的延伸，能够拓宽农业增收渠道和提升农业附加值。

刘德谦（2007）认为乡村休闲的广义概念是以乡村地域以及与农事相关的风俗、风物、风土、风景组合成的乡村风情，吸引旅游者前往观光、休憩、体验以及学习的旅游活动。

孙明泉（2008）指出乡村休闲主要包括乡村旅游、乡村娱乐、乡村度假和农业观光，是发生在乡村环境的观光、娱乐、游憩、度假、农事体验等各种相关活动的总称。

本书认为，乡村休闲是将休闲概念地域化，是指在乡村范围内，依托乡村资源、乡村文化，借助乡村空间环境而产生的休闲活动。

二、乡村休闲特征

乡村休闲目前已经成为人们回归自然、放松身心、感受自然野趣、体验乡村生活、进行休闲娱乐的主要方式之一。它是一种新兴休闲的形式。乡村休闲作为休闲业的一个分支，既具有一般休闲活动的特点，又具有自己的特征。

（一）浓郁的乡土性

乡土性是吸引休闲者进行乡村休闲的基础，是乡村休闲最显著的特点。浓郁的乡土性是乡村休闲活动的场所所致，也是城市休闲者所刻意追求的。乡村景观反映出人类自然的生存状态，是人类长期以来适应和改造自然而创造出的和谐环境，既保持了原始风貌，又有浓厚的乡土风情。

这种乡土特点主要表现在三个方面：一是资源环境具有明显的乡土性。如古色古香的乡土民居、如诗如画的田园风光、原始古朴的劳作形式，这些都散发出浓郁的乡土气息。二是活动具有浓郁的乡情性。漫步于田间小道，或耕耘种植、采摘果实、载歌载舞，这些活动原汁原味，蕴含浓浓的乡土情结。三是感受淳朴的民风、别样的民俗文化和风土人情，亦是乡村休闲文化的部分，是灵魂所在。

（二）参与性和体验性

乡村休闲活动并不仅仅是单一的观光活动，休闲所开展的各种类型的项目就是原生态的乡村日常生活的一部分，具有很强的参与性。休闲者可以亲自参加农业生产劳动，参与下田插秧、赶牛犁地、浇水施肥、松土除草等农事作业，体验农耕生活，也可以参与采摘、收获、品尝等农业生产活动，体验农业丰收的喜悦。这些活动能使休闲者体验异地独特的生活模式，获得饱满的感受。融入当地，体味参与的乐趣在休闲过程中扮演着越来越重要的角色，也是乡村休闲的生命力所在。

(三) 人与自然的和谐性

乡村所处的环境往往空气清新，景观舒朗开阔，乡村生活节奏缓慢。乡村休闲具有贴近自然、返璞归真和人与自然和谐的特点，这正迎合了我国传统的休闲思想和人类返璞归真的人性本能。城市的快节奏、压迫感促使城市人选择短时间逃离到乡村以获得身心的调养。到乡村休闲是为了领略不同于城市的那一份悠闲和恬静，领略传统的文化与风俗。在远离城市的喧嚣中，漫步于田野的阡陌交通，浸润在田园与大自然的怀抱之中，体味陶渊明诗句中"采菊东篱下，悠然见南山"的意境。

三、乡村休闲发展趋势

当前，乡村休闲已超越传统农家乐形式，向观光、休闲、度假复合型转变。个性化休闲时代到来，乡村休闲产品进入创意化、精致化发展新阶段。在未来，乡村休闲的发展具有以下趋势：

(一) 个性化、特色化、精品化

城市的快节奏、高压力使得乡村休闲的需求快速增长，需求引导供给，乡村休闲也出现了全域化发展的特点，在国内外都是"遍地开花"的现象。如何才能在遍及各地的乡村休闲产品中异军突起呢？为避免同质化竞争、取得差异化优势，未来的乡村休闲必然朝着个性化、特色化、精品化方向发展，立足当地资源、文化特色和生态环境优势，突出乡村生活、生产生态特点，深入挖掘乡村文化内涵，开发建设形式多样、特色鲜明、个性突出的乡村休闲精品，让休闲者看得见山水、记得住乡愁、留得住乡情。

(二) 新产品、新业态、新模式层出不穷

乡村休闲在国内外都处于快速发展阶段，新的乡村休闲需求不断涌现，随之出现的是一系列的乡村休闲新产品、新业态、新模式。除了传统大众乡村休闲产品，还出现了新型的高端乡村休闲产品，如乡村会所、创意文化农庄、艺术村等。还出现了一些特种乡村休闲产品，如依赖特殊生态环境的乡村，包括沙漠、雪山、大草原中的休闲度假乡村；再比如以民间工艺、中草药养生、温泉理疗等为特色的主题休闲乡村。

(三) 从乡村旅游到乡村休闲生活的新理念的转变

一部分休闲者到乡村已不再是单纯的短时间旅游，而是被乡村的环境所吸引，在当地较长时间地生活和居住，这种现象不仅出现在北京等大都市，也出现在很多中小城市。部分退休的年长人士，不愿意长期住在城市，一年中往往有数月栖居于乡间。上班族往往也利用周末、休年假等机会到乡间小住休闲。他们认为乡村的生态环境好，能更好地亲近自然和享受有机生态食品。从乡村旅游发展到乡村休闲生活，国外典型的国家之一是日本。日本的退休人士和一些在城市工作的人士，他们一年中有较长一段时间居住在乡村。

第二节 乡村休闲产品创新开发

近年来,乡村休闲在世界各地均得到蓬勃发展,呈现出许多新兴休闲产品类型,除了传统的大众乡村休闲产品,还出现了一些以某种特色为营销亮点的高端乡村休闲产品和特种乡村休闲产品。

一、大众乡村休闲产品

(一)农家乐

农家乐是最为传统、数量最多的乡村休闲产品。农家乐休闲产品以农业、农村、农事为载体,主要利用庭院、堰塘、果园、花圃等农林渔业的资源优势,最大限度地保持和突出原汁原味的农家风味,为休闲者提供观光、娱乐、运动、住宿、餐饮、购物的乐趣。农家乐休闲产品的休闲属性主要体现在活动形式、参与时间、活动环境三个方面。

农家乐休闲产品的开发模式多种多样,如园林乐、林家乐、果园乐、菜园乐、渔家乐等多种模式;产品活动内容包括了基础层面的观光游览活动,如乡村的田园风光观赏、农家园艺欣赏以及特色农业产业景观欣赏等,休闲者在乡村景观审美的过程中满足休闲需求;提升层面上可以组织农事参与活动,如开展推豆花、舂糍粑、摘蔬菜水果等活动,更可以下棋、品茗、聊天、会友;发展层次上可以开展农家节庆活动参与、乡村文化体验性的活动,休闲者在体验异质文化的过程中达到身心的放松,从而达到休闲的目的。

(二)民族村寨(风情园)

民族村寨或民族风情园是指少数民族农民聚居的基本单位或地段,村寨内往往有共同的语言、共同的经济活动方式和共同的生活习俗,共同的文化传统,从而形成特色的民俗风情。我国最富有特色的民族村寨大多分布在西南和西北的少数民族地区,如云南西双版纳傣族园、黔西南西江千户苗寨,不仅自然环境和民居建筑有特色,农业和手工业产品有特色,而且节日庆典、生丧嫁娶、服饰装扮、餐饮风味都很有特色,对休闲者也有较大吸引力。

此类乡村休闲产品由于独特的文化背景和丰富的民俗资源,要重视文化资源的开发,注意营造民族文化休闲氛围,重视乡村休闲度假产品的挖掘。让休闲者能够了解乡村独特的文化和传统的民俗习惯,满足休闲者对乡村民俗文化的需求。通过参与的方式让旅游者了解乡村地区的历史演变发展历程,譬如乡村民族手工艺品制作、乡村雕刻、乡村建筑、乡村音乐等艺术文化,在乡村休闲产品中增加文化性的营造,全方位地展示民族文化特色。

(三) 休闲农场（林场、牧场）

休闲农场（林场、牧场）是指依托生态环保的乡村自然环境，以当地特色的农林牧业资源为基础，展示先进的生产技术，向城市居民提供安全健康的农林牧产品，满足都市人群对品质乡村生活方式的参与体验式消费需求，如牧场可以品尝新鲜牛奶、奶酪和牛肉，可以骑马、露营等。它集生态农林牧业、养生度假、休闲体验、科普教育等功能为一体，具有实现经济价值、社会价值和生态价值的现代农林牧业创新经营体制，是新型农林牧业和休闲产业的综合体。

台湾地区旅游以休闲农场颇具知名度，代表性的牧场包括香格里拉休闲农场、垦丁牧场、飞牛牧场、初鹿牧场、天马牧场等。在运作模式上，除了传统的滑沙、滑草、骑马、放牧等活动及贩售牛奶、牛肉制品，在牧场内容布置上更类似一处别致的动物园或植物园，一般会精心配有大量极具观赏价值及当地特色的物种供游客观赏，如天马牧场的羊驼、飞牛牧场的蝴蝶等，为牧场增添了特殊的韵味。

美国黑莓牧场位于田纳西州大烟山下，是美国第一乡村休闲度假旅游区。黑莓牧场有果林、菜园、牧场、豪华乡村酒店、乡村别墅、马术，以及全美最好的农庄SPA。2010年被评为"美国十大旅游目的地"，曾被评为世界服务第一、餐饮第一。

(四) 农业生态观光园/高科技农园

农业生态观光园/高科技农园是展示现代化生态农业技术的乡村休闲产品形式，立足农业优势产业，探索现代农业发展新路径，突出科技引领和示范带动，引进科技化和智能化项目，发展高科技农业。是集生产、研发、销售、交流、教育和休闲为一体的现代化农业展示园，英国伊甸园是高科技农园的代表。生态观光园既要体现产业化生产特点，又要满足休闲服务的需要。在农业生态观光园内进行休闲活动，休闲者获得的不仅仅是乡村意境的享受，更能通过参观、参与获得知识，也可以进行亲身体验，获得完整的乡村农业生产体验。

(五) 农业新村

随着我国新农村建设、生态文明建设和美丽乡村建设的推进，全国各地涌现了一批新风貌乡村。通过建设，这些乡村改善了居住环境，完善了基础设施和公共服务设施，村民环保意识增强。利用农业新村中现代化的农村建筑、民居庭院、街道格局、村庄绿化、工农企业来发展观光休闲活动，如北京韩村河、江苏华西村、河南南街村等，让休闲旅游者感受到了现代乡村新风貌。

二、高品质乡村休闲产品

(一) 乡村庄园/酒店/会所

乡村庄园/酒店/会所是以养生度假生活为突出特点的高端旅游业态，未来乡村庄园

可以成为引领乡村休闲升级发展的重要产品。乡村庄园将是代表中国乡村休闲产品今后发展的重要方向。乡村庄园和乡村酒店在国外兴起较早：英国典型的乡村庄园，以田园诗般的城堡和村落著称；法国的香草庄园主要分布在地中海沿岸，因芳香浪漫而闻名世界。

【案例阅读】

以稻田为特色的泰国清迈四季酒店

泰国清迈四季酒店是世界十大奢华酒店之一，也是高端乡村酒店的经典代表。酒店位于清迈湄林谷附近，周边是原始丛林，而四季酒店位于一片稻田之中，远处是山脉树林，近处是稻田、池塘、耕牛、农舍。

每一个奢华度假酒店都会有专属景观及特色服务，清迈四季酒店的特色就是稻田与乡土。可以欣赏到水牛耕作其中的稻田景观的客房要比树林里的客房价格更高，就连酒店的泳池都建在稻田之中，抬头就能看到绿意盎然的稻田。除观赏外稻田还用作插秧体验课程，一块块稻田不是一个时间种下的，每周酒店会有一次这样的活动提供给住客。

虽然外部景观是乡土特色的，但酒店内部设施和服务是世界一流的，具有一流的健身设施和娱乐设施，可以乘坐热气球探险或体验独具特色的泰式 SPA、泰式烹饪课程。

（二）乡村民宿

乡村民宿利用乡村幽雅的自然环境、优美的景观、特色文化、淳朴的民情，让人们深度感受独特的民风、民俗，体验优雅宁静的乡村生活，受到世界各地休闲旅游者的喜爱。不同于传统的饭店旅馆，乡村民宿可以没有豪华设施，但要让人体验到当地的风情和民宿主人的热情。乡村民宿发源于英国，后在中国台湾、日本发展迅速。现台湾乡村民宿向精致化、豪华化、高价化、高服务化演进。

乡村民宿以特色和服务闻名，在设计上强调舒适、精致、创意、文化艺术，风格多样。建筑外观应遵照当地建筑特色，不违背当地风格。内部设计也尽可能按照当地风格，尽可能使用古老或有代表性的传统农产品或当地手工艺品来做装饰。如餐具使用可以用粗陶、瓷器或其他具有地方代表性的餐具，强化乡村民俗的淳朴风格。

（三）乡村博物馆及艺术村

选定古民居、古村落、古街巷，进行保护和维修利用，建成综合性、活态化的乡村博物馆。乡村博物馆是以人为本的活态博物馆，相比只有物品陈设的普通博物馆，乡村博物馆是一个活生生的社区，聚居者具备共同的语言、服饰、建筑、文化心理素质等。乡村博物馆将文化遗产就地整体保护，突破传统博物馆藏品和建筑的概念，注重文化传承，即文化遗产在未来的延续和发展；不是将文化冻结，而是将保护范围扩大到文化遗产留存的区域，引入社区居民参与管理，强调社区居民是文化的主人。通过设置乡村博物馆，可以有效地展示乡村历史发展的成果和代表性的事物，譬如传统产品与传统工艺、传统生活与生产方式、非物质文化遗产等。主要通过展示和文化景观重现，或者模拟以前的生活情景，休闲者参与其中，获得深度的真实体验，也有效地保护了乡村非物质文化遗产。

罗马尼亚海勒斯特勒乌公园乡村博物馆是一座介绍罗马尼亚农村建筑艺术、民间艺术和农民生活习俗的露天博物馆，是一个占地10公顷的大花园，展厅就是散布在其中40个院落中的66座乡村建筑。这些建筑包括房舍、教堂和作坊等，均是20世纪30年代从罗马尼亚各地农村搬迁过来的。乡村博物馆不仅是参观游览的好地方，也是民间歌舞演出和手工艺展示的好场所。博物馆每年都举办民间歌舞比赛和手工艺品制作比赛。

贵州梭戛苗族生态博物馆是亚洲第一座民族文化生态博物馆，由中国和挪威合作建设，面积120平方公里，12个自然村寨，总人口5000余人。

（四）艺术村

艺术村是利用古朴的乡村环境为艺术家创作研究提供时间、空间支持，让艺术家进入一个充满灵感、鼓励和友谊的环境，也能为休闲者提供一种全新的休闲体验。在国外乡村艺术村很普遍，美国纽约的格林尼治村是西方最著名的艺术村，是纽约市西区的一个地名，住在这里的多半是作家、艺术家。格林尼治村是在1910年前后形成，那里聚集着各种各样的艺术工作者。"二战"后格林尼治村成为美国现代思想的重要来源。此外，还有法国圣保罗艺术村、山西许村国际艺术公社、浙江松阳沿坑岭头画家村等。

牛棚艺术村位于中国香港九龙，是一座20世纪初建成的乡间建筑物，是目前香港仅存的古老牛房，被列为第三级历史建筑。1992年停止使用，一直到1999年一群艺术工作者和艺术团体迁入牛房，为牛房注入新生命，演变为会集香港年轻艺术工作者的艺术村。

（五）市民农园

市民农园，又称社区支持农园，是指由农民提供耕地，农民帮助种植管理，由城市市民出资认购并参与耕作，其收获的产品为市民所有，其间体验享受农业劳动过程乐趣的一种生产经营形式和乡村休闲形式。市民农园具有农事参与、自然教育和创意体验空间等功能，通过休闲者参与和体验，使休闲者获得极高的体验价值。

居住在城市的休闲者可以在周末和假期来到乡村，在田地里面种植自己喜欢的蔬菜，这些蔬菜平时主要由农夫照顾，城市休闲者可以根据自己的时间安排去自己的田里浇水、施肥、收获成果。目前国际上，市民农园、田间园艺流行，大有超过高尔夫的趋势。日本仙台园艺中心占地600亩，其中市民农园50亩，分为399块市民体验田，每块约25平方米，每年租金15000日元（约合人民币700元），供不应求，需要摇号获取。

三、特种乡村休闲产品

（一）特色主题乡村

此类乡村休闲产品主要以某种特色资源，如某一农业、农作物、乡村特色手工艺等为主要资源和吸引物，成为该乡村休闲产品营销主题和亮点，吸引对此种资源感兴趣的休闲者前来消费，如以鉴赏和销售建水紫陶为主的云南红河建水碗窑村、以中草药和温泉养生为主的重庆金佛山中草药庄园等。此类休闲产品能够满足休闲者对这类特色资源求知、享受的需求，获得休闲的乐趣，同时享受学习该方面知识的机会。在这类资源特色的乡村休闲产品中，也应该注意产品休闲性的设计，通过农事、农业活动、手工艺欣赏和制作等主题活动的参与和体验，使游客可以在乡村过几日闲逸舒适的生活，达到深度休闲的目的。另外，应注意在乡村游憩地适当地点设置能够体现乡村特色资源内涵的文化元素和景观符号。

【案例阅读】

以婚庆和花卉观赏为主的北京蓝调薰衣草庄园

北京蓝调薰衣草庄园，又名紫香漫境薰衣草庄园，位于朝阳区金盏乡楼梓庄，这里是亚洲面积的最大的香草观光主题景区，一望无际的紫色花海。在规划及建设阶段聘请法国普罗旺斯香草专家进行指导，借鉴了法式农庄的风格。庄园包含10余个主题创意景观，集特色餐饮、主题温泉、加工体验、节庆活动等功能于一体。

开发项目以农业文化创意产业为支撑，以蓝莓、草莓等特色果蔬种植为基础。生产上，以蓝莓、草莓为主栽品种，并配合其他特色果蔬种植；生态上，园区呈现的是原生态的田园景观，为崇尚自然，渴望田园生活的市民提供了一个休闲体验的空间。

除日常休闲、花卉观赏外，蓝调薰衣草庄园的另一招牌是婚庆产品。庄园被誉为中国最浪漫的田园，又称"爱的伊甸园"。庄园共有三块室外草坪场地，可以举办风格不同的主题婚礼。薰衣草园中的2500平方米的圆形布罗斯广场，可以举办浪漫的薰衣草主题婚礼，配合场地中建造的爱之亭、爱之门、超时空爱恋长廊，使整个场景浪漫唯美。

（二）古村古镇

以古村镇宅院建筑为休闲吸引物，开发休闲旅游。这类乡村旅游产品承载了古村镇不同发展阶段的历史人文的继承和演变的过程，在休闲产品设计的时候，主要应该把民俗和文化内涵发掘出来，营造整体的民俗文化休闲氛围，开发体验参与式的项目，供休闲者参与和感受这种独特深厚的文化。另外，古村镇休闲产品的开发需要特别注重古建筑保护，提高乡村居民保护意识。如果社区居民不能积极参与到古建筑保护中来，则古村落保护将面临极大困难。

宏村位于黄山西南麓，始建于南宋绍兴年间，距今约有900年历史，整个村落占地30公顷，是古宏村人规划、建造的牛形村落，内有设计精巧的人工水系。村内街巷大都傍水而建，民居也都围绕着月沼布局。湖光山色与层楼叠院和谐共处，自然景观与人文内涵交相辉映，是宏村区别于其他民居建筑布局的特色，被誉为"中国画里的乡村"，1999年被联合国教科文组织列为世界文化遗产。全村现完好保存明清民居140余幢，各类建筑都注重雕饰，木雕、砖雕和石雕，细腻精美，具有极高的艺术价值。具有油墨画效果的宏村，是艺术家写生、摄影爱好者、休闲者较常光顾的地方，与当地人同吃同住，可以尝到宏村当地的家常菜和特色美食，感受宏村宁静恬美的生活。

（三）特殊环境乡村

该类乡村休闲产品依赖的是其独特的生态环境，比如位于大草原、大沙漠、雪山冰川中的乡村，带给休闲者别样的、普通乡村休闲产品无法取代的体验感。如新疆吐鲁番葡萄沟是沙漠中的一片绿洲，是火焰山中的一块河谷地，以广栽葡萄闻名于世，沟内现建有王洛宾音乐艺术馆、达瓦孜民俗风情园、绿洲葡萄庄园和展示维吾尔族建筑特色、民俗民风、体验维吾尔族农家生活的民族村等。再如，云南迪庆藏族自治州德钦县明永冰川下的明永村，令人震撼的雪山、冰川景观令无数的游客着迷，在这宁静偏远的"世外桃源"流连忘返，给明永村带来了发展休闲经济的绝好机会。

第三节　乡村休闲活动组织与管理

一、乡村休闲生态环境保护和管理

环境是乡村休闲发展的主要竞争优势，环境的好坏是乡村能否科学持续发展的重要因素及发展后劲所在。乡村休闲活动在一定程度上也加剧了环境损耗，伴随经济效益增长的是生态环境和自然景观付出的代价。要把这种代价降到最低，就需要加强乡村休闲中对生态环境的保护和管理。

（一）做好生态环境保护规划和管理

乡村休闲的资源基础在于乡村良好的生态资源和环境，为预防可能发生的环境退化、污染、破坏等，在发展乡村休闲项目时，必须弄清楚其潜在的环境影响，对拟开发的每一个乡村休闲项目（产品）都要进行环境影响评价，不符合环境标准的项目坚决予以取缔，将环境影响降到最低限度。

（二）尽可能采用乡土生产技术

乡村休闲者的主要目的是回归自然、享受田园闲逸。在高科技产品随处可见的今天，越是具有地方特色、乡土特色的适用技术使来自现代城市的休闲者流连忘返。而且这些技术是在当地长期演化发展而来，是对当地环境和资源的适应和利用，往往对环境没有不利影响，因此，一些民间技术和生产部门，虽然技术含量不高，也值得保存。保留完好的古老技术对休闲者也是一种诱人的亮点。

（三）确定正确的经济导向和政策

为维护美丽景观和田园特色及"原汁原味"的生态系统，实现乡村休闲的可持续发展，一些对环境资源有破坏作用的产业，即使经济效益再高，也不宜引进，比如野生动物不应成为休闲者餐桌上的"美味"。而对于农业生态系统的初级生产部门，虽然短期经济效益不高，但其发展有利于提高景观生态多样性，增强地方田园特色，可长期吸引更多乡村休闲者。

二、乡村休闲人文环境保护和管理

乡村除了丰富的自然资源外，更多的和最能吸引休闲者的是原汁原味的村野乡土特色，淳朴的人文资源，包括乡村民俗文化、乡村文化遗迹等。人文因素是乡村休闲得以兴起的根基。

（一）村落民居保护和管理

村落空间布局和民居乡土特色是长期历史发展留下的痕迹，其形成是人类与当地自然协调共生的结果，体现了天人合一、顺应自然、因地制宜的生态内涵。这种乡土特色通过当地的风土、建筑、风物综合体现而来，强调乡土气息与亲土性。不同地域的建筑风格、建筑群落的布局，不同地理环境下农业景观与自然景观形成的田野景观而形成的特殊风格造就了该村落的乡土特色。乡土特色是乡村性的基本体现，是吸引城市人群到乡村旅游的重要因素，也是当地居民生活的归属感认同感的来源。所以在村落的更新改造中要以延续并保护当地村落乡土特色为前提对原有的空间格局、建筑功能与形体作出相应整合、更新以适应现代村落发展与乡村休闲的需要。

（二）乡村民俗的保护和管理

民俗文化是乡村休闲的精神内涵，城乡民俗文化的差异是乡村休闲的重要吸引物，各地乡村的饮食、穿着打扮、节庆、婚嫁等乡土民俗文化都充满浓郁的地方色彩,而且民俗文化的休闲项目设计,往往参与性和体验性极强,让休闲者感受乡土文化的魅力和熏陶,提升休闲质量。

(三) 乡村居民的管理

置身乡村之中并作为活态文化载体的村民是乡村休闲文化的重要组成部分,要使村民积极参与到乡村休闲经营和管理中来,就需要制度保障。要建立公正合理的收益分配机制,成立以村民代表为主体的社区委员会,协商乡村休闲发展决策、休闲收益分配、学习环境保护知识等。休闲就业机会应优先提供给当地村民,由当地村民为休闲者引导生产与生活方式的参观、乡村文化解说与体验指导等。

三、乡村休闲者行为管理

随着乡村旅游活动的蓬勃发展,大批休闲者纷至沓来,他们带来了城市中许多新鲜的思想和观念,对乡村文化的冲击很大。

乡村休闲者是乡村休闲的主体,也是乡村休闲管理的主要对象之一。乡村休闲者在进行休闲活动时必须考虑到乡村文化和生态环境的可持续发展,要想使乡村休闲者达到要求,就必须对其行为进行管理。

(一) 解说与宣传

对乡村休闲者应立足于通过解说与宣传,提高他们的环境保护意识,使休闲者能够自觉维护生态环境、人文环境,积极参与环境保护,尊重乡村文化,具备良好的休闲理念。

利用各种解说媒介与手段是对休闲者进行宣传和管理的一个有效手段。通过解说,乡村休闲者知道关于该乡村的自然、风俗、特色文化等知识,知道该地的生态环境特点、历史遗迹、宗教信仰、传统文化等,以明确休闲行为对当地环境和文化保护所负有的责任与义务。另外,倡导休闲者加强与当地村民的交流,也是了解当地的一个有效途径,并且还可以请休闲者宣传当地乡村资源及民俗文化对休闲者的吸引力,使乡村居民树立起保护家乡自然生态和文化传统的良好意识。

(二) 建立健全规章制度

乡村的生态环境和人文环境具有脆弱性,乡村休闲管理者应领会和贯彻各种生态和人文环境保护的法律及法规,不断强化法制观念,并根据乡村的环境特点,建立健全环境保护的规章制度,按照"谁主管,谁负责"的原则,明确管理职责、管理人员,落实好对休闲者该方面的行为引导和管理。

【复习思考题】

1. 乡村休闲具有哪些特征?
2. 乡村休闲在未来会呈现出哪些发展趋势?
3. 简述乡村休闲产品的类型。
4. 乡村休闲生态环境保护和管理包括哪些方面?
5. 乡村休闲人文环境保护和管理包括哪些方面?
6. 应如何对乡村休闲者行为进行管理?

【案例分析】

欧洲特色的乡村民宿

乡村休闲涉及吃、住、行、游、购、娱诸多要素,要让休闲者留下一段美好的回忆,制造亮点、突出特色就成为制胜法宝。如何充分利用现有资源开发出带有地方特色的乡村休闲产品,欧洲国家的乡村民宿值得借鉴。

在西班牙,20世纪60年代,加泰罗尼亚村落中荒芜的有悠久历史的贵族古城堡被改造成简单的农舍民居,以适应休闲者住宿需求。改造后的农舍,保持了原来的建筑风格,尤其是地板和楼梯。房子一般比较大,多为两层。有的房舍可供家庭团聚,接待人数可达20人。并且规模较大的农庄和农场也被列入旅游参观和接待的范围,接待乐意到乡村观光的休闲者。

在匈牙利,整洁、舒适、价格低廉的农家旅店随处可见,而且接待者还可以为携家带口的休闲者营造极具家庭氛围的休闲和居住环境。比如,在很多地方,一个四口之家即使是在旅游旺季,也仅需花费三十几美元就可以在一座拥有客厅、卧室、厨房、浴室、花园和小地窖的农家小院住上一天。

思考题:结合案例,思考国外乡村休闲产品在开发上有哪些成功之处,可供我国借鉴。

第七章

旅游休闲管理

旅游业作为休闲产业的支柱产业,是异地休闲活动的最主要形式,是以旅游活动形式来进行的休闲,旅游活动近年来正在加速休闲化,与休闲的关系越来越密切。本章对旅游与休闲关系及旅游休闲概念进行界定和阐述,从观光、度假、健身、文化四个方面进行旅游休闲产品开发的基本分类,并针对旅游休闲项目从进行组织管理的开发策划、经营管理、市场营销等方面进行相关介绍。

【学习目标】

1. 明确旅游与休闲的关系、旅游休闲的方式及旅游休闲产品的概念;
2. 了解各项旅游休闲产品开发的内容;
3. 掌握旅游休闲项目策划开发、经营管理、市场影响等管理方法。

【导入案例】

以大项目推动旅游产业大发展——诗画浙江旅游休闲新亮点

旅游业是一个关联度高、带动力大、辐射面广、经济乘数效应高的综合性产业,而旅游项目是旅游产业发展的根基,承接左右,渗透各方,涵盖经济文化社会各领域,关联吃住行游购娱整条旅游产业链,标志着一个地方旅游业的发展水平,引领着一个地方旅游业的发展方向,既是我们实施"旅游强省"战略的重要载体和支撑,又是"大旅游"建设的关键点和突破口。

旅游业发展到现在，已经进入成熟发展期、产业转型期和矛盾凸显期，依靠噱头取悦式的炒作、投机取巧式的开发，已难以适应市场需求、广泛吸引游客，必须以大手笔、大气魄的旅游项目开发，赢得先机、抢得主动。

着力彰显特色、打造精品，建设打造一批国际旅游精品项目，升级培育一批国内知名景区，做优做强地域特色品牌，引进开发一批新型旅游业态产品，已是势在必行。

浙江全省各地高度重视旅游项目建设，正在像抓工业项目、民生项目、重大基础设施项目一样抓旅游重大项目，以旅游项目大建设抢占新一轮旅游业发展制高点。

通过重大项目的聚集带动，推进旅游业态多元发展，拉长产业链条，优化产业布局，促进旅游业与其他产业的融合发展和共生共荣，以大项目带动大产业、以大产业推动大发展。

1. 山水六旗——世界级主题乐园美国六旗落户海盐

"三优"海盐牵手世界级文旅项目。2015年9月，山水文园投资集团携美国六旗娱乐集团在杭州分别与浙江省政府、嘉兴市政府、海盐县政府签署了合作协议。根据协议内容，美国六旗将在海盐打造六旗主题乐园，这是美国六旗在深耕北美几十年后，首个落户亚洲的主题乐园。同时，美国六旗与中国独家战略合作伙伴——山水文园投资集团将联手在海盐打造山水六旗国际度假区。

亚洲首个六旗主题乐园为何选择落户海盐？用山水文园投资集团董事局主席李辙的话来描述："这是一段奇妙的缘分。"海盐县一直在物色一个合适的世界级文娱项目入驻，同时，美国六旗与山水文园也在寻找乐园和国际度假区的合适落地区域。然而拿下这个项目实属不易，此前曾有多个省、市同时向山水文园投资集团伸出橄榄枝，而海盐县与山水文园投资集团谈判许久，最终签订了合作协议。

继上海迪士尼、北京环球国际影城之后，六旗主题乐园落户海盐，这标志着全球三大主题乐园齐聚中国。美国六旗娱乐集团全球总裁约翰·奥德姆表示："六旗主题乐园将集美国六旗半个多世纪的成功经验，引入浙江山水六旗国际度假区这一最新、最具代表性的旗舰项目，为中国消费者带来前所未有的全新体验，全新树立中国主题乐园产业标杆。"

浙江山水六旗国际度假区的总投资规模将超过300亿元，建成后可辐射周边300公里区域城市，将直接创造3万个就业岗位，每年吸引1200万人次游客，拉动海盐经济社会发展，助推文旅产业转型升级。在山水文园的合作伙伴名单中，几乎全是行业巨头或领先企业。未来，山水文园投资集团将整合一系列世界级的文旅、娱乐、商业、健康等领域的资源，引入浙江山水六旗国际度假区。也就是说，除了六旗乐园外，该项目将为海盐带来更多国际高端资源。

2. 宇宙大世界——航母级项目梦幻湘家荡

没有什么比我们头顶上的宇宙星空更加神秘，更让人向往。继4月25日"南湖之春"，"宇宙大世界"项目与湘家荡正式联姻后，这个堪称规模不亚于迪士尼的惊艳项目备受各界关注。

据清华大学城市景观艺术设计研究所王建国介绍，该项目共分为太空体验、太空特训、太空产品、太空文化及服务配套5个核心板块，将被打造成为世界领先高科技综合体。

此外，"宇宙大世界"还将拥有上下游配套的产业，主要涉及太空产品板块、太空文化板块和服务配套板块，如开发无污染、实用、时尚的太空技术产品、太空影视、太空主题酒店、天街等，最终将打造一个世界一流的高科技综合体。

项目总投资约100亿元，由智友控股集团有限公司投资，由国防科工局、中国空间技术研究院、总装备部工程设计研究总院、北京电影学院电影特效国家实验室等公司提供技术支持。该项目设计团队由2008年奥运开闭幕式技术制作组长于建平同志担任总设计师。央视著名视觉创意总监陈岩会同国际知名导演詹姆斯·卡梅隆（《阿凡达》导演）担任创意视觉总监。原长隆乐园设计师李少基（中国香港）担任工艺设计总监。

"我们这个项目主要是针对国际、国内青少年儿童、大中院校学生、个人及团队的游客，预计年均接待量在1000万人次左右。如果要想玩得尽兴，得在这里面花上三四天。"智友控股集团有限公司董事长王开平介绍，"在门票方面，将靠近迪士尼的票价。"

此外，他表示，项目建成后，将带动嘉兴周边酒店、度假、餐饮等多方面的发展。另外，还将解决区域内就业问题，将提供5000~6000个岗位。

随着"宇宙大世界"进入实质性启动阶段，该项目在带动消费、带动就业等方面的积极作用将不断显现，湘家荡区域开发建设党工委书记毛扣祥表示，"这一项目将对区域经济发展起引领作用，进一步推动了区域的产业结构调整。"

3. 生态图影——长兴山图水影润养太湖

以山为图，以水为影。芦苇深深，清新静谧，湖泊交错的太湖西南岸，藏着一片"山图水影"。

浙江太湖图影旅游度假区位于长兴县东南端，与湖州太湖度假区相毗邻，东临太湖，西依弁山，规划面积23平方公里。

作为省级旅游度假区，以"生态图影"为抓手，该区将旅游特色与资源保护相结合，努力打造"长三角一流高端休闲旅游度假区"，以实现旅游度假区建设与生态效益、社会效益和经济效益的有机统一。去年被省旅游局、省环保厅命名为省级生态旅游示范区。

荡漾湖水，扑面清风。山图水影，诗意人间。湿地文化园傍着太湖，三面环山，占地面积5000余亩，其中水域面积3000亩，属于典型的湖泊型湿地。景区以大荡漾、陈湾漾、周渡漾、鸭兰漾四大荡漾景观为主体，结合白鹭洲、农耕岛、芦漫岛、陌桑岛、杉影岛等20余个岛屿及鱼塘、河道、芦苇丛、纵横阡陌的河网港汊，形成了天然"野趣、清幽、闲逸"的曼妙意境，是集原生态展示、农耕文化、旅游观光、民俗风情体验、休闲度假于一体的综合性旅游景区。

目前，景区已打造出了一批主题鲜明、趣味十足的户外休闲及文化娱乐项目，吸引了众多国内外游客积极参与，深受社会好评，影响广泛。按照建设长三角生态休闲度假

新选区的要求，度假区立足原生态环境，以太湖文化、长兴文化、宗教文化为基底，融入湿地乐活游憩、山水康疗养生、本土文化体验、低碳运动休闲四大体验，以健康医疗与健康养生为核心支撑，面向长三角高端客群。另据介绍，这里还将建设一个可媲美长隆度假区的总投资超过100亿元的大项目。

"绿水青山就是金山银山"，这里的原生态环境是度假区赖以生存的环境基底。有了"底气"，他们对建设以四大荡漾的生态湿地环境为特色，借历史悠久的吴越文化、百叶龙为首的民俗文化和江南气质的隐逸文化，融合佛教文化和茶文化，开发成集高端运动度假、国际会议会展、现代康体休养、秀美生态观光四大功能，面向长三角高端度假游客的滨湖湿地度假区信心十足。

（资料来源 http：//www.zj.xinhuanet.com/2015-12/17/c_1117490261.htm）

第一节 旅游休闲的基本概念

一、旅游与休闲的关系

（一）旅游活动方式及其转变

1. 现代旅游活动类型

现代旅游活动的地域范围越来越广，旅游活动类型也日益丰富多样，旅游活动方式和内容也越来越复杂。总体而言，旅游已成为人们休闲生活中的一种方式，是人们离开常住地所进行的各种休闲活动。根据人们外出旅游的目的和形式，现代旅游活动可以分为事务性旅游、休闲性旅游和特殊旅游三大类。

（1）事务性旅游。事务性旅游是指出于事务性目的而外出开展的旅游活动，包括伴随事务而开展的休闲性旅游活动，事务完成后的休闲性旅游活动，有时把公务活动本身也看成休闲性旅游活动。根据事务的目的和内容，事务性旅游又可以分为商务旅游、会议旅游、家庭和个人事务旅游。

第一，商务旅游。泛指因商务目的而出访异域他乡的差旅活动。现代伴随商务活动而开展的休闲性旅游活动越来越多。由于世界经济贸易、科技文化交流日益密切，商务活动极其频繁，商务旅游也越来越频繁，因而商务旅游表现出常年性、重访率高、消费水平高等特点。随着人们价值观、生活方式和企业管理理念的变化，现代商务活动中的休闲性活动越来越多，商务活动越来越休闲化，商务旅游成为一种休闲化的商务活动方式。

第二，会议旅游。泛指因参加各种会议而前往异国他乡的访问交流活动。随着世界经济文化交流的深入，各国各地区组织的会议数量不断增加，由参会者组成的会议旅游市场越来越大。会议在举办期间或结束之后一般都安排有参观、考察、观光游览活动。在一些国家，很多参会者甚至将会议出差和个人度假旅游结合起来安排。由于会议服务业务的利润较高，且伴随会议而开展的休闲性旅游活动越来越丰富多样，因此会议旅游的休闲化趋势越来越明显。

第三，家庭和个人事务旅游。这种旅游包括外出参加亲朋好友的婚礼（寿礼、庆典）、参加在外求学子女的开学典礼或毕业典礼、利用假期外出参加学习或进修、外出探亲访友等因私的事务性活动。其中以修学旅游和探亲访友游居多，这类活动本身就是一种旅游方式，而且多安排休闲性旅游活动。

（2）休闲性旅游。休闲性旅游是指纯粹以休闲放松、精神愉悦、情感体验为目的的非事务性旅游活动，包括观光、度假、文化旅游等旅游活动方式。

第一，观光旅游。这是一种以领略异国他乡的自然风光、都市景观或社会风情为主要活动内容的旅游活动，是世界上开展得最早、最为普遍的旅游活动方式。观光旅游由最初的"走马观花"或"赶集"式的方式向现代的深度观赏、审美体验、情感熏陶的方向转变，旅游者越来越注重从旅游吸引物中获取尽可能多的旅游体验。观光旅游是一种典型的休闲活动，是离开常住地在异地进行的主流旅游休闲形式。

第二，度假旅游。这是人们为了摆脱日常工作和生活的压力而前往各种类型的度假地生活和放松的一种旅游方式。这种旅游方式不同于"走马观花"式的观光旅游，旅游者基本上在某度假地停留一段时间，从事各种休闲、娱乐等放松活动，从中体验恬静、放松、悠闲的意境和感觉，享受与亲朋好友相聚的温馨、浪漫和甜美，游中消闲、闲中享乐、乐中生美。

第三，文化旅游。是人们为了体验异国他乡的民俗风情、传统习俗、生活方式、科学技术、文化教育、社会组织等而前往异地开展的集游览、观赏、考察、交流、学习等多种形式于一体的一种文化活动。这类旅游形式有的是以文化体验、增长知识为目的，也能够收到休闲放松的效果。广义的文化旅游类型多样，包括狭义的文化旅游，如参观文化艺术地、参加文化艺术活动，也包括教育修学旅游、科技旅游、历史考察（名人故居、历史城镇）旅游等。

（3）特殊旅游。特殊旅游也称特种旅游或专项旅游，指人们为了满足个人的某种兴趣、业余爱好或特殊目的而前往某地开展的旅游活动，如高山或极地探险、攀岩或登山、太空遨游、深海潜水、考古、宗教朝拜、新婚蜜月等。这类旅游方式一般将个人特殊目标、事件和消遣休闲结合起来，是一种具有积极意义的休闲放松活动。特殊旅游是人们在闲暇时间内发挥特长、培养兴趣、展现个性、实现自我价值的重要休闲方式。

2. 旅游休闲化成为现代旅游发展的主流趋势

20世纪科学技术对人类做出的最重要贡献之一，就是通过劳动工具的改进将人类从繁重的体力劳动中解放出来，为人们创造了越来越多的闲暇，也根本改变了人们的工作方式和生活方式，离开日常生活地域，到一个陌生的地方享受休闲，日益成为人们重要的生活方式。经济技术化、技术生活化、生活休闲化成为现时代的重要特征,休闲深入到经济和社会生活的各个层面、各个领域,在各类旅游方式中,越来越多地表现出休闲化趋势,休闲性旅游在整个旅游中所占的比例越来越高。我国的旅游发展相比西方发达国家要晚,从我国居民旅游活动的变迁中可以看出世界旅游发展的历程和特点。中国首部休闲绿皮书《2010 中国休闲发展报告》指出,以观光旅游为代表的休闲旅游一直是我国居民旅游(包括国内旅游和出境旅游)的主要形式,而且休闲旅游多集中在节假日。现今,彰显个性、突出休闲价值的多样化、个性化旅游形式呈现出快速发展的趋势,同时互联网对整个旅游活动的作用越来越重要。

(二)旅游与休闲的关系

休闲是人的一种生活形态和生活方式,休闲活动的方式有很多,其中旅游就是一种重要的方式——旅游休闲。此外,还有运动(体育)休闲、文化休闲、娱乐休闲等。旅游和休闲是既有联系又有区别的两种活动方式,它们的关系非常密切,如图 7.1 所示。

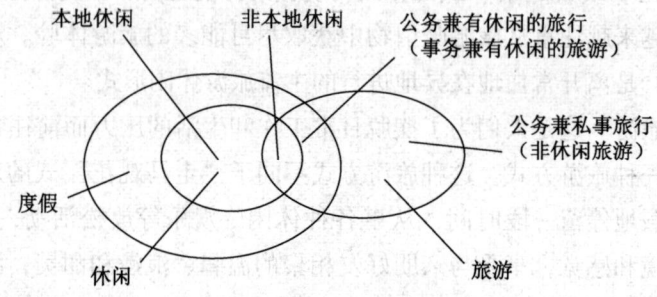

图 7.1　休闲与旅游的关系

资料来源:Sun wan. Recreation and tourism [M] . UK:Nelson Thores Ltd,2002

二、旅游休闲概念

休闲是指人从劳作压力中解脱出来,以自己喜欢的、感到有价值的方式,自发地参加与谋生无关的自由活动,其本质是从职业活动以外获得恢复身心、发展自我、充实精神的生活体验。结合图 7.1 可知其中的"非本地休闲"就是人们离开常住地,去外地所开展的非工作(谋生)性质的休闲活动,如观光、度假、探亲访友、徒步行走、文化交流等,这种非本地的休闲就是旅游休闲。因此,"异地性、自愿性、消遣性和非谋生性"是旅游休闲区别于其他休闲方式的根本特征。

三、旅游休闲产品概念

根据休闲产品的定义以及旅游活动与休闲活动的关系,我们对旅游休闲产品进行如下定义:旅游休闲产品是指旅游生产经营者为了满足异地旅游休闲消费者体验和愉悦的需求,凭借着旅游吸引物和旅游设施生产或开发出来,通过市场途径提供给其消费的一切有形实物产品和无形服务产品的总和。

旅游休闲产品开发按照其所满足的旅游休闲活动目的的不同,主要包括旅游观光产品、旅游度假产品、旅游健身产品、旅游文化产品四大类。

第二节 旅游休闲产品开发

一、旅游观光产品

旅游观光,主要指旅游者到异国他乡进行游览自然山水、鉴赏文物古迹、领略风土民情,从中获得自然美、艺术美、社会美的审美情趣以达到消遣娱乐、积极休息和愉悦身心的效果。旅游观光是集"吃、住、行、游、购、娱"等内容为一体的综合性活动。该活动以个人消费为基础,以直接体验为特征,追求的是物质文明与精神文明的双重享受。

旅游观光的目的地就是旅游景点,但大都是知名度较高的自然或人文景点,如桂林山水、北京故宫、西安兵马俑等类型的景点,游客一般都是走马观花似的游览,出游时间一般视景点远近和大小而定。中国旅游业兴起之初,自然山水观光就和历史古迹及城镇建筑游览共同构成了当时旅游的主要内容,时至今日,丰富多彩的旅游类型不断涌现,但传统的旅游观光产品依然是休闲旅游消费者最主要的消费产品之一。

(一) 自然山水观光

自然山水观光是开发最早的一种旅游休闲产品,也是休闲消费者在异地消费最为普遍的一种休闲产品。以山河湖海、植被、禽兽、地质地貌等为旅游景点,如玉龙雪山、九寨沟、张家界、桂林山水等众多山水型旅游景区。自然山水旅游一直是我国旅游市场的主力产品。自然山水景区环境优美、空气清新,吸引着旅游者体验回归大自然的情趣和进行休闲、健身、避暑等活动。有人认为自然山水观光旅游是"永远不落的太阳",它给予人们的刺激最直接、最深刻,也最容易被各消费群体所接受。

(二) 人文古迹观光

人文景观是指历史、文化的古迹,如文物古迹、宗教圣地、民族风情和古建筑等。历史人文古迹是一种重要的旅游资源,对其进行有效的保护是旅游业可持续发展的重要前提。旅游者在古村住古屋、品古味,体验和领略古老的文化和乡村生活劳动气息以满足其休闲、度假、体验、观光、娱乐的需求。富有原生态文化特征的民俗文化表演、古色古香的老街和悠久的人文古迹都将给游客留下美好的印象,为游客创造一种流连忘返、回味无穷的旅游意境。

(三) 城镇建筑观光

城镇建筑是体现城镇街景风貌特色的重要载体。在观光旅游中,城市或城镇,既是游览对象，又是接待中心。世界上许多名城名镇之所以具有极大的魅力，无不是长期历史演进和文化积淀的结果。事实上，城镇建筑是城镇历史的化石，是凝固的历史，是无声的音乐，是人类生活的标记，具有"化成心灵"的功能。它承载着城镇的过去，标志着现在，预示着未来。

【案例阅读】

2015中国最具特色旅游城市排行榜发布 昆明名列第四位

12月9日，"中国城市竞争力研究会"在香港会展中心发布了"2015中国最具特色旅游城市排行榜"，昆明凭借独特的气候优势、丰富的民族文化资源和自然资源入围该榜并高居第四名。

1. 2015年前10月昆明接待游客超5700万人次

气候是昆明最具特色的旅游资源优势。昆明地处低纬度高原，年平均气温15℃，最热时月平均气温为19℃，最冷时月平均气温为7.5℃，一年四季温暖如春。昆明不仅仅只有气候优势，一直以来，昆明在旅游资源开发上，着力深度挖掘多元的民族文化资源以及丰富的自然风光和人文资源，打造特色景点，同时严格规范旅游市场，使得昆明日益成为最受国内外游客欢迎的旅游目的地。据统计，2015年1~10月，昆明市共接待游客5743.77万人次，旅游总收入达641.45亿元。

2. 专家：城市定位须更明晰

凭借丰富多彩而极具特色的气候和文化资源，昆明近年来屡获殊荣。在"2014中国最美丽城市"评选中，昆明以"浪漫春色美"的美誉位列第8位；在"2015全球避暑名城百佳榜"和"2015中国避暑名城65佳榜"中，昆明分别摘取了"全球避暑名城百佳榜"探花和"中国避暑名城"榜首桂冠。此外，昆明还曾获得"中国最佳生态宜居城市""联合国人文宜居城市"等多项荣誉称号。不过，虽然获得了这么多荣誉，云南旅游专家、云南美途国际旅行社总经理汪涛认为，在今后的发展中，昆明还需要对自身定位更加清晰。"最近几年排出的这么多榜单，昆明总能榜上有名，其主要原因并不是人为建设有多好，其砝码主要有三：其一，昆明独特的自然和气候资源，使其成为全国乃至全球独一无二的春城；其二，昆明深厚的历史文化资源，昆明有2200多年的建城史，使其成为第一批全国历史文化名城之一；其三，昆明独特的区位优势，中国扩大对东南亚、南亚国家的开放，避不开昆明。"汪涛说，这三点，说难听点，都是老祖宗留下的，我们在"吃老本"。在今后的城市发展中，昆明一定要抓准城市发展定位，"在我看来，生态化、国际化是最准的定位"。

（资料来源：http://news.163.com/15/1211/11/BAI54UPS00014AEE.html）

二、旅游度假产品

随着休闲时代的到来以及旅游市场日渐成熟，传统的观光旅游已不能完全满足人们对旅游品质的需求，超越自然风景和基础设施之外的休闲度假需求越来越强烈，度假成为人们利用闲暇的重要方式，这也在很大程度上驱动了相关的各类休闲产品、休闲项目及休闲业态的形成和发展。

（一）乡村度假

现代农业不仅具有生产性功能，还可以改善生态环境质量，为人们提供观光、休闲、度假的生活性功能。乡村有城市不可比拟的清新宜人的空气、风光迷人的田园、淳厚感人的乡情等。乡村度假休闲是融民俗文化、田园风光、风土人情、美食、体育、休闲度假为一体的旅游活动。它是以休闲度假为宗旨，是加强城乡居民感情沟通、体验古老乡村劳作、了解风格各异的风土民俗、领略田园生活、回归自然和走向自然的最佳通道。游人来到乡下，住进农家，体验日出而作、日落而息的田园生活；了解当地的民族文化、传统美德、风土人情、乡风民俗；欣赏那生机勃勃的田野和春意盎然的风光，亲身领略乡村那种"小桥流水人家""稻花香里说丰年，听取蛙声一片"等自然美景；参加当地民族宗教节日活动等。

（二）滨海度假

滨海度假是一种高层次的生活内容，一种优雅的状态，一种难得的享受，一种洒脱，一种对人本意义的超越和对人生目标的浪漫审视。而滨海度假旅游区所具有的良好环境、丰富内容又能为游客休闲提供特殊的经历与体验。滨海度假旅游区在未来发展中将不断增强旅游产品的休闲性功能，增加休闲设施和服务，使旅游者在享受大海所赐的舒适的生态环境的同时还能享受到民俗、文化、艺术等无限的休闲乐趣，这也将大大延长游客的平均逗留时间并提高重游率。

【案例阅读】

泰国的滨海度假胜地

位于泰国湾的苏梅岛是泰国第三大岛，面积247平方公里，距大陆约80公里，周围有80个大小岛屿，但多无人居住。苏梅岛最窄5公里，最宽处21公里。苏梅岛上干净、狭长的白沙滩，是每个人梦想中的热带岛屿仙境。它距素叻府仅84公里，属于真正的岛屿族群，也是80多个热带岛屿群中最大的一个，其中只有四个岛屿有人居住。

1. SPA

到泰国旅游度假，一定要去体验一下SPA。苏梅岛上的SPA算得上星罗棋布，岛上的SPA提供的服务种类很多，除了泰式传统按摩外，还有精油按摩、足底按摩、头部按摩等，都能达到解除疲劳放松全身的作用。至于价格方面，一般的泰式按摩每小时200泰铢（约合人民币40元），酒店中的价位会高一些，但服务环境和质量也有明显差异。在苏梅岛上，总会感觉时间在舒缓中慢慢度过，那种安逸的氛围明显不同于其他开发过度的旅游胜地，这样的"原生态"也许正是这座海岛的魅力所在。苏梅岛最大的魅力是它的查汶海滩，这个海滩以平整干净的白色沙滩著称，全长达4公里，最适合各种海上活动。

2. 涛岛

苏梅岛上的人文景观不多，最重要的是海边的一座金色大佛像（Big Buddha），坐落于临近的芬岛之上，大佛像下是菩亚寺，紧临与主岛连接的陆桥。苏梅岛附近有80多座小岛，这些离岛也是苏梅岛旅游的特色所在。从苏梅岛的码头出发，乘坐小型游艇，就可以便捷地前往这些小岛。在80多座离岛当中，涛岛（Ko Tao）最为著名，这座外形颇像乌龟的小岛是泰国最有名的潜水胜地。靠近涛岛，简直为当地的海域折服，平静的海面、清可见底的海水甚至叫人误认为河水，似乎只有咸咸的味道才能证明其纯正的品质。由于海水清澈，水下景观丰富，涛岛四周市场云集着配备各种专业装备的潜水高手。涛岛当地也开设着适合不同水平学员的潜水训练班，当然潜水需要一定时间的学习才能取得资格证书，如果只随便游玩的话，戴上泳镜的简单浮潜也会颇为有趣。值得留意的是，海下的珊瑚岩很容易划伤手脚，一定要避而远之。另外，为了保持生态环境，当地不容许从海中私自捞取海星、贝壳之类的海水生物，对这些感兴趣的朋友一定要注意。游泳之后，踏上涛岛，品尝一下当地的家常菜也会别有滋味。

3. 夜生活

与灯红酒绿的曼谷相比，苏梅岛显然是宁静安逸的，没有大都市的嘈杂繁闹，却也并不等于了无乐趣。晚上，步入中心区那通（Nathon），同样能够感受到泰国人特有的热情，看着商户林立、灯光闪烁的街道，让人领略到苏梅岛的另外一面。无论入住的是星级酒店，还是普通的海滨民房，他们都会提供汽车、摩托车的租赁业务，对苏梅岛来说，轻便的摩托车更符合当地的风格。只要付好每天300泰铢左右的租金和一定押金，就可以借到一辆摩托车，成为游览苏梅岛的最佳工具。由于泰国交通采用"左行制"，习惯了国内交通的朋友届时一定要特别适应一下，以免发生意外。夜晚，驾着摩托在岛上游荡，可以随时游览一下街旁的各种小店，品尝一下由"路边摊"制作的炸椰子丸和枣椰丸等当地小吃，到大排档里吃现场烹饪的海鲜，或者停好车到露天的酒吧喝上一杯。如果在路上遇到一辆特别喧闹的汽车，千万不必惊讶，这是岛上泰拳比赛的宣传车，几乎每天晚上当地的中心体育馆里都会组织一场拳赛。苏梅岛上的夜生活算不上火爆，却也有自己的特色，舒缓中蕴藏着激情。

(三) 湖滨度假

湖泊属于一种遍在型资源，所以世界各地湖泊型旅游度假区数量也比较多。欧洲的湖泊旅游度假开始于18世纪，发展于19世纪，兴盛于20世纪。20世纪70年代后期，大多数欧洲共同体国家半数以上的人每年至少离家休假一次。经过这种长期的循序渐进的发展，欧洲的滨湖旅游度假区发展比较成熟，有稳定的度假客源市场。我国的湖泊旅游度假在20世纪90年代前，主要以官办的疗养院等为主（如太湖、滇池附近的疗养院）。1992年后，建立了国家级、省级的滨湖旅游度假区，当时，国内对度假旅游普遍还不了解，尤其不了解国际上同类产品的发展情况，随着度假市场的形成，滨湖旅游度假区也逐渐增多。我国滨湖旅游度假区众多，最集中的是长三角地区，以江苏、浙江两省最为突出，90%以上是滨湖旅游度假区。

湖滨旅游，是一种新兴的旅游度假方式。炎炎夏日里，与水相亲，感受自然生态的湖滨度假是最受欢迎的旅游产品之一。游客不仅可以乘船游览湖光山色，还可以在湖中畅游、在沙滩上享受日光浴、品尝湖中鱼虾等天然美味。度假区的文化一般有地域特色文化和现代休闲度假文化两部分组成，以形成既具有地方文化特色又满足特殊客源市场的需求为目的。例如，苏州太湖国家旅游度假区的文化则形成并集中展现了传统地域文化（吴地的地域文化）和现代休闲文化的有机结合。

(四) 山岳度假

山岳度假是以山地资源为依托，以休闲为主要目的，以山地自然景观、人文景观和山地生产经营活动为内容，配以系统的配套设施设备，吸引游客前来休闲度假的一种旅游活动方式。其中的山地旅游资源通常从广义角度考虑，即以地文景观为载体的多种旅游资源组合而成的旅游综合体，不仅包括山地本身，还包括与之相关的生物景观、水文景观、天象景观等。

山岳度假之所以发展势头迅猛，越来越为广大群众所喜爱，正在于它迎合了现代人的需要：一是可以远离城市的喧嚣和空气污染，在进行体育锻炼的同时，充分享受自然山水和新鲜空气给人们带来的身心愉悦与放松；二是运动量适中，各种体力和各年龄段的人都能适应，在某种程度上说，可以最大限度地满足人们的参与感，而积极参与是国民自主意识逐步增强的体现；三是可以满足不同消费层次人们的需求；四是选择面广，可以根据个人的爱好、体力、经济状况、年龄等进行多方位的选择；五是户外时尚运动往往以集体活动为主，有利于增加人与人之间的交往，这正是现代生活中越来越需要的。

三、旅游健身产品

随着我国休闲体育产业的发展，人们在紧张的工作之余，希望通过轻松、愉快的体育活动，减轻压力，享受生命。根据这一市场需要，将体育和旅游融为一体的体育旅游，让人们在亲近自然、放松身心的同时亲身参与体育活动，在游山玩水之余领略体育健身的无穷魅力，这是人们越来越推崇的健康生活方式。

（一）徒步旅行

徒步旅行这个词语最早是用来指 19 世纪 60 年代在尼泊尔的远足旅行，从那以后徒步旅行就开始流行了起来。徒步旅行就是指沿着山间小径行走，徒步旅行和登山还是有区别的，徒步旅行线路可长可短。徒步旅行深受人们的喜爱，其原因就在于沿途的自然风光和人文景观——美丽的小山村，别具风格的房舍，整洁的山野，引人入胜的庙宇。当你越走越高时，绿地、绵延数里的森林、水流湍急的溪流和深不可测的峡谷代替了风光，并且山景随季节而变化，春种秋收，花开花谢，却总是一派迷人景象。当然，徒步旅行的同伴也是快乐旅行的一个重要原因，旅行能够增进朋友之间的情谊。

（二）自行车休闲游

自行车休闲游是当今国际新兴的一种旅游方式，是集环保、健康、时尚、娱乐于一体的运动方式。自行车休闲游作为一种健康、环保的旅游时尚，早已风靡世界，备受国内外游客推崇，不少国家与地区已将其列为旅游发展的重要一环。单车骑游融运动健身与旅游休闲于一体，既是以环保的途径来亲近自然，又是用最自由的方式去体验旅程，是现代都市人放松身心、休闲生活的重要内容。

（三）登山旅游

登山旅游是一种旅游和登山运动相结合的活动。登山旅游活动历史悠久，现代旅游登山出现于 20 世纪 70 年代初，20 世纪 80 年代以后得到广泛开展。游客在登山过程中感受大自然的神奇魅力，呼吸山野间的清新空气，观赏历史悠久的名胜古迹。活动中，游客心情欢愉，长期在工作生活中的压力得以释放，尽享休闲、健身之乐。目前在西欧、日本、美洲和我国的港台地区，这种活动被广为提倡。据统计，每年登上西欧最高峰——勃朗峰的人数多达 10 余万人次，日本最高峰——富士山每年多达 250 万人次前往攀登。在我国，这一活动也已逐步得到开展，闻名中外的"五岳"、著名的四大佛教名山以及其他雄伟秀丽的山峰，吸引了无数登山旅游爱好者。因其活动形式具有挑战性，内容丰富多彩，深为广大登山旅游爱好者的喜爱。在我国伴随登山旅游活动而延伸出现的登山协会、登山节事活动也有如雨后春笋般，很大程度上丰富了登山旅游活动。

（四）探险旅游

探险旅游是指人们在离开常住地，以参与体验和挑战自我的旅游目的，在自然环境中进行的具有冒险性或危险性的一切旅游活动的总称。一些人长期居住于繁华都市，厌倦了车马喧嚣的生活，很想找一个幽静而富有神奇刺激的场所体验探险乐趣。据此，很多国家开辟了探险旅游，如泰国的骑大象探险旅游、丹麦的狗拉雪橇探险旅游等。大多数的探险旅游既具有旅游的性质，又具有体育活动的性质。探险旅游的项目可以根据活动的空间分为空中类、陆地类和水上类。

　　探险旅游是户外娱乐的一种形式，也是提高人类适应性的一种特殊方式。探险旅游的开展有益于常规旅游产品的改善与提升。休闲式探险旅游既具有其他旅游类型的共性，又不同于专业探险旅游，有其独有的特征。休闲式探险旅游活动包括沙漠探险、山岳探险、峡谷探险等。随着各种探险活动日益成为人们特别是年轻人喜爱的活动，休闲式探险旅游市场需求量极大。另外，户外探险让参与者具有成就感，在挑战自然的过程中也可以体会到团队凝聚力、团员友情等珍贵的情感。

（五）森林浴

　　所谓森林浴，是由桑拿浴、日光浴等派生出来的一种时尚流行语，意即到树林中去沐浴那里特有的气息、氛围，也叫林内步行运动，已成为近年来新兴康疗保健活动。据日本森林综合研究所对森林浴的一项最新研究成果表明，吸入杉树、柏树的香味，可降低血压，稳定情绪。其基本方法是人在林荫下娱乐、漫步、小憩，通过肺部吸收森林中散发的具有药理效果的芳香物，刺激植物性神经，达到促进身心健康的目的。享受森林浴并非唯森林是举，城市里的公园、花房、林荫道都具有这种氛围。在越来越广泛的休闲生活中，与游乐场、健身房相比，森林浴可以给人以更多的放松和保健。

【案例阅读】

大熊山国家森林公园 让游人陶醉的"森林浴"

　　湖南娄底新化大熊山又名熊胆山，以其高大宏伟的山体、奇险的绝壁深涧、茂密的森林、秀丽的溪流风光而闻名，同时融入人文景观、乡土风情、美丽的传说，这里古林怪树、奇花异草、珍禽异兽、珍稀植物遍布，构成了一幅绚丽多姿的图画。大熊山是湘中唯一的物种基因宝库，这里险峰如林、古木参天、多出异兽，在大熊山正中部，有千岁银杏，十人合抱，枝繁叶茂，有"中华银杏王"之美誉。相传蚩尤战败后，带领九黎族部落普植梅树、杜鹃、枫树，因此，秋天满目红枫，寄托着远古先人"雪里梅花开，迎来万山红"的理想。公园境内，有湘中最高峰——九龙峰，山体高大雄伟、轮廓分明、云缭雾绕、气势磅礴，登上峰顶，极目远眺，只见大山之中云雾迷离、沧海茫茫，山峦林尖笼罩在轻烟之中，如持缟素、披罗纱，幻化莫测。山谷间，清泉飞瀑、溪流淙淙，如歌似曲。樊家洞峭壁横断，半空中飘落百尺缟素，只见飞瀑崩泻，银丝溅落、珠雾飞扬、云蒸霞蔚。山林中有一梅山龙宫，相传为黄帝点化的九条青龙所居之地。洞内造型奇特、组合多样、水陆皆备，全长2276.1米，包含地下长河、旱洞、大厅，分布着大量的流石景观，美不胜收的石笋、石钟乳等，被称为"湖南第一洞"。

1. 体验"森林浴""森林游",新业态如火如荼

时下人们向往森林,时兴到大山森林里跋山涉水、赏林沐绿,体验"森林浴""森林游"的无穷妙处。人一旦融入森林,过度疲劳、高度紧张、心理压力就得以舒缓。走进湖南娄底可见百花盛开、千山披绿、万鸟齐飞,处处生机盎然:水府庙碧水百舸争流,紫鹊界梯田重叠千层,九峰山翠竹绿满万山,一幕幕森林美景让人如醉如痴!在娄底新化大熊山国家森林公园,娄底市林业局局长龚洵胜介绍起森林旅游滔滔不绝:"森林里有大量负氧离子,优良的森林环境可以减少人的交感神经活动,调整人体生理功能。此外,丰富的绿色环保产品,还有这潺潺的清溪、悠扬的鸟鸣、沁人的芳香,一到秋季,枫叶如火,松柏常青,银杏亮黄,绚丽的色彩层层叠染,走在色彩斑斓的森林之中宛如童话世界。"

目前,从森林旅游到森林康养在发达国家已形成完整产业。德国在20世纪40年代就已开始森林康养;在日本,几乎全民参与"森林浴";韩国专门建设了森林康养林。2013年,国务院出台了《关于促进健康服务业发展的若干意见》,要求各地整合绿色生态旅游资源,发展养生、体育和医疗健康旅游,为依托森林资源发展森林康养指明了方向和途径。湖南娄底因地制宜,利用当地的国有林场、森林公园及林区优势,发展森林旅游,旅游产业日趋红火。

2. 配套旅游休闲产业快速发展

位于新化县北端、总面积7623公顷的大熊山险峰如林、气势磅礴、古木参天,溪流风光秀丽如画,飞瀑层叠多姿多彩,山、水、林、寺相得益彰。园内生态农庄蓬勃发展,成为百姓避暑的好地方,人们走进连绵青山中,吃绿色食品,赏绿水青山,寄情山水流连忘返。在中阳白鹭山庄,村民开展"吃、住、游在森林"活动,三友生态农庄每天接待游客数千人。记者了解到,娄底通过绿色发展,绿了山,清了水,老百姓修建的生态农庄也如雨后春笋般涌现,带动了3.8万名村民致富。在人称"湘中苏杭"的龙湾,园内绿柳依依、翠竹绵绵,既有"小桥、流水、老屋、古树"的山村气息,又有"江风、竹影、渔歌"的水乡韵味。2014年,龙湾、水府庙共接待游客90余万人次,实现旅游收入6200多万元。游客人数和旅游收入较上年同期大幅增长。娄底全面开展生态绿化建设,"爱绿、建绿、护绿、游绿"蔚然成风。冷水江市东风村由村民以林地和资金入股成立造林专业合作社,双峰县蛇形山镇康雪林投资1500万元植树造林,涟源市古塘乡个体户自发筹资87万元在34公里的山村公路两旁种树。以打造生态森林旅游基地和知名旅游目的地为目标,绿色旅游工程在娄底正如火如荼开展着。

(资料来源:http://news.cthy.com/Allnews/26437.html)

（六）海洋旅游

海洋旅游是以海洋为旅游场所，以探险、观光、娱乐、运动、疗养为目的的旅游活动形式。海洋面积辽阔，开发潜力很大。海洋空气中含有一定数量的碘，大量的氧、碳酸钠，且灰尘极少，有利于人体健康。在海上旅行具有与陆地迥然不同的趣味，游客可在海上观看日出日落，开展划船、海水浴，以及各种体育和探险项目，如游泳、潜水、冲浪、钓鱼、驰帆、赛艇等。随着海洋旅游开发的不断深入，海洋休闲度假旅游产品的种类也在不断增加，新的海洋休闲度假产品大量涌现。海洋休闲的空间不仅局限于滨海和海岛地区，随着世界邮轮业的蓬勃发展，人们的休闲活动进一步扩大到海上、船中，休闲方式也从传统的消磨时光和康体疗养发展到海上的各种游乐性活动。

四、文化旅游产品

随着人们文化消费需求的不断释放，历史遗迹、文艺会演、民俗宗教主题公园等，各种新兴文化旅游形态日渐崛起，文化和旅游呈现出多层次、多领域的相互融合、相互促进的强劲势头，并与游客需求的转变相适应，文化旅游应运而生。文化旅游是游客通过各种形式体验、感知、了解当地文化内涵的过程，是将当地文化转化为产业的重要形式和有机载体。这是一种全新的、知识含量很高的旅游形式。世界旅游组织曾预测，到21世纪，原市场份额较大的自然风光旅游产品增长率将下降，而文化旅游将有强劲的发展势头，它将与探险旅游等成为最有吸引力的旅游产品。世界上多姿多彩的民族文化、民俗文化、宗教文化、艺术文化丰富了这样的旅游种类，形成了多种多样的文化旅游方式，如民俗旅游、艺术旅游、宗教旅游、考古旅游、修学旅游、寻根旅游等。

（一）科考旅游

科考旅游是近些年兴起的特种旅游之一，是一种高品位、高消费的旅游活动形式，是通过对旅游地深层次开发，突出其科学文化价值，以满足人们探索大自然奥秘的好奇心，提高科学知识水平的旅游形式。发掘科考旅游内涵，结合观光、休闲度假进行综合性开发是科考旅游开发的重要途径。在国外，尤其是那些历史人文资源相对贫乏的地区，依靠自然资源，着重发展自然景观科考旅游成为一些国家的必然选择，优美的自然景观、稀奇的自然现象、独特的自然资源都被囊括到科考旅游的范围之内。如美国的亚利桑那州的科罗拉多大峡谷、夏威夷火山公园、国家黄石公园，以及加拿大组织的近距离欣赏北极熊等野生动植物科考旅游，使游客在体验刺激的野外活动同时也有所收获。

【案例阅读】

"七彩云南考察网"：青少年科考旅游

2月1日，经过将近1周的行程，中国科学院（以下简称中科院）和"知乐游"共同发起的"七彩云南考察团"的首次出行圆满结束了，这是自知乐网开发青少年科学考察项目以来，第一个成功的长线考察路线，对于知乐网来讲，想必是意义重大的。知乐网当初的想法，是希望给孩子带来一种自己动手、亲临科学现场的机会以让孩子在实践中学习到知识，引起他们对科学的兴趣。知乐网希望将一种全新的青少年教育和娱乐理念传达出去，而从这次考察项目的成功来看，无疑是取得了初步的成效。

参与考察团的每一个孩子和家长都对本次活动印象深刻，在活动过程中积极地参与到了每一个实验项目中，活动结束后又纷纷登录"知乐游"的官网社区将自己的照片与感悟拿出来与其他团员交流，其中有一位家长，是小说《高阳大帝》的作者，更是在自己的博客中写了10余篇关于这次行程的游记，在其开篇的游记中，他贴出了知乐游对于本次活动的宣传，并如是写道："根据本人对于该活动的参加，我是基本认同知乐网对于该活动的评价的。希望其他家长也能够像我一样，多腾出时间陪陪孩子，伴随孩子健康成长。"他还强调说，"要说这次'知乐游'的组织者确实没有一点市侩气，生怕活动染上任何商业色彩，所以不安排到什么地方购物，游览南屏街，一是让大家看看著名的金马碧鸡牌坊，再就是让大家自己去购物，而不是强迫购物。对此，我是很佩服'知乐游'组织者的知识分子风度的。"所有这些反馈完全是参与本次活动团员自发性的反映，对于他们来讲，这次活动非常有意义。

其实，能够取得这样的效果，也与知乐网的精心策划和准备是分不开的，将第一个长线的考察项目定为云南，知乐网的工作人员也经过了长期的规划和讨论：就科学性来讲，由于云南地处边陲，污染和人造的痕迹非常少，从而使得这里保留了丰富多样的动植物资源，仅西双版纳便拥有300多万亩自然保护区，其中70万亩是保护完好的大型原始森林，更是被称为"热带动物王国"。而除了云南本身所自有的资源，这里还有昆明动物博物馆、西双版纳植物园等多处中科院下属机构，还有世界闻名的禄丰恐龙谷。云南属于高原地区，偏偏又处在低纬度亚热带，这使得原本应该很冷的地方四季如春，而其冬季受到干燥的大陆季风影响，夏季又盛行湿润的海洋季风，使得这个地方的气候十分特别，事实上云南具备7种气候特征，从而让许多动植物都可以在这个地方生存，所以这个地方所拥有的资源也异常的丰富。由于中科院同样是"知乐游"计划的发起人之一，所以中科院对于此行也给予了大力的支持，除了开放一些特别的场馆，也派出了最好的专家带领小朋友学习知识。而另一方面，知乐网并不想将考察团变成纯粹进行学习的活动，"知乐游"是一种在休闲之余进行科学考察的理念，所以这同样是一项为广大家长和青少年提供节假日放松的活动。知乐网考虑到，云南原本就是著名的旅游胜地，风景秀丽，更是保留大量少数民族原始的风土人情的地方，这些都为人们离开都市，走进自然，放松身心提供了条件，于是，所有深思熟虑和精心准备也便造就了本次出行的圆满成功。知乐网的目的，是希望给广大青少年提供一个学习实践和娱乐的平台，除此之外，就像那位爸爸说的那样："希望其他家长也能够像我一样，多腾出时间陪陪孩子，伴随孩子健康成长。"

（资料来源：吴文新. 休闲学导论［M］. 北京：北京大学出版社，2013：358-359.）

（二）修学旅游

修学旅游是旅游项目中的古老品种，历史上，游与学一直紧密结合在一起，"读万卷书，行万里路"就是经典写照。孔子以周游列国著称，他曾率领学生遍踏山川都邑，广求知识，丰富阅历，考察政风民情，宣传礼乐文化长达14年之久，堪称世界修学旅游的先师和典范。中国历代王朝都曾接待过来自欧洲、日本、俄罗斯等国人员来华修学旅游。但是"修学旅游"一词却源于日本，日本自明治维新开始鼓励修学旅行，它在教学大纲中规定，小学生每年要在本市做一次为期数天的社会学习，初中生每年要在全国做一次为期数天的社会学习，高中生每年则要在世界范围内做一次为期数天的社会学习，谓之"修学旅行"，1998年海外修学旅游学生达15万人。综合古今中外的历史实践，修学旅行的定义应该是以提高国民素质为主旨，以一定的修学资源为依托，以特定的旅游产品为载体，以个人的知识研修为目标，以旅游为表现形式的市场化的专项旅游项目。

【知识链接】

我国修学旅游发展现状

改革开放后，我国与世界各国的文化交往日益增加，作为一项有特色和有意义的专项旅游项目，修学旅游呈现出进出两旺的势头。大致有入境、出境和国内修学旅游三大类：

1. 入境修学旅游

成为我国目前最具活力和潜力的黄金旅游市场之一。(1) 资源主要集中在黄河流域和长江流域，特别是陕西、山东、河南、江苏、北京、上海等。(2) 修学旅

游品种多种多样，如苏州以寒山寺等为载体的宗教专题旅游，以吴门书画为载体的书法绘画吴文化系列游，以古典园林为载体的世界园林遗产游，以评弹昆曲为载体的传统戏曲游，以苏绣、丝绸为特色的工艺美术实践游等。此外各地还有如胡同游、书法旅游、佛学旅游、著名学府游，学者故里游等品种。(3) 修学旅游顾客以海外为主，海外修学者来自世界各地，地区以欧美、日韩为主。(4) 有组织的大规模的跨地域国内修学旅游尚未进入发展阶段。(5) 以北京和上海为先导，发展也最好。(6) 修学旅游发达的地区已经走出开发的初级阶段，从无序到有序，开始有意识地培养修学旅游品牌，各地正在努力打造修学旅游核心产品和塑造修学旅游品牌。

2. 出境修学旅游

是近年来我国修学旅游市场的热门产品和热议话题。它以中小学生为主体，目的地以英国、美国等英语国家为主，到日本、韩国、新加坡的也不在少数，多由旅行社组织和留学中介机构，以学习英语对话、感受外国高等教育等内容为卖点，目的大多为学生将来出国留学做准备，这类游学活动的营利目的性较强，因而活动本身的修学含量普遍不高，游多学少，而且费用较高，变成了贵族消费项目，难以大众化普及，背离了修学旅游的原本价值取向。

3. 国内修学旅游

随着我国教育模式由"应试教育"向"素质教育"的转变，国内修学旅游作为一种传统而现代的素质教育手段被广泛关注，正在逐渐兴起和推广。但是目前的修学旅游一是缺乏政策支持；二是修学旅游项目缺乏规划和设计；三是广度和深度远远不够。

(资料来源：http://baike.baidu.com/view/1055722.htm.)

（三）文化交流

旅游活动是一项文化活动，旅游的过程是文化交流的过程，在这个交流的过程中，各种文化互相交融，从而达到文化互补，共同促进文化繁荣。在文化旅游中，游客大多希望从旅游中轻松地获得新知识及地域性文化。文化交流之旅，为游客提供一个探索和认识旅游地的好机会，游客通过亲身接触当地的文化、大自然风光、风土民情，拓宽了见识和眼界。文化交流的过程就是旅游者对旅游资源文化内涵进行体验的过程，这也是文化交流的主要功能之一，它给人一种超然的文化感受，这种文化感受以饱含文化内涵的旅游景点为载体，体现了审美情趣激发功能、教育启示功能和民族、宗教情感寄托功能。

（四）怀旧访古

怀旧访古是指专门为寻觅古代社会风情、古代建筑、古代生活用具、古代歌舞文化、古代名人故居或墓地而开展的一种旅游活动。怀旧游是对旧时代的一种留恋体验，是时下很流行的旅游方式，包括乡村怀旧游、电影怀旧游、音乐怀旧旅游、蒸汽机车怀旧游等。在形式多样的文化旅游中，以亲身体验虽已消失但仍然留在人们记忆中的某些生活方式为主题的怀古文化旅游，是当今颇为风行的专题游览项目之一。例如，坐落在詹姆斯河与约克河间的美国古城威廉斯堡，由于完整地保存了18世纪英国殖民地时代的城镇风貌，时间仿佛倒流了200多年，从而成为美国最重要的历史名胜之一。

文化旅游是一种特殊的旅游形式，以追求并参与新奇的、深层次的文化经历为基础，包括美、知识、情感或心理体验等。其属性不仅包括文化性，还包括休闲娱乐所带来的愉悦性。例如，在茶文化旅游中，主要是通过有关茶的艺术表现形式来突出这一特征，特别是茶文化的核心——茶道，它在表演过程中，所展示出来茶的休闲、养生的文化都能使旅游者得到身心的愉悦。文化与旅游与生俱来的本质属性决定了两大产业之间密不可分，相辅相成。促进旅游与文化实现两者的互融共进，既是文化与旅游的本质属性要求，也是世界旅游发展的大趋势。

第三节　旅游休闲组织与管理

对旅游休闲产品和项目的组织与管理，同样也是关系到旅游休闲市场占有率的关键因素，本节着重从旅游休闲项目策划开发、旅游休闲项目经营管理、旅游休闲市场营销三个方面对旅游休闲项目产品的组织管理进行分析。

一、旅游休闲项目策划开发

（一）空间构成

1. 区位选址

旅游休闲项目最合适的位置是那些能够吸引各种使用者的地点，这就要求在区位选择上要涉及以下两方面的因素：

一方面，旅游休闲项目应选址在具备较大规模客源市场的区域范围内，充足的客源市场是其存在和发展的基础。作为一种非生活必需性消费支出，旅游休闲需求的产生与人们的收入水平、消费能力息息相关。此外，不同的人群由于在文化背景和生活习惯上存在较大差异，因而表现为不同的旅游休闲兴趣和习惯偏好。这些对休闲场所的选址都将产生很大的影响，在实际操作过程中需要仔细考量后选择最为合适的位置进行开发与建设。

另一方面，随着土地资源的供求矛盾日益突出，土地价格不断上涨，成为旅游休闲项目的建设成本中最为重要的一部分。对于那些商业性的旅游休闲项目而言，必须考虑到所选择的区位的土地成本和未来预期的营业收入之间的差额大小，尤其是不同的休闲活动对场地的大小有着不同的空间要求，经营者在做出选址决策时应综合考虑所要建设的旅游休闲项目的综合成本和目标定位，争取实现两者协调均衡状态下的效益最大化。

2. 功能分区

旅游休闲项目的建设，无论其体量和面积的大小，合理的功能分区都是必不可少的，决定着其未来的良性发展。

从总体上来看，要明确空间层次的等级秩序，对休闲场所范围内各类空间单元的性质、内容、规模和环境进行定位、布局、组织，力求形成一个富有等级秩序的休闲空间网络。建立一系列不同规模、不同等级的空间单元。一方面通过"宏观控制"，确定大的空间层次以适应人们对休闲共性的需求；另一方面通过"微观生成"，增加细部空间的多样化，以适应人们的个性休闲需求。使休闲空间标准化，私密空间多样化。

在空间设置上，最好能分为动态活动区和静态活动区两个活动区。动态区地面必须平坦防滑，使人们可以在此进行非私密性的健身活动。其外围最好提供绿荫和座椅，以利于活动后的休息。静态区可利用绿植、廊道、建筑外缘平台等形成休憩空间，让人们在此观望、聊天及开展其他娱乐活动。两类活动区应保持适当距离以免互相干扰，而静态区能观赏到动态区的活动，以满足"人看人"的心理需求。

（二）景观要素

1. 植物

植物是休闲场所中具有生命色彩的景观要素，植物的叶、茎、花、果实、树形都随季节显现出不同的姿态，给人们不同的视觉感受，因其外表特征而充当了景观视线中的焦点观赏功能以及限制空间、形成空间序列的建造功能。应立足当地乡土品种，积极选用品种优良、绿化效果较佳的与当地气候、土壤相适应的新品种，同时注意"乔、灌、草"及常绿树与落叶树的合理搭配，与其他要素相互配合，共同构建有时空变化的空间序列。根据周围环境，营造开敞、半开敞、私密性空间，为人们提供自然、清新的室内外休闲空间。

2. 建筑

建筑实体在城市休闲空间中，有的具有观赏功能，如雕塑等；有的具有分隔空间、为其他设计要素充当背景的功能，如围墙、栏杆等；有的具有实用功能，如座椅、广告牌等；有的兼具观赏与实用功能，如花坛座凳等。建筑实体点缀于环境中，使得空间新奇变化、饶有趣味。在道路的终点，形成对景，控制周围的空间，具有指示、休息等功能的建筑，满足人们的多种需求。休闲场所中的各式建筑加强了整个休闲空间的吸引力，使得休闲空间别有意境。

3. 水景

亲水性，反映了人们对自然的渴望。水景作为景观要素之一，在旅游休闲项目中得到了广泛运用，如广场喷泉、滨水地带、室内外水池、叠水等。在设计建造时通过在水景旁设置亲水平台及必要的防护措施，可满足人们戏水的需要。水池、叠水、喷泉等的处理手法使人们能够领略到水在自然界中的不同形态。动水、静水的设计形式可使人们感受到水的光影、声响的变化。水景营造的是可戏、可听、可赏的触觉、听觉、视觉综合感受的室内外休闲空间。

4. 道路

道路提供的是一种线性的室外休闲空间，引导人们在行走的过程中体验"步移景异"的情趣。在道路行进的视觉焦点处设置标志性建筑，可增强建筑对周围空间的控制作用。在城市道路两旁的绿化、建筑小品，丰富了街道两侧的景观，形成街道空间与周围建筑的分隔。游园内丰富多彩的园路，铺装材料的变化既可起到引导人们行进的目的，其自身也构成了变化各异的动感景观。

5. 照明

"日出而作，日落而息"是农业社会的生活方式，丰富的夜生活是工业社会城市生活的典型特征。夜间漆黑一片的城市死气沉沉，精心布置的照明系统使夜间休闲场所充满活力。照明设施在充分考虑城市整体性的前提下，将照明与美化、识别功能相结合，营造明亮绚丽、热闹非凡、丰富多彩的城市夜间休闲空间，不仅再现城市白日景观，更能提高环境质量，增强人们对空间环境的把握能力，让人们对所处环境感到安全舒适。

（三）交通系统

1. 建立系统化的步行空间

休闲场所作为公共活动空间，其发展的核心应是全力支持休闲活动的发生与展开，与休闲活动的协调融合是促成旅游休闲项目生机与活力的根本。所以，交通沿线的组织重点应是强化区域步行活动，在整体上形成一个由道路、休闲空间和建筑物构成的连续的步行系统。建立系统化的步行空间是创造积极休闲场所的必由之路。一方面，步行系统在建设中将休闲资源纳入体系中来，将大大提高休闲场所的可达性，从而便于人们接近与使用；另一方面，旅游休闲项目的建设与步道体系相结合，其自身成为步行体系中的联系体与空间节点，丰富了步行体验，二者相得益彰。

2. 架构多层次的道路体系

休闲场所内外的道路体系是贯穿整个休闲空间的核心动脉，具备多样性和层次感的立体化道路体系能有效地提高休闲场所的空间利用率，并有助于形成重点突出的空间变化节奏，为休闲者带来丰富多样的休闲体验感受。对于休闲场所内部，可以通过采用线型多样化、材质多样化的方式，结合不同层次的道路级别赋予各级道路（如主干道、次干道、辅路、支路等）良好的识别性。对于休闲场所的外部连接交通体系，可以通过将休闲场所区域内外的主要连接道路相互连接通达，构成水平与垂直、内部与外部的网络

化、立体化的连续的交通序列，将由于交通的阻隔而分散在区域中的一些公园、绿地、步行街、广场等休闲场所联系起来，成为一个完整的休闲娱乐链，促进区域生态环境和步行环境的改善，进一步加强旅游休闲项目的地位与作用。

（四）服务设施

1. 座憩设施

座憩设施包括桌、凳、座椅等。无论以何种设计观念作为出发点，都是为了形成休闲场所中最舒适且安静的角落，呈现的特征就是舒适而轻松的感觉与氛围。

2. 娱乐游戏设施

各种娱乐游戏设施是人们休闲活动的主要去处，设施完善与项目吸引人的休闲场所应该让人们情不自禁地去体验娱乐游戏之趣。包括适宜老年人、儿童、青少年等的娱乐设施，如健康步道、秋千、滑梯、爬杆、吊网等。

3. 通信文化设施

包括公用电话亭、书报亭、时钟、电子显示屏等。

4. 卫生管理设施

包括垃圾箱、饮水处、公厕、岗亭、消防栓等。

5. 其他相关设施

二、旅游休闲项目经营管理

（一）旅游休闲项目的销售管理

当旅游休闲项目进入销售环节时，必然要涉及产品价格和销售渠道问题，价格制定得合不合理、渠道选择正确与否，都将直接影响到旅游休闲项目的销售业绩，旅游休闲项目销售价格与渠道的管理是旅游休闲项目销售管理的重要组成部分，同时，对销售过程的监控与管理也是不可忽视的一个重要方面。

1. 销售价格的管理

根据市场营销的基本原理可以得知，产品的价格水平应由三个因素确定，即产品成本、竞争对手同类产品的价格以及消费者的购买能力和对产品价值的认识。其中产品成本决定最低价格、消费者的认识和购买能力决定最高价格，合理的产品价格应当在两者之间浮动。

旅游休闲企业在进行旅游休闲项目的产品定价之前，首先要综合考虑其影响因素。这些因素包括供求关系、需求弹性、成本变动、汇率变化、产品特性和国家价格政策等。

在旅游休闲项目的实际定价过程中，则务必做好几个方面的工作：第一，用成本加成定价法制定产品的基本价格；第二，对不同产品采取灵活的价格策略；第三，恰如其分地使用心理定价策略；第四，有的放矢地运用优惠价和差价。

2. 销售渠道的管理

销售渠道是指产品提供给最终消费者的途径。旅游休闲项目的销售渠道分为直接销售渠道和间接销售渠道两种，前者是指直接将产品销售给最终消费者，后者则是指企业和产品终端消费者之间介入了中间环节的销售链接系统。

目前旅游休闲项目中广泛采用直接销售渠道，因此需要加强间接销售渠道的工作。一般而言，可供旅游休闲项目的经营决策者选择的间接销售渠道策略有三种：一是广泛性销售渠道策略，即指通过批发商把旅游休闲项目广泛推广到各零售商，以便及时满足旅游休闲者需求；二是选择性销售渠道策略，即指旅游休闲项目经营商只在一定市场中选择少数几个中间商；三是专营性销售渠道策略，即指在一定时期、一定地区内只选择一家中间商。

上述任何一种销售渠道策略都不可避免地涉及中间商，对中间商的管理因而成为旅游休闲项目经营商销售渠道管理不可或缺的重要内容。对中间商的管理可通过以下几条途径：建立中间商档案、及时沟通信息、有针对性地实行优惠与奖励、适时调整中间商队伍。

3. 销售过程的管理

旅游休闲项目的销售需要经历一个复杂的过程，而且不同产品交易的销售过程也不尽相同。以旅游类的旅游休闲项目销售过程为例，其销售过程通常由四个步骤组成：首先，旅行社销售人员向旅游者提供包含线路、项目和价格等内容的产品清单，供其选择咨询；其次，通过不同方式与旅游者及旅游中间商就所选产品的细节内容进行协商，修订编制旅行日程表，并核定产品价格；再次，客人在付款购买后，向旅行社提供相关的游客信息，并由旅行社向旅游中间商确认；最后，旅行社销售人员将旅行日程表和相关资料移交给接待人员，由其落实具体的接待事宜。对于如此复杂的交易方式和过程，为了确保销售工作的顺利进行，必须坚持执行严格的销售过程管理，主要包括建立交易合同、制定科学的销售工作程序、加强对销售人员的管理等内容。

（二）旅游休闲项目的促销管理

为了提升旅游休闲项目的知名度与美誉度，促销工作是必不可少的，它也是其市场营销组合策略的基本构成要素之一。就旅游休闲项目的促销工作而言，总体目标是基础，总体预算是保障，所有的促销要素目标都必须为总体目标服务，所有促销要素预算都要受总体预算的限制；而旅游休闲项目的促销效果既是检验促销工作有效性的重要环节，也是不断提高其促销管理水平的重要途径。

1. 促销目标的确立与促销预算的制订

旅游休闲项目的促销目标就是旅游休闲项目在一定时期内，通过对各种推销要素的有机组合而达到的总体目标。旅游休闲项目的促销目标应具有一定的指导性，一般需符合以下要求：目标必须具体、准确；目标必须量化、可测定；目标必须现实可行；各促销要素目标必须协调一致。促销预算的制订是旅游休闲项目促销管理中极为重要的决

策。因为促销预算过多必然影响旅游休闲项目的利润水平，促销预算过小则会影响促销工作的展开，使销售量降低，从而影响旅游休闲项目的经济效益。因此，在制订促销预算的额度时应尽量准确，在实践中依据形势变化对理论推算进行不断的修正调整；旅游休闲项目的经营决策人员在确定促销预算时应考虑促销目标、竞争态势及可利用资金等因素。

2. 促销要素的组合与促销效果的评价

旅游休闲项目促销要素组合是指旅游休闲项目在特定促销目标和特定促销预算指导下对不同促销技巧的结合形式。在一般情况下，旅游休闲项目的促销要包括媒体广告、营销公关、销售推广、直接营销和现场转播五项，其组合既取决于旅游休闲项目的促销目标与预算，又取决于具体产品的特征和目标市场的特点，还取决于不同促销技巧的特点和适应性。评价旅游休闲项目的促销效果是发现促销工作过程中经验与不足的需要，也是其促销管理的重要环节。测定促销效果可以从销售效果和接触效果两方面来进行，销售效果以旅游休闲项目的产品销售量的增减幅度为标准，促销策略实施后产品增销的幅度越大，说明促销的销售效果越大，反之则小。衡量接触效果的指标主要有视听率、记忆度、理解度、知名度和注意度等，"度"越高，则效果越好。

（三）旅游休闲项目的接待管理

接待旅游休闲者是旅游休闲项目的主要业务，因而旅游休闲项目的接待管理应作为旅游休闲项目管理工作的重点常抓不懈。旅游休闲项目接待管理主要应做好接待人员的管理、接待过程的管理和服务质量的管理。

1. 接待人员的管理

旅游休闲项目接待人员的管理分为对现场服务人员的管理和对后勤工作人员的管理。为确保对现场服务人员的有效管理，以下三种措施是较为切实可行的：第一，加强培训与考核，确保现场服务人员的高素质与强能力；第二，实行合同管理，强化现场服务人员的责任感；第三，建立健全服务技术等级评定制度。接待服务中的后勤工作包括：制订与落实接待计划；了解与掌握旅游休闲者动态；做好与现场服务人员的配合与协调；保持与有关部门的密切联系；妥善处理旅游休闲者的合理要求和发生的问题。管理旅游休闲项目的后勤人员的主要途径有：培养工作人员的职业道德意识和协作意识；培养工作人员耐心细致度和高度负责的工作态度；督促提高工作人员的业务水平；制定严格的规章制和工作程序；搞好内部各环节的岗位责任制。

2. 接待过程的管理

旅游休闲项目中的接待过程依时间顺序可分为接待前的准备阶段、实际接待阶段和接待后的总结阶段。在这些不同阶段，旅游休闲项目的经营管理者应采取不同的措施予以控制，以达到有效管理的目的。准备阶段的管理要点包括：安排适当的接待人员；适时检查接待计划及其落实情况；必要的提示和指导下属工作人员。实际接待阶段的管理要点有：严格请示汇报制度，防患于未然；建立通畅的信息系统；对接待人员必要的抽查和监督。总结阶段的管理要点包括：建立健全旅游休闲项目接待总结制度；抽查陪同日志和接待记录；认真审查重大事件报告；慎重处理旅游休闲者的表扬和投诉。

3. 服务质量的管理

相对而言，质量管理是操作难度较大的一项工作，旅游休闲项目服务质量管理的关键在于对服务质量的评估和控制。从营销学的角度看，顾客评价服务质量时可从有形性、可靠性、反应性、保证性和移情性五个标准出发进行考虑，这些标准同时也适用于旅游休闲项目服务质量的评估。在对服务质量的控制方面，则有许多成功的旅游休闲项目在实践中不断总结出具有借鉴意义的优秀经验，如配置管理团队、建立质量信息循环反馈系统、编制质量周报、按人建档、凭分定级、引进末位淘汰竞争机制等。

（四）旅游休闲项目的财务管理

旅游休闲项目财务管理的内容包括资产管理、成本与费用管理、营业收入与利润管理。

1. 资产管理

企业资产可分为流动资产和固定资产两种，旅游休闲项目的资产管理因而也可划分为流动资产管理和固定资产管理。

旅游休闲项目流动资产管理的主要对象是货币资产和债权资产。货币资产包括现金和银行存款，其管理过程中需采取下列措施：确定旅游休闲项目的现金库存限额；严格控制现金使用范围；严格现金收支管理；加强银行存款管理。债权资产主要指应收账款。旅游休闲项目对债权资产的管理应体现在以下几个方面：制定和执行正确的信用政策；选择适当的结算方式；做好应收账款的催收工作；建立坏账准备金。

旅游休闲项目的固定资产相对其他企业来说是比较少的，其管理应从两大方面着手，即固定资产折旧的计提、固定资产修理费用与盘亏、盘盈和报废的处理。

2. 成本与费用管理

对营业成本与费用的核算、分析与控制是旅游休闲项目成本与费用管理的主要内容。核算与分析成本费用，既可以针对旅游休闲者，也可以针对业务部门在规定期限内的旅游休闲者批量，其要点是制订成本费用计划、进行对比或因素替代分析、加强信息反馈。旅游休闲项目成本费用的控制应建立在预先制定好的成本费用标准之上，在控制方式上则可以采取日常控制与检查考核相结合的形式。

3. 营业收入与利润管理

旅游休闲项目的营业收入包括综合服务费收入、专项附加费收入和单项服务收入。其业务经营特点决定了在上述这些收入中，代收代支的款项占很大的比重，因此在确认营业收入及其实现时间时，应实行权责发生制，以确保准确无误。

利润管理是旅游休闲项目财务管理的一项重要任务，其核心内容就是利润分配。由于旅游休闲项目经营体制的不同，利润的分配方式也相应有所不同。管理利润分配实质上就是严格控制经营利润在既定的政策和规则范围内实现"公平、公正、有效"的分配。

三、旅游休闲市场营销

旅游休闲市场营销的主要内容包括旅游休闲市场营销环境分析、旅游休闲市场调查与预测、旅游休闲市场细分与目标市场选择、旅游休闲市场营销策略制定、旅游休闲市场营销管理等。

(一) 旅游休闲市场营销环境分析

旅游企业的营销环境是决定旅游休闲市场营销能否成功的关键性因素之一，同时它也是动态变化的，各种变化既有可能给旅游休闲企业提供有利的市场机会，又有可能给旅游休闲企业带来不利的无形威胁。因此，分析市场营销环境可以帮助我们了解市场营销的机会和风险，进而适应市场环境，发掘市场机会，开拓新的市场。在旅游休闲企业营销战略及营销计划的制订中，营销环境分析是必不可少的一步。

(二) 旅游休闲市场调查与预测

旅游休闲市场的存在和发展是众多旅游休闲经济活动顺利进行的基本前提，也是决定旅游休闲业发展速度和规模的主要因素；旅游休闲市场信息则是旅游休闲企业进行营销决策的基础，实施和控制营销活动的依据。面对日益激烈的市场竞争，凭借各种先进的调查、预测方法和信息处理技术，及时、准确地掌握旅游休闲消费动向、竞争市场反馈等旅游休闲市场信息及其发展变化趋势，成为塑造旅游休闲企业核心竞争力的重要保证。

(三) 旅游休闲市场细分与目标市场选择

在现代旅游休闲市场上，竞争的深度和广度不断延展，竞争的内容涉及方方面面，任何一个旅游休闲企业均不可能以自身有限的资源和力量，设计各种不同的旅游休闲产品及其营销组合来全面满足各类旅游休闲者的所有旅游休闲需求。因此，越来越多的旅游休闲企业都力图在整体性的旅游休闲市场上，找准能够充分发挥自身优势的某一或某些客源市场，以最能适应这部分市场需求特征的旅游休闲产品及其营销组合为之服务。所以说，旅游休闲市场细分与目标市场选择也是旅游休闲市场营销的主要内容之一。

(四) 旅游休闲市场营销战略制定

在瞬息万变的市场环境中，为了给营销活动提供协调、有序的基础，所有的旅游休闲企业都必须对其营销目标和方针做一个全局性、长期性的规划，这便是旅游休闲企业的营销战略。营销战略是企业战略规划的重要内容，它决定着最符合企业长远目标的产品——市场的未来组合以及企业希望在潜在顾客及社会公众心目中所处的位置。因此，旅游休闲企业必须依据自身的资源条件和市场环境制定出具有前瞻性和指导性的营销战略再予以实施。

(五) 旅游休闲市场营销管理

旅游休闲企业要做好市场营销工作，就要有赖于良好的管理方针。旅游休闲市场营销管理的实质就是员工和旅游休闲者的需求管理和顾客关系管理，其内容包括对营销活动的计划、组织、执行、评价，设置高效的营销组织机构以及对营销人员的培训和管理等。

【复习思考题】

1. 旅游休闲产品开发的种类有哪些？
2. 旅游休闲产品及项目的经营管理内容有哪些？
3. 如何进行旅游休闲产品及项目策划？

【案例分析】

近年来，电视真人秀节目收视率的火爆带动了节目拍摄地景区旅游业的发展。6月1日，国内首个旅行社跨界综艺节目的游学产品——"学好中国字"中国（安阳）夏令营系列产品发布。业内人士指出，跨界融合将是旅行社未来发展的一个重要方向，但是在这其中一定要避免过度商业化，同时要打造具有鲜明特色的旅游产品，引起游客共鸣。

1. 国旅首发跨界游学产品

6月1日，中国国际旅行社总社有限公司（以下简称"国旅总社"）与中央电视台热播节目《中国汉字听写大会》制作公司北京实力电传文化发展有限公司（以下简称"实力文化"）、安阳旅游局签署三方战略协议，就2015年《中国汉字听写大会》总决赛落地录制及相关产品开发宣传合作事宜达成合作意向。根据合作协议，国旅总社将结合《中国汉字听写大会》这一品牌节目，在全国首次推出中国汉字听写主题夏令营——"学好中国字"中国（安阳）汉字夏令营系列产品。

"我们这次是一个很好的尝试，未来我们还会跟类似这样的电视节目合作，开辟其他领域的市场，包括老年市场、家庭市场，根据不同市场的细分与相关的综艺节目开展合作。"国旅总社旅游度假部总经理孙立群说道。此外，孙立群表示，在暑假期间，国旅总社有1/3的产品是针对学生和家庭出游的亲子类，游学产品在暑期占到了较大比重。

无独有偶，在旅游行业选择与综艺节目跨界合作的不仅仅是国旅总社。此前，港中旅（宁夏）沙坡头旅游景区有限责任公司就曾借助《爸爸去哪儿》节目的热播，推出了以《爸爸去哪儿》为主题的亲子互动旅游产品，产品上线后，取得了较为客观的销售业绩，是宁夏沙坡头成为宁夏旅游行业转型升级的一个典型案例。受到沙坡头《爸爸去哪

儿》旅游产品的启发，宁夏沙湖、水洞沟、中华黄河坛三景区联合互动，相继推出了宁夏旅游版《小苹果》之旅。

2. 旅游跨界综艺成营销新卖点

对于目前传统旅行社与综艺节目相结合打造系列主题产品的现象，北京交通大学旅游系主任张辉认为，旅游是要靠传播的，传统的旅行社目前更侧重于服务平台的建设，借助在社会上有一定影响力、公信力的节目，宣传推广自己的产品，却可以在一个很短的时间里产生较强的市场穿透力。跨界融合将会是旅行社未来发展的一个重要方向，不仅是与媒体合作，同时也要和交通、卫生等其他部门开展跨界合作。

作为旅行社跨界综艺节目打造系列主题产品的受益人之一，同程网西北景区负责人赵冬此前在接受媒体采访时表示，宁夏各旅游景区推出的"《爸爸去哪儿》就去沙坡头""宁夏《小苹果》之旅"等多种亲子互动主题旅游产品很受网民青睐，在同程网的销售额直线上升。赵冬认为，宁夏旅游开始从过去卖资源、卖文化、卖风景，改变为卖旅游产品，这一变化符合当今国际旅游市场发展规律。

对于旅行社跨界综艺节目从而引发新的旅游热点这一情况，北京旅游协会副秘书长刘思敏告诉《北京商报》记者："旅游是注意力经济、眼球经济，旅游跨界综艺节目不仅能够为旅游营销所用，也成为旅游产品开发的源泉。但是在旅游产品的研发上，要尽量避免让游客产生体验的项目与观看的节目不符的落差。"此外，刘思敏表示，旅游产品的跨界还有很大的市场空间，关键是跨界的双方要具有优势的资源，并在对接中实现优势互补，不然跨界合作很难达成。

3. 旅游跨界合作应避免过度商业化

尽管对于旅行社跨界综艺节目这一合作模式表示乐观，但是张辉指出，旅行社在与综艺节目的合作中一定要避免过度商业化对于旅游产品本身以及旅游目的地所产生的消极影响，过度宣传包装将会影响消费者的旅游体验。

湖南的凤凰古城、云南的丽江古城近年来的过度商业化开发一直是业内人士和媒体关注的焦点。根据凤凰县旅游局提供的数据显示，凤凰古城内有743家客栈，核心景区内有403家客栈、63家酒吧，其余各类业态的商户数千家。另据了解，凤凰古城核心区内90%的房屋全部被用作商业用途。

2014年7月，凤凰古城遭遇了300年一遇的特大暴雨，暴雨直接导致了旅游业间接损失2亿元。相关业内人士指出，凤凰县受灾损失惨重的原因除了天灾，不合理的规划及过度商业化的开发更是洪灾背后的推手，折射出传统旅游景区的转型问题。

张辉表示，在旅游产品的研发上，要与地域特色和多元文化有机结合，避免千山一景、千人一面，使游客在体验过程中引起内心的共鸣。

思考题：结合案例，分析如何在未来旅游休闲市场中进行旅游市场创意营销。

第八章

运动休闲管理

本章导读

在人们经济生活水平不断提高，精神世界不断丰富的今天，运动休闲成为人们体验时尚、追求健康、寻求欢乐的重要方式。本章以运动休闲活动的起源为切入点，进而概述了运动休闲的定义、特征及发展趋势。文章搜集和归纳了当下时兴的运动休闲产品，揭示运动休闲产品的结构与发展现状，及运动休闲的组织管理。通过运动休闲管理活动的现场管理和对当前运动休闲实践经验进行梳理与总结，力求突出运动休闲管理的实用性与创新性，使学生能够更多了解运动休闲管理活动，并学以致用，全面提升其运动休闲服务与管理的实践能力，提升学生对运动休闲活动的认识，为未来的运动休闲产业的繁荣发展奠定坚实的基础。

【学习目标】

1. 了解运动休闲活动的起源和发展，熟悉运动休闲产品；
2. 掌握运动休闲的定义和特征；
3. 把握运动休闲产业未来的发展趋势；
4. 掌握如何对运动休闲活动进行组织、维护和管理。

【导入案例】

2015第二届长三角运动休闲体验季活动在浙江浦江拉开帷幕

2015年4月25日下午，2015第二届长三角运动休闲体验季活动在浙江省浦江县拉开帷幕。浙江省体育局副局长许小月、安徽省体育局副局长甄国栋、江苏省体育局经济处处长邹亚鸣、浦江县副县长郑文红等领导出席开幕式。

2015年的体验季活动共设8站，于4月底至7月初在浙江浦江、江苏溧阳、江苏溧水、浙江三门、安徽休宁、浙江江山、江苏仪征和上海举行。

作为2015第二届长三角运动休闲体验季活动的牵头单位，近年来，浙江依托丰富的山水资源优势和优越的交通区位优势，大力发展运动休闲产业，着力把运动休闲产业打造成为浙江体育产业发展的重要增长点。许小月副局长介绍，近年来，浙江体育运动休闲产业呈现出以下特点：一是运动休闲基地不断涌现。全省已拥有国家级运动休闲示范区1个，省级运动休闲基地5个。二是运动休闲活动丰富多彩。2012年开始，先后举办三届浙江省运动休闲旅游节，同时，积极打造博览交易平台，2010年开始连续举办了五届"中国·长三角国际体育休闲用品博览会"。三是运动休闲产业集群初具规模。近年来，浙江涌现出华鹰船艇、康华船艇、泰普森帐篷、伊思佳户外运动服等一批运动休闲领域的省级体育用品制造业示范企业，并初步形成了皮划赛艇、运动摩托车、海钓用具、户外用品等一批运动休闲产业集群。四是运动休闲综合体建设稳步推进。据不完全统计，目前全省在建运动休闲综合体总投资已突破500亿元，以运动休闲为主打项目的旅游综合体占全省在建旅游综合体一半以上。

本届体验季的首站活动于4月25日至26日在浙江浦江举行。浦江县副县长郑文红介绍，浦江站主要有以下四项活动：启动仪式、罗家源溯溪活动、青龙潭河畔露营美食、马岭古道穿越。

长三角运动休闲体验季活动是长三角地区体育产业协作的重要内容，由浙江省体育局、上海市体育局、江苏省体育局和安徽省体育局共同主办，当季活动各站承办地所在县级以上人民政府具体承办，每年举办一届。（资料来源于国际在线消息 记者 王曦）

第一节　运动休闲管理概述

一、运动休闲的概念

（一）运动休闲的定义

现代意义上的运动休闲研究兴起于20世纪70年代末期的美国，之后引起各发达国家的关注，然后使许多学者把精力放在了运动休闲的研究上。改革开放后，运动休闲传入中国，随着大众休闲时代的到来，大众体育实现了由"工具"到"玩具"的本质转变，成为人们享乐的重要手段。大众体育进入了新的历史阶段——运动休闲阶段。从而也给运动休闲做了一个简单的概述。①

运动休闲是指闲暇时间里的各种体育活动，是人们在闲暇时间里用于娱乐和休闲的各种体育活动。运动休闲是以运动为手段，通过直接参与或欣赏，去达到休闲的目的，通过各种休闲的体育活动，放松身心、娱乐消遣和发展个性，满足人们在余暇时间里对生活质量的追求，对身体健康水平的改善，对新型生活方式的期盼，对精神享乐和自我超越的关注，丰富人们的文化生活，改善人际关系，促进社会和谐的重要手段。

（二）运动休闲的相关概念

运动休闲是大众休闲时代体育运动与休闲活动日益融合的结果。从20世纪70年代至今，人们对运动休闲的认识不断变化，出现了许多与运动休闲相关的概念。其中，比较重要的两个概念有休闲运动和群众体育。

1. 休闲运动

休闲运动是指在自然环境中展开的以挑战大自然，寻求冒险刺激和娱乐，满足人们远离城市生活环境，亲近自然的时代需求为目的的各种新兴活动。这种活动的根本性质就是带有休闲性质的身体锻炼，以娱乐性和放松性活动项目为主。参与的人群较多，不但有自由闲暇的时间，而且具有相对随意性。

2. 群众体育

群众体育是社会成员在余下时间中广泛开展的，以身体运动为主要方式，以提高健康水平和娱乐消遣为主要目的的，在身心健康全面发展的阶梯上不断超越自我，促进社会物质、精神文明进步的社会实践。这种活动的根本性质就是身体锻炼，时间随意而且短暂，参与人最多，可以是各种各样的各个阶层的人。

（三）运动休闲的要素

构成运动休闲的基本要素包括大众参与、身体运动、余暇时间、娱悦身心、自主选择5个方面。

1. 大众参与

运动休闲是人类社会发展到大众休闲时代之后的产物，存在于休闲广泛发展的社会背景中，离不开最广大人群的广泛参与。随着人们生活越来越富足，运动休闲活动的项目越来越多，人们参与程度也大大提高了。运动休闲产业逐渐形成体系，也更方便了人们的参与，无论男女老幼，总能找到一项适合自己的休闲活动。

2. 身体运动

身体运动是运动休闲的最基本要素，是人们实现各种休闲目的的手段与媒介，是规定这种运动性的休闲行为不同于其他静态式休闲行为的要素。无论是放松精神、娱悦心情，还是强健身体、健美体型，运动休闲最终都是通过各种身体运动的形式来实现。身

---

① 郑向，宋伟. 运动休闲概念阐述与理解 [J]. 北京体育大学学报，2008（3）.

体运动一方面可以带来外在的身体素质的改善，同时也带来内在的心灵的慰藉。

3. 余暇时间

余暇时间是人们唯一可以真正自由支配的时间，是人们进行运动休闲的必要条件之一。迫于生活和工作的压力，人们都希望有多余的时间可以自由支配，参加令人身心愉悦的休闲活动。余暇时间越多，说明人们的可支配收入越多，运动休闲产品也能得到迅速的发展。相应地，运动休闲活动也正是需要人们有余暇时间才能开展起来的。

4. 娱悦身心

娱悦身心是人们参与运动休闲活动的根本目的，是运动休闲区别于竞技/学校/军事体育的重要依据，也是其根本属性休闲属性的固有含义。通过各种娱乐性、趣味性的身体运动，运动休闲为人们带来的身心放松、愉悦精神的效果，使人们获得身体与精神的双重享受达到休闲的目的。

二、运动休闲的特征

（一）大众性

随着社会的发展，运动休闲得到了大众的认可，运动休闲的思想和实践方式迅速在全球扩展并深入人心，与运动休闲相关的商业、文化、教育等分别成了运动休闲发展的空间，越来越多的人参与其中，运动休闲发展的大众化趋势已势如破竹。

（二）自主选择性

自愿参加、自由选择是运动休闲的重要特征，是决定运动休闲的休闲属性的重要因素。区别于严肃体育在活动时间和活动内容上有较强的强制性和制度性，运动休闲则特别强调参与者的自愿性、自主性，人们有权按照自己的喜好选择活动项目、活动时间和地点。

（三）周期性

运动休闲需求会受到时间和季节的影响，从季节气候、从各参与人群的闲暇时间段（国民的带薪假期、青少年的寒暑假等）各个时期都会有不同的休闲需求。最典型的季节性休闲产品具有不可替代性。如：春天的春游，夏天的野营，秋天的摘果，冬天的滑冰等。

（四）多样时尚

运动休闲活动项目越来越具有挑战性、新颖性、潮流性，项目非常繁多，全世界因为地域文化的差别，衍生出形式多样的运动休闲活动，具备了浓郁的民族特征与趣味性，同时随着时代的进步，新型运动休闲产品也在不断推陈出新，而且越来越精细化、高端化。

三、运动休闲发展意义

中国的运动休闲产业从新中国成立以来经历从无到有到缓慢的成长,并正在以新的态势蓬勃发展,成为现代人们生活里重要的一部分。现在的休闲作为一种事业是基于促进个人身心健康发展的社会理念而发展的,将休闲活动规划成产品并进行销售、传播和管理,这便形成了休闲产业。运动作为一种重要的休闲形式早已被人们广泛实践。在中国,运动的概念曾经被竞技体育活动所替代,使人们把过多的注意力都投向竞技、金牌、为国争光等,人们坚定地认为运动就要有竞争,就要分出胜负。在社会更加开放、经济更加发展的今天,越来越多的人开始寻求竞技之外的运动方式,寻求自我运动体验,努力从运动活动中获取身心的愉悦,这使得运动的功能得到社会的再认识。在运动中体验生命的价值,实现自我挑战,这样的活动催生了休闲运动活动的流行。休闲促进社会发展和人的全面发展的朴实价值观受到人们的认识和理解,正是在这样的社会意识之下,运动休闲事业在中国逐渐形成了一个庞大的产业。因此它未来的发展模式也越来越重要,只有正确的发展模式,才能使运动休闲产业的路畅通无阻。

四、运动休闲发展趋势

(一)运动休闲产业将成为联系学校体育、健康体育与竞技体育的纽带

随着社会的发展,中国经济发展到一定阶段,健康消费和休闲消费将会成为消费主流,花钱买健康,花钱买心情会成为人们消费的导向,随着运动休闲的发展,人们对运动的核心价值有了新的认识,体育运动的社会功能归根结底是给人们的生活增添光彩,它与政治、种族等其实毫不相关。人们可以支持自己喜欢的球队或球员,而不管他属于哪个民族和国家。人们喜欢体育运动的最终行为是参与,体验运动带来的乐趣和健康益处。当大多数人都以这样的心态参加体育运动时,运动就不再是学校老师布置的任务,也不是为了健康而必须完成的功课,更不是对民族精神和政治观点的表达,这时,休闲便成了运动的终极目的,学校体育成了一种休闲教育(休闲观念、休闲能力),竞技体育成了人们休闲消费的对象,健康体育与休闲体育融合,因为休闲的结果就是促进身心健康。而所有的体育消费又都是以休闲消费的形式表现出来的。

我国学者闫万军博士认为,从体育的社会功能角度考虑,体育可以分为四大板块,即竞技体育、学校体育、健康体育、休闲体育。只有这四个板块的功能出现联合与互补的时候,体育这种社会文化现象才能够深入人心,才能真正为大众服务。然而过去的竞技体育和学校体育似乎都是相互独立的,学校体育并不注重学生兴趣的培养和行为习惯的养成。竞技体育则一味追求金牌,忽视了对运动员乃至观众的教育和影响,大众对竞技体育只是观摩,不知它能对自己的运动行为产生何种影响。现阶段这种局面已经得到明显的改善,奥运场馆的开放、明星运动员做产品代言、农民运动会的举办等现象都表示,竞技体育正在走向大众化,与休闲体育和健康体育实现全面对接。

（二）运动休闲产业将与旅游产业、文化产业乃至制造业紧密结合而快速发展

在美国，体育产业已是其国民经济中的支柱性产业，事实上这个支柱性的产业更多是指运动休闲产业，我们可以看到的是美国 NBA、职业棒球联盟等组织机构所赚取的巨额利润，但人们没有看到的是有这些竞赛所带动的体育产业的蓬勃发展。一双耐克篮球鞋，成本不足百元，但因为某个 NBA 球星穿了，其商品价值便成了几千元。大部分的竞技体育相关产品的消费者，其消费的目的不是要使自己也成为大牌球星，而是满足自己业余时间的运动爱好，也就是使自己的休闲活动更有乐趣。美国的竞技体育是赚钱机器，但如果不是大众将其视为休闲，那么它就不会有如此火爆的市场，不会吸引如此多的眼球。因此，经济学家认为，运动休闲产业的发展是体育产业化发展的标志，因为竞技体育是少数人的活动，当人们观看了竞技体育比赛后自己也产生运动的兴趣和冲动的时候，体育便成了人们生活中的明星，体育相关的产业便开始创造无限的价值。

休闲产业很大，涉及运动的休闲活动亦包罗万象，运动休闲活动可以嵌套在旅游、庆典、演出等活动中，而为这些活动生产的相关产品的企业也能积极参与其中，研究其需求，为其设计最合适的产品。因此，未来中国的运动休闲产业无疑会与旅游业、文化产业乃至制造业产生越来越紧密的联系，形成相互依赖的产业链。2008 年北京奥运会就为北京乃至全中国的旅游业注入了一剂强心剂；同样，姚明加入 NBA 也大大提升了 NBA 的电视转播权的价码，提高了收视率。姚明赴 NBA 的全过程甚至被拍成了电影。中国商界早已清醒地意识到，运动与其他产业的联合是新的、更大的商机。而事实上，政府也在积极倡导竞技体育走向市场化、商业化的道路，倡导学校体育走健康体育、快乐体育、终身体育的道路。

无论从其他国家发展的经验，还是从中国目前的发展趋势来看，中国运动休闲产业必将走向与旅游业、文化业、制造业大融合的综合发展模式。

第二节 运动休闲产品的创新开发

一、运动休闲产品的本质

国民经济中任何一个生产部门都是以生产出一定的产品来获取经济利益的，运动休闲产业也不例外，但运动休闲产业提供的产品有其特殊的一面。一般而言生产部门会加工产出某些实物，如工厂生产汽车，地里种出大白菜等，然后去市场上进行交换。但运动休闲产业生产出来的不完全是传统意义上的产品，它是以一个系统的形式提供给运动休闲参与者的综合性产品。运动休闲产品的生产和消费完全依附于运动休闲活动。

（一）从产品的提供角度看，运动休闲产品是一种服务

作为运动休闲产业经营者，运动休闲产品一般情况下是借助一定的运动休闲资源和运动休闲设施来为参与者提供满足他们在活动中所需的各种产品和服务。这就是运动休闲产品和其他一些传统产业不一样的地方，它的服务部分不是以实物的形式来表现的，这个服务不能提前生产，也不能收藏起来待价而沽。服务的生产和消费是同时进行的。例如：一个运动休闲活动项目开始时，相关人员介绍活动，或者活动规则及评判标准时，这个运动休闲产品就产生了，等他介绍完毕时，这个服务终止，产品也就完成了。虽然服务的产品没有生产出实实在在的物品，但蕴含的是无差别的劳动价值。所以从产品的提供者来说，运动休闲产品是一种服务产品。通过自身的劳动，为运动休闲活动参与者提供服务，在市场上交换获取利益。

（二）从参与者的角度来看，运动休闲产品是一种经历

作为运动休闲产品的消费者，参与的人要花费一定的时间、金钱和精力在运动休闲活动上，为的是得到一次经历的过程，一个增长见识的机会。从活动的参与者角度来看，运动休闲产品的消费是一个个单项产品组成的：例如旅游活动，参与者飞机票的预订、宾馆居住、旅游景点讲解等，但旅游者更加看重也是印象最深刻的应该是旅游作为一个整体产品消费以后的综合感受。实质上，运动休闲活动也是如此的。参与者用金钱换取的不是一个具体的实物，而是整个活动在参与后给自己带来的愉悦感受和阅历。所以构成运动休闲产品的各个单项产品和服务，在地位上是平等的。只有各个单项产品的质量都优秀，才能最终构成一次完美的，给参与者留下美好回忆的运动休闲活动。

二、运动休闲产品分类及特征

（一）健身健美类运动休闲产品

健身健美类休闲活动的内容有健美操，啦啦操，体育舞蹈，街舞，瑜伽等。用于体能训练，减肥纤体，调节机能，是带有表演性，艺术性，技巧性的有氧运动。此类休闲活动伴有以节律强劲的音乐和豪迈奔放的动作，在放松心情，休闲娱乐的同时，练就和塑造自己外在俊朗、内秀素质，充满生命力的健康形象，提高审美能力和增强审美情趣。以达到内在和外在美的统一，很好地反映运动休闲的美。在轻松愉快的环境中追求健康，体现人们对自身的尊重和人文关怀，满足人们的心理欲望和精神需求，获得生理上的快感和心理上的愉悦。目前，这种运动休闲产品最大众化，参与的人很多，尤其受女性欢迎。

1. 健美操

健美操是一项深受广大群众喜爱的、普及性极强，集体操、舞蹈、音乐、健身、娱

乐于一体的体育项目。

健美操是一种有氧运动，特征是持续一定时间的、中低程度的全身运动，主要锻炼练习者的心肺功能，是有氧耐力素质的基础。跳健美操有诸多好处，不仅能帮助我们有效地强身健体，而且还有减肥的功效，这种运动减肥方法集健美和健身于一体，特别适合女性，受到了广大女性同胞的喜爱。

2. 啦啦操

啦啦操也是一项深受广大群众喜爱的、普及性极强，集体操、舞蹈、音乐、健身、娱乐于一体的体育项目，是多人的集体项目。

啦啦操来源于早期部落社会的仪式。为激励外出打仗或打猎的战士们，他们通常会举行一种仪式，仪式中用族人欢呼、手舞足蹈的表演来鼓励战士，希望能凯旋。啦啦操是体育运动中的一个新兴项目，起源于美国，遍布美国的 NBA、橄榄球、棒球、游泳、田径、摔跤等比赛现场，至今已经有 100 多年的历史。最初为美式足球呐喊助威的活动发展到现在成为世界范围内的一项体育运动，受到全世界人民的喜爱。

3. 街舞

街舞是起源于美国，基于不同的街头文化或音乐风格而产生的多个不同种类的舞蹈的统称，最早的街舞舞种为 Locking，起源于 20 世纪 60 年代。（注：街舞的英文翻译仅有 Street Dance 这一种，Hiphop 只是其中的一种），动作是由各种走、跑、跳组合而成，并通过头、颈、肩、上肢、躯干等关节的屈伸、转动、绕环、摆振、波浪形扭动等连贯组合而成的，各个动作都有其特定的健身效果，既注意了上肢与下肢、腹部与背部、头部与躯干动作的协调，又注意了组成各环节各部分独立运动。80 年代传入中国，并逐渐作为健身活动传播开来。

4. 瑜伽

瑜伽是一个通过提升意识，帮助人类充分发挥潜能的体系。瑜伽源于古印度，是古印度六大哲学派别中的一系，探寻"梵我合一"的道理与方法。而现代人所称的瑜伽则是主要是一系列的修身养性方法。瑜伽姿势运用古老而易于掌握的技巧，改善人们生理、心理、情感和精神方面的能力，是一种达到身体、心灵与精神和谐统一的运动方式，包括调身的体位法、调息的呼吸法、调心的冥想法等，以达至身心的合一，进入无上完美的境界。

5. 有氧慢跑

有氧慢跑是一种中等强度的有氧运动，目的在以较慢或中等的节奏来跑完一段相对较长的距离，以达到热身或锻炼的目的。有氧慢跑对于保持中老年人良好的心脏功能，防止肺组织弹性衰退，预防肌肉萎缩，防治冠心病、高血压、动脉硬化等，具有积极的作用。同时也必须关注慢跑鞋等一些细节，可加速脂肪消耗达到快速的减肥目的。

（二）康乐游戏类运动休闲产品

康乐游戏休闲活动有跳绳、钓鱼、放风筝、打陀螺、轮滑、桥牌、棋盘对弈、飞镖、养鸽子等。这些活动源于古代民间游戏，历史悠久，在漫长的实践中和传承过程中经过人们不断地修改、创新和发展，才成了现在有特色的运动休闲活动项目。这类产品，最能放松身心，令人们笑容满面，可以毫无压力地参与活动，它是最传统的游戏休闲，最受一些事业有成的年轻人和孩子们的欢迎。

此活动最大的特点就是具有明显的娱乐性，在活动中尽情地玩耍，在玩耍中强身健体，陶冶情操，培育品格，开拓思维，感受身心的愉悦和体验。

1. 钓鱼

钓鱼是捕捉鱼类的一种方法，在现代，主要用于休闲娱乐。钓鱼的主要工具有钓竿、鱼饵。钓竿一般由竹子或塑料轻而有力的竿状物质制成，钓竿和鱼饵用丝线连接。一般的鱼饵可以是蚯蚓、米饭、菜叶、苍蝇、蛆等，现代有专门制作好的鱼饵出售。鱼饵可以直接挂在丝线上，但有个鱼钩会更好，对不同的鱼有特殊的专制鱼钩。同时，钓鱼也是一款社交游戏。

2. 踢毽子

踢毽子又称打鸡，是一种古老的汉族民俗体育活动之一，起源于汉代，由古代蹴鞠发展而来，盛行于南北朝和隋唐，至今已有2000多年的历史了。作为简便易行的健身活动，深受青少年儿童的喜爱，尤其是少年女子。

踢毽子是中国汉族民间传统游戏项目之一。根据史料记载和出土文物证明，它起源于中国汉代；唐宋时期开始盛行，在汉族民间流传极广，集市上还出现了专门制作出售毽子的店铺；明代开始有了正式的踢毽比赛；清代达到鼎盛时期，在毽子的制作工艺和踢法技术上，都达到空前的程度。

3. 打陀螺

陀螺是古老的汉族民俗体育游戏，流传甚广。为木质的圆锥形，上大下尖。将尖头着地，以绳绕螺身，然后旋转放开鞭绳，使陀螺旋转；或用手直接旋转陀螺，待陀螺着地，以绳抽之，使之旋转。另有鸣声陀螺和菱形陀螺，以竹木制成中空圆筒，中间贯以旋轴。圆筒体开有狭长裂口，转动时由于气流作用能发声。菱形陀螺为两头小，中间大，以绳绕螺身，使着地旋转，顺势抽绳，使螺旋转。

4. 棋弈

古代的棋弈：棋是以对弈为主，其中有互相的博弈。包括围棋、国际象棋、中国象棋、军棋、跳跳棋等。下棋不但是紧张激烈的智力竞赛，更是有利于身心健康，延年益寿的文体娱乐活动。总而言之，下棋对老年人有精神寄托、可修身养性、健脑防衰、使身心愉快等诸多好处。

5. 轮滑

轮滑是很棒的代步工具，如果选对了类型，双排轮滑和单排轮滑都是可以刷街的，有人说双排轮滑不能刷街，这非常不客观，宽轮的路面适应能力是强过窄轮的，就像山地车和公路车的关系一样，双排轮滑的代步是和长板不相伯仲的，所有轮滑鞋代步，尤其是速滑鞋的刷街性能最为实用。当然了，文化也是一种运动，一种娱乐游戏。

（三）竞赛类运动休闲产品

竞赛是体育活动的特征，从某种意义上来说，没有竞赛就没有体育。竞赛类的运动休闲活动具有竞争性、技艺性和规则性的特点，它有很大的魅力，能吸引广泛人群的参与，并通过它们展示自我，张扬个性，体现人们敢于创新、顽强拼搏、奋力争先的精神。作为运动休闲活动，竞赛并不是要比成绩，而是追求活动过程和过程中带来的心理体验，它不拘形式，活动内容随意自由，可以展示个人才华和智慧。还可以从中学习为人处世，正确处理人际关系，宣泄心中的郁闷，调整心态。

1. 传统竞技

在中国，乃至全世界，每个国家，每个民族都有传统的竞技赛，还有所有民族共同的传统竞技，比如说奥运会。它们都起源于人们的休闲娱乐活动，在现代，它们还承载着一个国家的精神和文化以及经济和政治，但它的存在是人们为了休闲娱乐。

世界性的综合运动会包括奥林匹克运动会、奥林匹克残疾人运动会、奥林匹克特殊运动会、世界大学生运动会、世界军人运动会、非洲运动会、泛美运动会、中美洲及加勒比海地区运动会、英联邦运动会、亚洲运动会、东南亚运动会、东亚运动会、中亚运动会、西亚运动会、泛阿拉伯运动会、地中海国家运动会、世界运动会。此外，奥运会还包括冬奥会、青奥会，听障奥运会严格意义上属残奥会。亚洲的综合性运动会最多。欧洲只有单项锦标赛，没有综合性的运动会。

参与此类运动的人，一般都有很专业的水平。他们都带着某种目的参与活动，满足自己需求的同时，还为自己的国家，民族或是部落赢得荣誉。此类活动是最耗时耗力、最专业、最具竞争力和最具权威的运动。

传统的竞技除了国际综合性比赛外，还有许多国家，许多民间的民间传统竞技。就中国而言：

蒙古族的那达慕大会："那达慕"是蒙古语，亦称"那雅尔（Nair）"，"慕"是蒙语的译音，意为"娱乐、游戏"，以表示丰收的喜悦之情。

"那达慕"大会是蒙古族历史悠久的传统节日，在蒙古族人民的生活中占有重要地位。每年七八月牲畜肥壮的季节举行的"那达慕"大会，是人们为了庆祝丰收而举行的文体娱乐大会。"那达慕"，蒙语的意思是娱乐或游戏。"那达慕"大会上有惊险刺激的赛马、摔跤，令人赞赏的射箭，有争强斗胜的棋艺，有引人入胜的歌舞。赛马也是大会上重要的活动之一。比赛开始，骑手们一字排开，个个扎着彩色腰带，头缠彩巾，洋溢着青春的活力。赛马的起点和终点插着各种鲜艳的彩旗，只等号角长鸣，骑手们便纷纷飞身上鞍，扬鞭策马，一时红巾飞舞，如箭矢齐发。先到达终点者，成为草原上最受人赞誉的健儿。射箭、摔跤等比赛也吸引着众多牧民。

每年农历六月初四开始的为期5天的那达慕，是蒙古族人民的盛会。那达慕大会的内容主要有摔跤、赛马、射箭、套马、下蒙古棋等民族传统项目，有的地方还有田径、拔河、篮球等体育项目。

端午的赛龙舟："龙舟竞渡"是在战国时代就已有的习俗。战国时期，人们在急鼓声中划刻成龙形的独木舟，做竞渡游戏，以娱神与乐人，此时的龙舟竞渡是祭仪中半宗教性、半娱乐性的节目。在两湖地区，祭屈原与赛龙舟是紧密相关的。可能屈原及曹娥、伍子胥等逝去后，当地人民也曾用魂舟送其灵魂归葬，故有此俗。但赛龙舟除纪念屈原之外，在各地，人们还赋予了不同的寓意。

龙船竞渡前，先要请龙、祭神。如广东龙舟，在端午节前要从水下起出，祭过在南海神庙中的南海神后，安上龙头、龙尾，再准备竞渡。并且买一对纸制小公鸡置于龙船上，认为可保佑船平安。闽、台则往妈祖庙祭拜。有的直接在河边祭龙头，杀鸡滴血于龙头之上，如四川、贵州等个别地区。

赛龙舟前会举行各种祭祀、纪念的仪式，一般都是点香烛，烧纸钱，供以鸡、米、肉、供果、粽子等。如今这些含有迷信色彩的仪式已很少见，但在过去，人们祭祀龙神庙时气氛很严肃，多祈求农业丰收、风调雨顺、去邪祟、攘灾异、事事如意，也保佑划船平安。用人们的话说，"图个吉利"，表达人们内心良好的愿望。

打腰鼓是一种历史悠久的汉族民间舞蹈。起源于中国北方。作为春节闹秧歌时表演的一个节目。据说，闻名全国的安塞腰鼓，最早还是佳县、横山等地的移民带到那里后流传开来的。打腰鼓一般是由多人组成的方队集体表演的。表演时，演员腰间斜挂小鼓，双手持鼓槌，随锣鼓、唢呐的伴奏声挥臂击鼓。其动作，时而腾挪跳跃，热烈奔放；时而轻敲慢打，柔和灵巧。其队形，时为长龙，时为方阵，变幻有序，步伐齐整。特别是年轻演员，在表演中极其投入，龙腾虎跃，充溢着阳刚之气，往往博得观众的阵阵喝彩之声。

腰鼓原流行北方，新中国成立后也在杭州流行。表演时，每人左腰挎一个尺半长之圆形小鼓，双手执系彩绸的鼓槌一对，边行进，边击鼓，有正击、顺击、倒击、胯下击等各种击鼓花样。腰鼓队可大可小，小的十多人，大的可达数百人，队伍庞大，动作齐整，花样翻新，彩绸飞舞，鼓声震天，十分壮观。现已成为各种集会上的广场集体文娱形式，也是中老年人娱乐、锻炼身体的活动。

2. **流行竞技**

当今社会最流行的运动休闲活动有 NBA 联赛、F1 方程、世界杯足球赛、S 系列联赛和 TI 国际邀请赛等。比如世界杯足球赛，或简称世界杯，亦称世界足球锦标赛。是一项国家级男子足球队之间的国际比赛，由世界足坛最高管理机构国际足球联合会（FIFA）每四年举办一次，与奥运会交替进行，自 1998 年法国世界杯起，电视转播观众人数达到 40 亿人次，远远超过奥运会，成为世界上最受欢迎的体育盛会。世界杯亦是世界足坛规模最大、水平最高的赛事。1930 年为世界杯的首届比赛，冠军是乌拉圭队；1942 年和 1946 年因为第二次世界大战而停办。

3. **新兴竞技**

随着社会的发展，各种竞技赛在不断发展、变化、创新，从传统的到流行的，然后又出新的。最近，运动休闲活动中出现了一些新的比赛：夜跑、叠人塔大赛、花样杂技等。

拿素有"岩壁芭蕾""峭壁上的艺术体操"等美称的攀岩运动来说，它是由登山运动衍生而来，20世纪50年代起源于苏联，是军队中作为一项军事训练项目而存在的。1974年列入世界比赛项目。进入20世纪80年代，以难度攀登的现代竞技攀登比赛开始兴起并引起广泛的兴趣，1985年在意大利举行了第一次难度攀登比赛。该运动富有很强的技巧性、冒险性，是极限运动中的一个重要项目，是世界上十分流行的新兴竞技休闲项目。

（四）养生保健类运动休闲产品

养生保健是中国传统思想文化的积淀，传统养生保健活动有太极拳、八段锦、气功、五禽戏等。其特点是内向含蓄，在安逸的心境和清净的环境中，身心双休，在自由自在中养生。在中国传统文化思想里，儒家和道家还有佛家都很讲究养生。"天人合一，人与自然和谐养生的理念，形神兼备，调形生息，修身养性"等，就是中国古代休闲养生追求的精神。养生保健类休闲运动是超然洒脱、颐养性情的好方法，也是中老年人热爱的运动。他们通过此类运动保持筋络畅通，防御和治疗疾病，调理呼吸系统，增强机体机能，使身心愉悦，乐观向上。

这类养生休闲活动，是当下人们比较看重的，最受老人和医生们重视。

1. 太极拳

太极拳，国家级非物质文化遗产，是以中国传统儒、道哲学中的太极、阴阳辩证理念为核心思想，集颐养性情、强身健体、技击对抗等多种功能为一体，结合易学的阴阳五行之变化，中医经络学，古代的导引术和吐纳术形成的一种内外兼修、柔和、缓慢、轻灵、刚柔相济的汉族传统拳术。

2. 八段锦

"在我国古老的导引术中，八段锦是流传最广，对导引术发展影响最大的一种。"中国近代著名书法家于右任每天下午四时，就一直坚持练习八段锦，且取得了很好的健身效果。八段锦有坐八段锦与立八段锦，北八段锦与南八段锦，文八段锦与武八段锦，少林八段锦与太极八段锦之别，在我国深受知识分子和练习者的喜爱。

3. 气功

气功是一种中国传统的保健、养生、祛病的方法。气功是以呼吸的调整、身体活动的调整和意识的调整（调息，调形，调心）为手段，以强身健体、防病治病、健身延年、开发潜能为目的的一种身心锻炼方法。

主要讲究调整自然之气和先天之气和谐的关系，中国气功中先天之气是禀赋父母、循环在人体十二经络和奇经八脉中的元真气。

气功的种类繁多，主要可分为动功和静功。动功是指以身体的活动为主的气功，如导引派以动功为主，特点是强调与意气相结合的肢体操作。而静功是指身体不动，只靠意识、呼吸的自我控制来进行的气功。大多气功方法是动静相间的。

4. 五禽戏

五禽戏是中国民间广为流传的、也是流传时间最长的健身方法之一，由五种模仿动物的动作组成，五禽戏又称"五禽操""五禽气功""百步汗戏"等。据传华佗的徒弟吴普依法锻炼，活到90多岁依然耳不聋、眼不花、牙齿完好，达到百岁高龄。

现代医学研究也证明，作为一种医疗体操，五禽戏不仅使人体的肌肉和关节得以舒展，而且有益于提高肺与心脏功能，改善心肌供氧量，提高心肌排血力，促进组织器官的正常发育。作为中国最早的具有完整功法的仿生医疗健身体操，五禽戏也是历代宫廷重视的体育运动之一。也是现代人们运动休闲活动之一。

（五）探险拓展类运动休闲产品

探险拓展类休闲活动有登山、野营、攀爬、自行车、极限运动、蹦极、漂流、徒步穿越热带雨林、定向越野、热气球运动等。内容丰富，形式独特，具有体能训练、技能训练、生存训练、心理训练、人格训练和管理训练等多方面的功能。这些运动有些来自东方，有的来自西方，受广大青少年喜爱。探险拓展类休闲活动主要在山林、野外、水上或者人们设计的特定场所进行，锻炼体能和胆量，寻求刺激和猎奇，满足探险和挑战极限的心理愿望。探险拓展类休闲活动让人们在崇山峻岭、浩瀚大海的自然环境中体验大地的壮美，天空的广阔；在悬崖峭壁，急流浪尖的险恶环境中寻找刺激，挑战极限；在山路崎岖，艰难险阻的条件下磨炼意志，超越自我。

1. 定向越野

定向越野作为一种新兴的，利用地图和指北针导航的运动，在世界各地正吸引着越来越多人参与并为之狂热。它既是一种户外休闲、娱乐运动，又是一种竞技运动。参加定向运动除需要指北针和地图外，不需要特殊的设备，是一种较为经济的运动项目。

2. 徒步穿越

徒步穿越，是指在一定区域内主要依靠徒步行走，完成由起点到终点的里程，其间可能会经历山岭、丛林、沙漠、雪原、溪流、峡谷等地貌的一种户外活动。徒步穿越对参与者的野外综合技能要求较高，它集登山、攀岩、漂流、溯溪、野外生存于一体，一般要求穿越人员必须具备良好的体能，稳定的心理素质和道德水准，以及乐于助人的团队精神。

3. 高空弹跳

高空弹跳器械主要有弹跳绳和扣环。弹跳方式分为：绑腰往前、往后跳，绑脚往前、往后空翻，绑背往前跳及花式跳法。许多影视明星也纷纷尝试。

4. 蹦极

蹦极也叫机索跳，白话叫笨猪跳，是近些年来新兴的一项非常刺激的户外休闲活动。跳跃者站在约40米以上（相当于10层楼）高度的桥梁、塔顶、高楼、吊车甚至热气球上，把一端固定的一根长长的橡皮条绑在踝关节处然后两臂伸开，双腿并拢，头朝下跳下去。绑在跳跃者踝部的橡皮条很长，足以使跳跃者在空中享受几秒钟的"自由落

体"。当人体落到离地面一定距离时,橡皮绳被拉开、绷紧、阻止人体继续下落,当到达最低点时橡皮再次弹起,人被拉起,随后,又落下,这样反复多次直到橡皮绳的弹性消失为止,这就是蹦极的全过程。蹦极也是现代冒险青年喜爱的运动休闲活动之一,在中国台湾蹦极被翻译成中文名称"高空弹跳",台湾还有专门的高空弹跳俱乐部。

5. 漂流

漂流于水上,顺水流动。漂流,曾是人类一种原始的涉水方式。漂流最初起源于因纽特人的皮船和中国的竹木筏,但那时候都是为了满足人们的生活和生存需要。漂流成为一项真正的户外运动,是在"二战"之后才开始发展起来的,一些喜欢户外活动的人尝试着把退役的充气橡皮艇作为漂流工具,逐渐演变成今天的水上漂流运动。在我国,漂流运动的起步较晚,大多数的水上漂流活动还仅仅停留在小范围的对自然河段的利用上,而真正开发出来的商业性河流资源还比较少。随着人们户外活动项目的不断拓展和技术技能的不断提高,也许在不久的将来,漂流也能作为一项竞技性的运动给人们带来更多的刺激和欢乐。

第三节 运动休闲活动组织与管理

运动休闲活动具有一定规模,可以是单一的一项活动,例如滑雪、攀岩等;也可以是一系列单一活动的组合,例如,节庆活动、体育比赛;更可以是企业或组织提供的服务,例如培训。以运动形式来划分休闲运动主要包括大型休闲运动、团体休闲运动和自主或单一休闲运动等。休闲运动并非是一种新的体育运动形式,是人们利用余暇时间为了达到休闲、健身、消遣、娱乐等多种目的进行的各种身体活动方式。为了保证运动休闲活动的有序开展,不仅需要组织者具备专业的管理技能和配备完善的各项硬件设施,也需要参与者身体力行并掌握一定的技术技能知识并有效管理自己在运动休闲活动中的各种行为。运动休闲管理显得迫切而重要。

一、运动休闲活动组织形式

运动休闲活动的实现,通常有三种组织形式:筹办竞赛式、旅游项目式和营销体验式。运动休闲产业就是通过这三种组织形式让人们参与运动休闲活动的。

(一)筹办竞赛式

竞赛式的运动休闲活动不仅能够让人们调节身心,而且能让人们获得一些荣誉,还能锻炼人们的身心素质和施展才华与技能,实现组织者的利益目标,让参与者自我完善,自我升华。最典型的即为体育竞赛。

体育竞赛是在裁判员的主持下,按统一的规则要求,组织与实施的运动员或运动队之间的竞技较量,是竞技体育与社会发生关联,并作用于社会的媒介。体育竞赛是各种体育运动项目比赛的总称。按其规模和性质，可分为：综合性运动会、单项锦标赛、等级赛、联赛、邀请赛、通讯赛、选拔赛、表演赛等。竞赛的"竞"字是指快速、勇猛地争夺和竞技，竞赛的"赛"字是指相互比较，或通过一定的形式、按照一定的要求进行较量，以决出强弱、快慢、轻重、高低和优劣等，而且还可以对胜者进行一定的褒奖。体育竞赛既是体育运动的基本属性，又是其突出特点之一。

1958年由国家体委颁布施行。中国对体育运动竞赛实行统一规划管理的制度。随着时代与人类观念的不断进步和社会与经济的持续发展，体育竞赛已演变成为今天的在高科技高投入的支撑下；在长期培养广泛选材和科学训练下；在严谨计划和周密组织下，所进行的具有强烈对抗性并具有显著观赏性的比赛活动。自然，现代体育运动比赛中，也为体育竞赛赋予了更为丰富和广泛的内涵，它要求运动员在更加充分和完善的准备与训练的基础上；要求竞赛条件必须更加符合科学理念和专项规则；要求参与双方必须在更加合乎道德规范准则和公平的原则，并要求实现其交流、宣传、激励、教化和团结人民，推动进步的多重功效。就像2008年北京奥运会和2015年云南少数民族运动会一样。

（二）旅游项目式

运动休闲活动项目的实现有一部分通过旅游项目来实现。通过旅游项目的组织，吸引人们的眼球，让人们参与到运动休闲活动中来，并同时能够获得景观观赏价值、科学价值、文化价值、游乐价值、康疗价值、体验价值。旅游项目是在一定的时间和一定的预算内到达一定的目的地旅游的预期任务。旅游项目是运动休闲产业发展的特色，也是旅游业跨越式发展的突破口。比如一些特色的旅游项目。

1. 中国民俗旅游

中国是一个多民族的国家，不同的民族有着不同的民俗文化。蒙古族的那达慕、傣族的泼水节、汉族的赛龙舟大会、清明踏青游、家庭农庄游、瑶乡歌舞游……风情万种，数不胜数。游客们既可以观看，又可以参与其中，娱悦身心。

2. 中国国粹旅游

中华民族是勤劳智慧的民族，有许多发明创造令世人惊叹。中国戏剧、中国武术、中国传统建筑、中国烹饪技术、中医中药、书法国画、茶艺、剪纸——门类众多，特色鲜明。中国宗教文化游海纳百川，兼容并蓄，形成中华民族中庸自善的思想性格。图腾崇拜、祖先崇拜、佛教、道教、儒教，在传袭的过程中，留下许多有形或无形的文化遗产，至今仍然在影响着中国人的思想。人们参与其中，既能休闲放松，又能学到知识。不管是什么，身体都在运动，都有利于身心。

3. 自然风光旅游

中国有着广袤的国土，所跨的经度和纬度广。地处热带、亚热带、温带和寒带，有着多样且优美的自然风光，有无数的名山大川。自然风光旅游资源丰富。现代人可以花时间和金钱参与徒步旅游，感受着自然风光。

4. 中国探险旅游

时下户外探险运动正成为很多人的选择。探险不仅需要生理、心理的准备，还需要团队合作精神，以及方式和线路的选择。目前国内最热的十大探险线路有：雅鲁藏布大峡谷、楼兰古国—罗布泊丝路、塔克拉玛干沙漠、高黎贡山—怒江、三峡、大海道、秦岭、茶马古道、两江源头和泸沽湖女儿国。

（三）营销体验式

营销体验也是运动休闲活动组织形式之一。体验营销是通过看、听、用、参与的手段，充分刺激和调动消费者的感官、情感、思考、行动、联想等感性因素和理性因素，重新定义、设计的一种思考方式的营销方法。通过营销体验的方式，把那些不想参与的顾客带入运动休闲活动中来，并帮助他们找到兴趣，同时带动更多的群众参与其中。这个组织方式特别适用于新开发的运动休闲活动项目上。体验式营销要求产品和服务具备一定的体验特性，顾客为获得购买和消费过程中的"体验感觉"，往往不惜花费较多的代价。此外，体验式营销能否被消费者接受，与地域差异关系密切。各个国家和地区由于风俗习惯和文化的不同，价值观念和价值评判标准也不同，评价的结果存在差异。因此，体验营销活动的安排，必然适应当地市场的风土人情，既富有新意，又符合常理。

二、运动休闲活动的组织管理

（一）对运动休闲活动的设施设备管理

运动休闲活动的开展过程中通常会使用到一些设施和设备，这些设施设备种类多样，其管理方式也就多种多样。运动休闲活动的设施设备以最佳的服务质量和经济效益为最终的目标，以最经济的设施设备寿命周期费用和最高的设施设备综合效能为直接目标，应用现代科技和科学的管理方法，通过计划、组织、指挥、协调和控制环节，对设施设备系统进行综合管理。

1. 运动休闲设施设备的分类

根据运动休闲活动开展的频率可以把运动休闲设施设备分为固定性设施和临时性设施。固定性设施设备是运动休闲活动的常用设备，在一定的周期内是不会改变的，比如建筑，或其他公共设施。这类设施设备安装在固定的地方，为人们日常生活所用。如在运动会的赛场上，有建筑、看台、篮球架、足球场、赛道等，以及与活动相对应的一些活动必备设施如水、电、灭火器等。临时性的设施设备是在某种周期性比较短的运动休闲活动中才用到或者在运动休闲活动中遇到的某种特殊需求，它并不是常设的公共设施。比如举办体操比赛或是展览会所用到的设施设备，临时建立，用完就撤。

根据运动休闲活动的用途可以把运动休闲活动设施设备分为基础设施、服务设施和游乐设施。基础设施是运动休闲活动场地拥有的一些公共设施或环境。比如绿化带、导览设施、无线网络、停车场、道路、垃圾箱、旅游厕所、安全防护设施、消防设施以及监控设施等运动休闲基础设施，甚至是设施设备的设置原则、设置方法和设置标准。服务设施是人们活动场地参加运动休闲项目过程中的所需服务过程。比如活动所需的服装服务、餐饮服务、商业服务、解说服务、引导服务等。游乐设施。是指用于经营目的，承载乘客游乐的设施，或者供大人和孩子们玩耍的设施。比如过山车、旋转木马等。

2. **运动休闲设施设备的管理**

通过建立科学的管理体系，聘用有专业技术的人才，保证所有的设备在运营期间能正常运行，对出现的故障要及时清除。以此保证所有设备正常运转，这是运动休闲活动中设施设备管理的重要内容之一。不断提供高质量的服务和设施。设施是运动休闲活动运行的载体，服务是运动休闲活动的宗旨，只有提供高质量的服务和设施，才能赢得消费者的信赖，才能使运动休闲活动项目可持续发展。同时，为了保障运动休闲目标市场的吸引力，运动休闲产业的发展要不断追求设施设备的先进性，提高市场竞争力，需对设施、设备进行更新改造。运动休闲的管理者也要高度重视相关设施设备的安全状况，定期对设施设备进行安全管理，掌握使用状况和维修状况，保障消费者的安全。此外，对设施设备的卫生管理及某些临时性的设施设备都需进行管理。

（二）对运动休闲活动的安全管理

运动休闲活动的安全管理，就是对运动休闲活动中的不安全因素进行有效的管理，降低活动过程中安全事故的发生。许多运动休闲活动存在安全隐患，比如蹦极、登山、探险等。无论是参与活动的人还是观看的人，或者是餐饮方面的，都可能发生危险。所以，对运动休闲活动的安全管理很重要。

1. **安全危机的类型**

安全危机一般包括自然灾害、公共卫生、意外事故、盗窃欺诈、资源危机、媒体危机等若干类型。

2. **安全危机产生的原因**

危机产生大多是对人为或自然灾害缺乏监控预警系统；没有完备的公共卫生体系和场地交通安全与安保制度；活动场地人流量大，承载力超限；运动休闲活动设施设备存在安全隐患；缺乏有效的人员疏通和应急措施。

3. **安全危机的防范**

为了加强对运动休闲活动的安全管理，避免安全事故的发生，以及安全事故发生后危害扩大，要按照活动开展的不同阶段分别重点采取防范措施。首先在活动开始前提前准备，检查设施，预测天气，做好应急预案；其次在运动休闲活动中进行监督提示，防止事故的来临；一旦发生了安全危机，要立刻采取相应措施解决危机。

在时间跨度上，活动危机事件管理方案应当包括危机前的防范、危机中的问题处理以及危机过后的恢复措施。

（1）危机发生前——积极防御。许多危机事件来临前都会有相应的预警，隐瞒不公开和犹豫迟疑都不是明智的选择。这时不仅要和相关政府部门保持沟通，还要在第一时

间确保与媒体和公众沟通顺畅，让媒体正确理解和报道。

同时要注意运用适度和恰当的表达方法。采用大众媒介向公众和旅游者宣讲如何防范、预防以及避险的形式。既不会造成公众和旅游者的猜疑和恐慌，又可以隐晦地提醒公众和旅游者，同时在危机来临时避免间接的损失。

（2）危机来临时——良好沟通、积极应对。危机发生时，要在第一时间通过媒体将相关信息告知公众。尊重公众的知情权，避免信息不通畅造成恐慌和谣言。相关报道需着重强调政府和地方机构如何消除危机影响、确保危机不再发生、如何处理危机造成的危害。给旅游地树立正面、积极的形象。

同时还要提高运动休闲场地附近社区居民的安全意识，让他们意识到消费者的安全会对社区将来的发展产生重大的影响。向当地居民宣传及时提醒人们注意安全，并为消费者提供力所能及的便利。

从另一方面来看，危机事件也提高了一些旅游景点的知名度，虽然这种名声未必是正面的。但潜在消费者对这些地方的兴趣，促使他们获得相关的信息。

（3）危机过后——灵活促销，促进运动休闲业恢复。危机过后一段时间，可以有组织、有目的地邀请记者重新回到受灾现场，让他们亲眼见证一下。并用正面的电视画面去消除此前的不利印象。进一步开展促销活动，恢复运动休闲产业。这时的促销讲究灵活的方式和技巧。客源地的主攻方向集中在周边地区比较好。因为那里的居民对该地区的状况比较熟悉，不易受到负面报道的影响。在运动休闲类型上主要选择爱休闲的消费者。因为有经验的消费者和经常往返某地的消费者往往最不容易被危机吓跑。促销内容的可信度至关重要。因为过度推销或在宣传材料中不恰当的表述都将犯下严重错误。不仅损失休闲地的美誉，甚至可能制造咎由自取的信任危机。

此外，重大灾害事件的纪念日，如100天、6个月、一周年、两周年等。媒体通常在这些时间回顾灾害造成的伤亡、损失等，而这些日子公众也会着重留意这些地区的实行的措施。如能够利用这些时机，充分提供积极正面的消息，可以帮助受危机影响地区吸引客源。

（三）对运动休闲活动的接待管理

接待是整个运动休闲活动中的重要部分。运动休闲活动的管理者们要重视这一环节。如果是大型的运动休闲活动项目，管理者们除了要接待观众和参与人员，还要注重接待股东、外国贵宾、传媒单位、媒体界名人、赞助商等人，接待好这些人可以提高此项活动的宣传力度，为运动休闲活动主办方树立良好的形象和荣誉，可以带来更多的益处。就像2008年北京奥运会接待的人包括60000多名运动员、教练员、官员及其他贵宾和观众。主办方要为他们的衣、食、住、行、用都做接待安排，接待管理工作重大。但如果是小型的运动休闲活动，接待的就只有参与者、观众和部分嘉宾，一天就能完成活动，接待的工作量也就小。

1. 接待步骤

首先，邀请函。在活动开始前，除了要安排群众和参与者的活动程序，还要制作邀请函。邀请函是客人对活动的第一印象，在邀请函上要表明活动主题，明确时间地点，向客人传递活动信息，激发客人参与活动的欲望。[①]

其次，是场地布置。在哪里会见客人，以什么样的形式会见他们，什么样的环境适合，桌子、椅子怎么摆放，都应该明确管理。

第三，客人抵达时做好相应的接待服务，了解客人的期许，若客人提出额外的意愿，要提供相应的便利措施，并要注意客人的需求变化，随机应对。

最后，客人离开时，要送别。客气礼貌的同时，还应该和他们寻找商机，洽谈合作。总之，接待工作很重要，做好接待管理要有相应的制度管理，规范接待程序，给客人留下一个好印象。

2. 服务安排

运动休闲活动的服务是运动休闲活动中最基础的必备服务，包括日程安排、水源服务、通信服务、电力服务、交通停车服务、安排餐饮、卫生设施服务等。

（1）日程安排。人们参与运动休闲活动，是有规则和时间安排的。通过日程安排对运动休闲活动组织进行合理的调度与配置，保证各项活动或其他安排顺利完成。

（2）餐饮服务。餐饮服务是餐饮工作人员为消费者就餐客人提供餐饮产品的一系列行为的总和。优质的餐饮服务是以一流的餐饮管理为基础的，而餐饮服务质量管理是餐饮管理体系的重要组成部分，它的目的是为宾客提供优质满意的服务，创造良好的社会效益和经济效益。如果是小型的运动休闲活动，场地周围可以允许一些餐饮服务人员准备各种食物和饮品，方便人们消费，让他们自愿购买。如果是大型的运动休闲活动，主办方要有专门的餐饮服务，提供给人们使用。

此外，餐饮服务尤其要注意餐饮服务质量控制和监督。首先，必须建立餐饮服务的标准规程。制订服务规程时，先确定服务的环节程序，再确定每个环节统一的动作、语言、时间、用具，包括对意外事件、临时要求的化解方式、方法等。管理人员的任务是执行和控制规程，特别要抓好各套规程之间的薄弱环节，用服务规程来统一各项服务工作，从而使之达到服务质量标准化、服务岗位规范化和服务工作程序化、系列化。其次，应抓好员工的培训工作。企业之间服务质量的竞争主要是员工素质的竞争，很难想象，没有经过良好训练的员工能提供高质量的服务。最后，必须收集质量信息。餐厅管理人员应该知道服务的效果如何，即宾客是否满意，从而采取改进服务、提高质量的措施。

（四）大型运动项目的运行设计管理

大型活动的运行工作，是目前国际上一个非常前沿，也非常重要的新领域，运行设

---

① 杨梅，牟红. 休闲活动策划与服务［M］. 北京大学出版社，2012：11.

计是大型活动运行工作计划编制的一个最有力的工具。现代社会，无孔不入的商业运作迫使主办方想尽办法尽可能更经济实用地来建设和利用硬件设施。也正是在这种动力的驱使下，运行设计应运而生，以求尽可能解决商业、竞技和设施之间的矛盾和问题。作为新兴的运动休闲产业，同样也离不开运行设计[①]。

1. 运行设计

顾名思义，是基于"运行"的设计，设计工作主要受限于运行的场所与空间，而着眼于如何满足运行的、对空间和场所的需要，已达成运行的任务和目标。也就是在现有场所和空间的基础上，通过运行设计尽可能寻找和创造条件，在成本、需求和设施（包含场地、空间、给排水、电力、通风、空调、设备等）之间寻求一个平衡点，顺利完成项目任务。

运行设计的成果要体现的是场馆、场地或空间的使用状态，简单地说就是在某种特定运营需求下如何科学合理地使用某个场所、空间的规划设计。运行设计一方面体现着运行团队的管理思路，另一方面又包含了设计方的科学分析成果。

运行设计的核心是服务，为运行团队服务。它是用来帮助运行团队实现其使用和管理意图的工具，为运行团队在成本、需求、设施和资源之间寻求一个平衡点。运行设计的过程也是设计单位协助运行团队理清管理思路的过程。

运行设计也可以成为项目管理的工具。运行设计对范围管理、时间管理、成本管理、质量管理、人力资源管理、沟通管理等领域均有较为明显的作用。实际上，运行设计的产生和发展也正是出于管理奥运会这样复杂庞大的项目的需要。

运行设计的概念引入我国，源于2008年北京第29届夏季奥运会和第13届残疾人奥运会的举办。在北京奥运会的筹办过程中，根据国际奥委会的要求和赛事组织运行的要求，对全部竞赛场馆与非竞赛场馆都开展了详细的运行设计工作。北京奥运会的运行设计成果作为场馆建设、场馆运行和赛事组织的工作依据，为北京奥运会"无与伦比"地成功举办起到了巨大的作用。

运行设计既可以简单，也可以复杂，这是由其所服务的对象决定的。对于国际大型赛事（如奥运会、世界杯等）、城市重大交通枢纽（如机场、火车站等）来说，项目周期长、规模大、范围广、矛盾多，运行设计就相对复杂一些，设计周期也比较长；而文艺演出、商铺、车站等规模较小的项目，设计的周期短一些，相对简单一些。但是，万变不离其宗。无论运行设计复杂或是简单，主要内容都离不开以下几个方面。

（1）空间分配。根据运行的需求，以客观条件为基础（包括环境、投资以及其他客观限制条件），划分功能空间和注册分区。

（2）流线组织。对车辆和人群的活动范围及路线做出详细、合理的安排。

（3）设施布置。根据流线组织和空间划分的成果，做出各类服务设施的系统点位布

[①] 付园园，王宁，伍孝波. 运行设计 [M]. 北京：中国林业出版社，2011.

置安排。

（4）系统配合。水、电、气、热、通信、照明、音响、公共广播等系统的设计或配合设计。

2. 运行规划

规划，即个人或组织制定的比较全面长远的发展计划，是对未来整体性、长期性、基本性问题的思考和考量，设计未来整套行动的方案。规划是融合多要素、多人士看法的某一特定领域的发展愿景。

运行规划可以分成基础设计和专项系统规划设计两个部分。在前面所提到的空间分配和流线设计属于基础设计内容，而接下来还有一系列专项系统规划设计。专项系统规划设计发生在空间分配和流线组织完成之后，主要包括：临时建筑规划设计、核心场地规划设计、物资和家具设计、临时路由系统规划设计、临时照明系统规划设计、指路标识系统规划设计和形象景观系统规划设计这七项工作内容。

（1）临时建筑规划设计。临时建筑是指为保障活动的顺利进行，在活动举办前，在永久建筑设施的基础上临时建设、活动结束后拆除的设施，是带有工程施工性质的一些临时设施的总称。临时建筑的范围比较大，种类也比较多。按使用功能划分，临时建筑可分为临时用房、临时看台、临时天桥、临时无障碍设施等。以大型体育赛事（如奥运会）为例，所涉及的临时建筑就包括多个类别，如临时看台、临时舞台、临时特殊座席（如媒体和转播座席）、临时构筑物、临时建筑以及临时地面、临时器材等。

临时建筑是永久建筑的补充和扩展。当一个活动的空间需求大于举办该活动场馆的既有容量时，就不得不通过搭设临时建筑来满足。临时建筑规划设计对于大型活动来说是必不可少的设计环节。在这个环节中不但要分析和归纳项目所需的临时建筑类别，更要对各类临时建筑进行平面布局、设施布置、资源配置以及材料、色彩和产品的选型，为后续的建设实施工作打下基础。因此，临时建筑规划设计是一项带有一定工程色彩的设计工作。

（2）核心场地规划设计。核心场地是指为了实现项目目标或无论项目使用目的最直接、最核心的区域，例如：体育赛事的比赛场地、酒店的大堂、展览馆的展厅、图书馆的阅览区、文艺演出的舞台、宗教建筑的祭拜间、小区的活动中心等。这些区域通常具有设施要求复杂、资源配置等级较高、运行规则比较严格等特点。核心场地规划设计是否成功将直接影响到该项目是否能够达到其主要运行目标。

在运行设计中，核心场地是任何项目都应重视的一个设计环节。项目发起方和设计单位都应对核心场地的硬件和软件需求都有深入的理解。核心场地设计主要包括这样几个方面：一是平面布置，即具体设施的空间布局关系，需要精确到初步设计的深度；二是物资、器材和设施的配置，这就要具体到每一个桌子、每一把椅子，并且要对资源配置提出详细的要求，例如供水、配电等。

（3）物资和器具设计。物资和器具的设计主要是对各使用空间进行内部办公器具配置。通过物资器具设计可以保证运行部门（即各业务环节）运行工作的展开，便于物流的配送和回收，同时也是空间内配电和配线（强电和弱电）设计的依据。物资和器具设计的主要内容包括物资器具的编码和空间布置。此外，在使用空间多、物流量大的项目中，物资和器具设计可以帮助运行部门建立一套物资器具数据库，对物品规格小而数量大的物流要求来说可以起到非常有利的作用。

（4）临时路由系统规划设计。对于一个在建项目来说，路由系统的规划设计内容通常与建筑设计是结合在一起的。此处所提出的临时路由系统设计主要是针对大型活动而言的设计环节。

对于一项在已建成的建筑或场地内举办的临时活动来说，临时路由系统则是一部重头戏。由于临时活动需要对既有场地进行二次布置，很可能原有的电力、电信、空调、甚至水系统都不能满足新的使用需求，这就必然需要新增临时的资源配套设施。强电和弱电系统基本上是每项活动都需要的，在很多情况下还需要增加临时给排水系统（例如奥运会竞赛场馆的电视转播综合区和餐饮综合区都要求配备上下水条件）。其中，通信及信息部分所占的比重通常是最大的，涉及的类别也比较多，这将会带来更多的临时路由方面的建设需求。需要说明的是，临时路由系统规划设计要充分考虑到实施的可行性以及建成投入使用后检查维修的便捷可行。

临时路由系统主要包括临时给排水路由、临时供配电路由、临时弱电路由等。临时弱电路由中又包括临时技术系统路由、临时电视转播路由以及临时安保技防路由。针对不同的项目情况，其运行设计中涉及的路由系统设计的深度和主要关注点也相应地有所区别。

（5）临时照明系统规划设计。对任何项目来说，照明的需求都是必不可少的。在建筑设计中，使用功能和照度需求的关系是借由相关的设计规范予以界定，也有部分需求是依照项目发起方的特定要求来确定。在场地转变使用功能或是使用功能升级时，很可能会面临原有照度不足的问题。例如体育场馆由低级别赛事升级为高级别赛事时，就有可能出现照明升级的需要。有时候可能出于电视转播照明需要或竞赛照明的需要，有时候是观众照明的需要，也有的时候是景观照明的需要，等等。

临时照明系统设计就是针对照明的临时性需求的管理，一般来说可以分成补充光源和升级光源两种情况。补充光源指原来未考虑到或是不需要设置照明的区域由于使用功能的调整需要增加光源，例如在广场中新建一处安检设施，就需要新增光源来保证其夜间的工作。升级光源指的是原来的照明照度不足以满足当前或今后使用功能的要求，需要在原有光源的基础上增加光源来满足功能要求。例如某房间被临时作为新闻发布厅使用，原有照度无法达到电视转播要求，这就需要临时照明系统来补充。

（6）指路标识系统规划设计。指路标识系统设计对各类项目来说都是必不可少的。在客流量大、空间复杂、线路层次较多的项目一般都将指路标识系统视作一个独立的设计系统来对待，并作专门的规划设计。指路标识系统主要包括指路标识、功能性标识、宣传和公益标识等。

运行设计工作中应对以上各类标识的定位、规模、形式、色彩、材质以及朝向等问题进行研究并得出结论。此项工作的水平将直接影响到运行效果。以公共服务区域内的广告系统为例，广告牌的点位布置、形式、大小、高度以及安装形式等，均应服从于运行分区与流线组织设计所体现的运行需要。通过对广告牌的合理规划，可以达到吸引注意力、配合人群流线组织的效果，并且提供通过广告牌招商及市场重组来提高广告盈利能力的可能性。

（7）形象景观系统规划设计。形象景观系统规划设计，是指通过对项目形象元素的设计开发和一体化的应用管理，创造该项目独特、完整而具有一致性的视觉形象系统。形象景观设计是具有一定艺术性要求的设计工作，它包括很多无法量化的内容，诸如文化、地域、历史、艺术特色以及人文精神和艺术精神。公众通过视觉形象的认知来了解和理解这个项目，同时也通过形象景观来吸引和鼓励公众，来辅助实现项目的目标。

形象景观设计的侧重点和深度需要根据项目的特质来区别对待。同时，形象景观的设计需要配合前面所述的其他专项系统。从设计程序和设计优先度来说，形象景观也位于上述系统之后。

3. 运行应用

运行设计的现实应用价值很大，对于临时性的活动，运行设计最重要的意义就是尽最大可能来实现"安全"二字。包括：预算在"安全"的限额内、人员在"安全"的环境中、场地在"安全"的监控下、流程在"安全"的计划下、突发事件在"安全"的预案中、活动"安全"地举办成功。此外，同样重要的是对于活动组织者来说，运行设计帮助组织者理清思路，统筹安排各项工作，对投资和运行管理都有非常大的帮助。

（1）大型活动的策划与运行。运行设计产生于奥运会的筹办实践，通过运行设计，为赛时的场馆运行及城市运行提供了最直观的空间组织方案与计划，保证了奥运会的顺利运行。这种成功实践已经充分证明，运行设计对于各种临时性大型活动的组织计划是很有效的工具。

运行设计在大型活动中的应用，主要体现在以下几个方面：

制订运行管理政策和制度；

编制运行手册，包括制订运行政策和应急预案、编制人员配备计划（即人力资源计划）、编制物流配送计划、编制每日工作日程等；

临时设施的分类、汇总、采购、实施、保障与拆除；

进行运行桌面演练和实战演练；

活动运行使用；

突发事件应急。

（2）公共设施建筑规划与设计。运行设计的根本着眼点，实际上是参与某项或临时或常规活动的人的需求和体验，这个活动可以是赛事、演出、展览、交通行为等。通过运行设计，使得活动发生的空间场所及流线安排尽可能有利于参与活动的不同人群实现各自的活动目标，且有一个方便愉快的经历。这一点，其实对于大量的公共设施来说，同样应是其规划设计所追求的目标。常规的规划设计过程，更多的着眼建筑基本功能与空间的营造。如果在规划设计的过程中引入运行设计的观念和流程，无疑有助于建筑更好地服务于公共需求，细节处理更加人性化，真正体现以人为本的理念，改善设施建成后的运行和使用效果。

【复习思考题】

1. 运动休闲项目有哪些组织形式？
2. 运动休闲设施设备管理的内容有哪些？
3. 你认为运动休闲未来有什么样的发展趋势？
4. 运行设计对运动休闲活动有什么重要意义？

【案例分析】

中国运动休闲大会在宁海落幕

2015 中国运动休闲大会在浙江宁海举行。本次大会以"运动引领时尚，休闲畅想生活"为主题，设有 2015 中国体育论坛、中国户外运动节和中国户外用品博览会三大板块。包括首届中国十佳运动休闲城市颁奖典礼、徐霞客山地马拉松宁海越野挑战赛、2015 自由式轮滑公开赛、全国休闲垂钓大赛等 10 多项活动。近年来，宁海以打造全国户外运动引领地、长三角地区体育旅游目的地为目标，体育产业增速迅猛，已初具品牌效应。（资料来源于人民网 2015 年 11 月 9 日记者薛原的报道）

思考题：
1. 根据资料分析浙江宁海的运动休闲产业发展状况
2. 请为浙江宁海的运动休闲产业发展提出建议。

第九章

文化休闲管理

【本章导读】

文化休闲产业作为一种经济产业,对国内生产总值和增加就业的作用不可忽略。同时也是提高民族文化素质和文明修养,为广大消费者提供欣赏高雅艺术的机会,提供较高层次的视听享受的有效平台,为经济发展创造良好环境的同时,还为消费公众创造了一个幸福、娱乐的环境。本章主要阐述了文化休闲基本概念,文化休闲产品、文化休闲活动的基本概念,以及休闲文化运营管理的相关知识。

【学习目标】

1. 理解文化休闲概念和特征,掌握文化休闲发展意义和趋势;
2. 理解文化休闲产品的分类,掌握文化休闲产品的开发原则;
3. 了解文化休闲活动的运营管理原则。

【导入案例】

英国国家档案馆:公众文化休闲的好去处

英国国家档案馆成立于 2003 年 4 月,它是由英国公共档案馆和皇家历史手稿委员会组建而成的。1838 年,英国公共档案馆宣布成立,当时英国颁布了《公共档案法》,从理论及法律的层面肯定了公共档案的地位,,并规定公共档案馆内的馆藏只要满 30 年均要向社会开放,为社会提供服务,这是公共档案馆发展的先驱。英国国家档案馆作为国家公共文化事业的一个重要组成部分,书籍、手稿以及珍藏品资源丰富,因而可以为不

同需求的公众服务，它在公众文化休闲方面独具匠心。

英国国家档案馆在服务内容和方式上处处透着休闲：

首先，开放时间上，英国国家档案馆馆藏真品常年免费开放，这样的时间安排有利于公众休闲。

其次，提供配套服务，打造休闲场所，在馆内专门开辟了一个公共空间，分为阅览室、展览厅、读者服务部（书店）、网吧、咖啡厅五个区域，"整体布局上偷着休闲"。这样人们在英国公共档案馆里可以休闲自在地逛书店购买相关档案编撰书籍，喜欢探寻历史真相的人们可以阅览档案原件，比如英国国家档案馆的镇馆之宝《末日审判书》《英国大宪章》《英国土地志》。

再次，运用高科技的便捷服务，在馆内和网站上提高服务质量，吸引人们观看欣赏档案。充分利用声光和视频技术、面具、鬼脸，调动人的各种感觉器官，增加档案文化的真实性和亲近性，激发人们对档案的强烈兴趣，吸引公众来档案馆休闲。英国国家数字档案馆网上设计了虚拟档案展览，《末日审判书》也在网上公布，此外还有为吸引青少年而提供的益智游戏。这样既提高了档案馆知名度，让公众有更多的机会接触档案馆，培养潜在的用户，又为利用者提供了方便，真正体现公共档案的含义，充分发挥档案馆的文化休闲功能。

最后，"三馆"结盟，资源共享，为文化休闲服务。2000年4月，英国专门设立了博物馆、图书馆和档案馆理事会，该理事会的英文简称是"Resource"，这个公共的战略性组织希望三馆为越来越多的英国公民提供高质量的实践活动，丰富公民的生活，并起到娱乐和休闲的作用。随着英国人口老龄化加剧，公众也拥有越来越多的公众休闲时间，加上电子文件的广泛发展等问题对三个部门的服务提出了挑战，因此他们加强合作，成立联盟，从文化休闲的层面审视三馆的馆藏资源，实现资源共享并致力于公共文化建设。

第一节 文化休闲概述

文化休闲，是人们为了获得精神的健康，以积极的心态去创造美好生活、丰富人生的一种活动，它体现了人们为自由地发展自我、改变生活质量而存在的价值，因而不同于一般的消费、娱乐和休养。

一、文化休闲概念

文化休闲亦可理解为文化类休闲，是把休闲与文学艺术欣赏、人文知识获取、科普教育等结合起来而形成的主题性休闲活动，是以各种文化性消遣为内容的休闲活动，如阅读、听音乐会、集邮、书法、绘画、弹琴、吟诗作赋、歌唱、参观博物馆、参与主题晚会、文艺演出与观赏等，以喜闻乐见的形式向人们潜移默化地施加科学精神和人文精神的影响，使人们在休闲中得到身体的放松和精神的升华，在轻松愉悦的知识氛围中得到心灵的净化和升华。

从文化心理学角度看，文化休闲是人格平衡发展、心态合理调整、智力健康发展、能力全面提高的重要途径。它与人们自由支配休闲时间的价值认识和知识范围相关，并反映在个人、家庭和社会群体的社会价值认同，文化素质培养、文化品位追求、文化消费倾向等方面。

从功能上看，文化休闲具有传播作用，随着现代传媒技术的发展，这种传播作用还会不断加强；文化休闲具有塑造作用，这其实是一种对人的社会化整合过程，在我国这一作用强调以社会主义精神文明为导向；文化休闲具有凝聚作用，这种对社会群体的凝聚作用不是抽象的，而是以观念、行为、活动方式为表现方式；文化休闲还具有陶冶情操的作用。

从休闲者的休闲目的看，文化休闲是为了在轻松愉悦的心境中增长知识、陶冶情操、提升文化修养。

综上所述，文化休闲是指人们在可自由支配的时间内，按照个人兴趣爱好自主选择参与或进行的以文化消遣为内容，以增长知识、陶冶情操、提升文化修养为目的的活动。

二、文化休闲特征

（一）文化休闲带有明显的价值取向性

休闲文化虽然是一种消遣活动，但却带有明显的价值取向。休闲有积极休闲，也有消极休闲；文化也分高雅文化和低俗文化，以增长知识、陶冶情操、提升文化修养的方式度过自己的一段可自由支配的时间，这种选择明显是价值取向的结果。

（二）文化休闲要求休闲者有相应的知识技能基础

文化休闲活动是在休闲中增长知识、增加见识、陶冶情操、培养兴趣的。但是，人们选择何种文化休闲活动是受到兴趣爱好影响的，同时受到知识技能基础的制约。

（三）文化休闲具有审美性

文化休闲活动并不一定要追求强刺激，却一定是追求美的感受的活动，在轻松愉悦的环境和心境中欣赏和体验各种文化艺术之美是文化休闲的魅力所在。

（四）文化休闲具有传承性

大多数文化都是传承的结果，因而大多数文化休闲也造就具有了传承性。例如戏剧、茶道、书法、秧歌舞、民歌对唱等。

（五）文化休闲具有流行性

虽然文化休闲具有传承性，但并排除在不同时代或是时期有不同文化的兴起和流行，因而带动了不同的文化休闲方式在一定区域内流行。例如清末戏曲休闲的流行，后来影视休闲的流行，现在在云南茶道、香道的流行。这因为文化休闲与人们自由支配休闲时间的价值认识和知识范围相关，这种价值取向不仅反映在个人，也会反映到家庭和社会群体，成为社会价值认同。

三、文化休闲分类

文化休闲活动内容丰富和形式多样，我们可以按照不同分类方法划分出各种类型。

按照属性划分，可分为：文学类，如文学作品阅读、吟诗作赋、书法、绘画等；文艺类，如听音乐会、弹琴、舞蹈、摄影、参观艺术展、雕塑、文艺演出等；科普类，如参观科技博览、航模制作与比赛、编程、趣味性发明等；其他知识类，如集邮、古玩、茶艺茶道、香道文化等。

按照休闲方式，可分为：欣赏体验类，如阅读、听音乐、看演出、参观博物馆等；参与体验类，如集邮、茶道香道、参加合唱团、参与文艺演出、舞蹈表演、各类主题文化活动等；亲身创作类，如吟诗作赋、书法、绘画、航模制作、摄影、雕塑等。

按照活动形式，可分为：个人文化休闲活动，如阅读、摄影、雕塑、书法、绘画等；群体文化休闲活动，如文艺演出、音乐会、合唱团等。

按照休闲发生地，可分开为：城市文化休闲；乡村文化休闲；本地文化休闲；异地文化休闲。

第二节　文化休闲产品创新开发

一、文化休闲产品创新开发的意义

一般人认为文化休闲是非商业性的活动，不存在产品供给的问题，当然也就不存在产品开发。其实这种认识是不适合于现代市场经济条件下的实际情况的。文化休闲不但需要服务，也需要消费一定的产品，能满足文化休闲消费需求的供给方其实就是文化产业。

文化休闲产品具有文化产品的所有特征，其开发与创新直接影响着文化休闲活动的开展与推进。而文化产品创新开发的核心是如何把丰富多彩的文化现象转变为一定业态，使之成为可被消费的商品。其实在人类漫长历史进程中已经形成了许多传统文化休闲业态，如戏园子、音乐会、博物馆、评书曲艺、茶室、农家乐等。不过这些只是文化的冰山一角，大多数文化并没有形成相应的业态，因而没能进入消费市场，需要通过一定途径才能被开发成可供消费的商品。

二、文化休闲产品创新开发的基本途径

（一）通过舞台艺术加工

许多民俗文学和历史文化，如果只是靠文字记载或图画影像传播，是无法成为较好的休闲产品的。但如果经过舞台艺术加工就会达到惊人的直观观赏效果和体验效果，成为极佳的业态，形成知名品牌，吸引大批休闲者前来消费，如《印象·刘三姐》《丽水金沙》《云南印象》以及藏羌歌舞等。

（二）通过建设文化主题公园

有些文化现象具有强烈的情景依赖性和即时性，有的分布区域分散，有的综合复杂，通过主题公园的建立就可以把这样一些复杂的文化现象业态化，使之成为很好的文化休闲产品。如：锦绣中华、世界之窗、傣族园等。

（三）通过建立文化创意园区

许多历史事件和历史活动都会有相应的历史遗迹，承载和叙述着历史的故事。把这些古遗址经过艺术创意打造成创意园区，废弃多年破旧不堪的工厂、仓库甚至军事基地，因为有了艺术家的进驻，便迅速华丽转身，成为用惊世骇俗也很难形容的创意艺术区，成为既有艺术文化价值又有历史纪念意义休闲产品。如上海莫干山路50号，原是一家纺织工厂所在地，现今却摇身一变，以M50招牌号召全球各地的艺术工作者聚集于此，包括瑞士香格纳画廊、法国东廊艺术、英国领事馆文化艺术处艺术家工作室、加拿大艺术景画廊等。这群充满艺术细胞的创造者，让源源不绝的灵感在老厂房内生根。还有上海创意园区、深圳华侨城创意文化园等。

（四）通过建立文化休闲俱乐部

许多文化休闲活动具有较强的知识性和技能性，需要学习和训练才能进行，或者说其休闲活动过程本身就带有学习和训练和交流，需要接受指导培训，也需要获得展示的平台。搭建这样的平台就是提供休闲的服务产品，使休闲者增长知识、陶冶情操、提升文化修养的需求得以满足。

（五）通过组织节庆文化活动

东西方节日包含着一定的风俗活动和某种纪念意义，具有很强的内聚力和广泛的包容性，一到过节，举国同庆。每一个节日都有它的历史渊源、美妙传说、独特情趣和广泛的群众基础，反映了世界各民族的传统习惯、道德风尚和宗教观念，寄托着整个民族的憧憬，是千百年来岁月长途中欢乐的盛会。

1. 春节

我国传统意义上的春节是指从腊月初八的腊祭或腊月二十三的祭灶,一直到正月十五,其中除夕和正月初一为高潮。千百年来,人们使年俗庆祝活动变得异常丰富多彩,带有浓郁的民族特色。年夜饭、守岁和拜年是春节最重要的环节。节日的热烈气氛不仅洋溢在各家各户,也充满各地的大街小巷,一些地方的街市上还有舞狮子、耍龙灯、演社火、游花市和逛庙会等习俗。

2. 蒙古族的那达慕大会

那达慕是蒙古语,即娱乐、游艺的意思。那达慕大会是草原上一年一度喜庆丰收或欢度节日的传统盛会,一般在7、8月举行。那达慕大会召开时,往日宁静的草原顿时沸腾起来,一夜之间,由蒙古包、售货帐篷及简易木板房组成了一幅整齐美丽的草原新画面。男女老少乘车骑马,身穿节日盛装从四面八方涌向大会会场。牧民们喝马奶酒、唱草原歌、吃烤全羊、弹马头琴,通宵载歌载舞,让人体验到真正的古朴热情和畅快奔放。"男儿三艺"(摔跤、射箭、骑马)和祭敖包是那达慕大会最引人注目的项目。

3. 傣族的泼水节

泼水节实为傣族的新年,傣语称为"比迈",一般在傣历6月中旬(即农历清明前后10天左右)举行,为期3~4天。泼水节的内容,除泼水外,还有赶摆、赛龙舟、浴佛、跳孔雀舞、白象舞等民俗活动,以及经贸交流等。浴佛是泼水节的重头戏。在"麦日"(即泼水节第一天),傣族男女老少就穿上节日盛装,采来鲜花、绿叶到佛寺供奉,担来清水浴佛——为佛像洗尘。浴佛完毕,集体性的相互泼水就开始了。"水花放,傣家狂","泼湿一身、幸福终身"。

4. 圣诞节

圣诞节指圣诞日(Christmas Day)或圣诞节节期(Christmas tide),即12月24日至第二年1月6日这段时间。圣诞节本是一个宗教性的节日,后来逐渐演变成一个具有民族风格的全民性的节日,是西方国家一年中最盛大的节日,可以和新年相提并论,类似我国的春节。圣诞习俗数量众多,为世人所熟悉的圣诞符号及活动包括圣诞树、圣诞老人、圣诞礼物、圣诞大餐及互赠礼物等。

5. 狂欢节

在西方社会,狂欢节是人们一年中最为欢闹的节日。节日期间,各种花车游行、乐队表演、选美比赛、化装舞会……令人眼花缭乱,目不暇接,人们纷纷涌上街头载歌载舞,纵情狂欢。英国诺丁山狂欢节、德国科隆狂欢节、意大利威尼斯狂欢节、巴西里约热内卢狂欢节是世界著名的狂欢节。而中国几乎没有这种狂欢的精神,中国给人的印象一般是沉静的,其传统节日也是沉稳有序的,如踩高跷、扭秧歌、舞龙舞狮,人们的心情总是欣赏大于宣泄。中国的传统节日体现了一种秩序感,突出了理性的作用。

【知识链接】

澳大利亚的圣诞节

澳大利亚是南半球的国家之一。每年12月底，正当西欧各国在寒风呼啸中欢度圣诞节时，澳大利亚正是热不可耐的仲夏时节。因此，在澳大利亚过圣诞节，到处可以看见光着上身、汗水淋淋的小伙子和穿超短裙的姑娘，与商店橱窗里精心布置的冬日雪景、挂满雪花的圣诞树和穿红棉袄的圣诞老人，构成澳大利亚特有的节日图景。这种酷暑和严冬景象的强烈对比，恐怕在西方国家是独一无二的。父母给子女最好的圣诞礼物，莫过于一副小水划。圣诞节弄潮是澳大利亚的一大特征。节日晚上，带着饮料到森林里举行"巴别居"野餐。吃饱喝足后，就跳起"迪斯科"或"袋鼠舞"，一直闹到深夜才结束。喝醉了的，便往草地上一躺，在如雷的鼾声中迎接圣诞老人的到来。

英国的万圣节

英国是万圣节的起源地。公元前5世纪，当时居住于爱尔兰的凯尔特人将10月31日定为夏末，象征一年的结束。凯尔特人怕成为鬼魂的目标，便于当晚熄灭家中炉火，戴上狰狞可怕的面具，并打扮成鬼怪模样一起走到街上巡游，以驱赶那些游魂野鬼。渐渐地，这些传统习俗演变成今天年轻人的庆祝活动，大家尽情地在这晚扮鬼扮马，过一个开开心心的节日。

万圣节是英国的一个传统节日，每个地方都有各自的特色活动。每年10月中下旬，伦敦的大街小巷就充满了灵异气氛。万圣节期间在伦敦塔还原了很多施刑现场，在血腥塔里人们仿佛能感受到鬼影重重。Seone是伦敦最大的夜总会，其万圣节舞会在10月31日当晚通宵狂欢。约克郡是英国著名的鬼郡。游客一定要到南部的谢菲尔德见识一下这里万圣节热闹的情景。每年万圣节那天，市中心一带的路段都会封锁，用作举办Fright Nighto这个规模冠绝全英的万圣节庆典，每年有超过4万人参与，参加者以妖魔鬼怪的可怕造型示人，并一同上街吓人，举办哗鬼闹全城的活动。此外，当日有不少活动供游客参与：猛鬼街头剧场、机动游戏、搞鬼时装表演、灵异导赏团、乐队演出、惊慌小食摊……不管你胆大胆小，都不妨来见识一下。

第三节　文化休闲活动运营管理

当前，国家把发展文化产业放在突出位置，不少地方把发展文化休闲产业作为重要

内容提到议事日程,在开发、挖掘、整合民俗、人文、自然景观、生态农业等旅游资源,推动"吃、住、行、游、购、娱"六要素互动,拉长旅游产业链条,带动相关产业发展等方面做出了规划。怎样尽快建立、完善和发展本地的文化休闲产业,打造优秀的文化休闲产品,怎样留住本地的民俗"生活流",使其发挥更大的社会效益和经济效益,本书提出以下构想和建议。

一、文化休闲产品向多样化、个性化、自然化方向转变

文化休闲产业的发展,要走出千篇一律的模式,要适应不同群体的需要,构筑多样化、个性化、自然化的格局。未来休闲产业更多的是向绿色、文化、健康、创新方向发展。所以,未来城市人的休闲活动会越来越多地向自然化、乡村化转变,休闲项目建设应尽量保持原生态;要建设环境优美、生态良好、有充分就业和创业机会的宜居城市;其次,要发展文化与艺术,要使传统文化与现代文明交相辉映,而且成为具有高度包容性、多元化的文化名城。

二、发展文化休闲产业要坚持以人为本、和谐发展

实现三个效益统一文化休闲产业同一般产业不同,有着自己的特殊性。它具有三个效益,即社会效益、经济效益和文化发展效益。发展文化休闲产业要以科学发展观为统领,要把以人为本作为出发点和落脚点,把谋求社会效益为首位,同时实现经济效益和文化发展效益。要做到三个效益相统一,实行分类指导、区别对待、分散决策、分别管理的原则。对于具有商品属性的休闲文化产品,可以用市场调节、市场运营,通过经济、法律等手段实行社会化管理。对于大众文化和弘扬优秀民族文化的产品,以及带有公益性或集体性消费的产品,政府和社会应当给予必要的资助与扶持,以保证文化休闲生产的社会效益和文化发展效益。

三、依靠科技进步,促进文化休闲产业发展

现代文化休闲产业,实际上是高科技含量的智慧产业。实现公共文化服务技术手段,加快应用高新科技、提高公共文化服务的信息化、网络化水平。积极鼓励知识创新、技术创新、管理创新和制度创新,用现代技术升级传统文化产品和服务,提升文化企业的市场竞争能力,不断推动休闲产业又好又快发展。

四、积极开展节庆、节事活动,推动文化休闲产业

节庆、节事活动本身也是一种休闲方式,一种文化休闲。所有节庆、节事活动的文化和文化休闲又是紧密联系的,大都离不开玩与吃,都是发展文化休闲产业的好机会。现代城市都很重视举办各种节事活动,世界各国都争办奥运会、世博会、世园会等大型活动。这些重大活动,很大程度上可以改善主办地城市基础建设,带动其他产业的发

展。但也要结合自身实力和特点进行综合考虑，避免盲目跟风，让一些缺乏特色和生命力的活动对城市建设、生态环境和传统文化带来负面影响。

五、创造良好的文化休闲产业发展环境

城市文化休闲产业的发展，必须有良好的运营环境。要建立正确刺激文化休闲消费的市场环境，满足不同人群的多种消费行为和消费产品的需求，加强对消费者的引导，增强其文化品位，不断提高其消费休闲文化产品和服务的水准。要建立文化休闲产业发展的市场拉动机制、运作模式和组织制度，形成公平、合理的竞争机制，促进文化休闲商品通过市场选择优胜劣汰。要加快建立多元化的文化休闲产业投融资机制，优化产业发展环境。要保护知识产权，整顿和规范文化休闲市场秩序，创造文化休闲良好环境的重要条件。只有保护好知识产权，才能促进自主创新，才能使我国丰富的、独特的、珍贵的文化休闲资源能够得到更好的开发和利用。

【知识链接】

国内部分城市文化休闲产业发展一瞥

上海：上海的文化休闲产业是城市经济发展的重要一翼，借助文化娱乐凝聚人气，营造气氛，提升内涵，创造价值，是商业经营的重要方式。上海几条重要的商业街，大多成为各具特色的主题文化休闲街，均集商厦、休闲、购物、娱乐于一体。如号称"中华第一街"的南京路已成为全天候供游客逛街休闲、购物、娱乐的步行街，那里云集了著名的华联商厦、第一百货、新世界等一批大商厦；还创建数条文化休闲街，出现显示欧陆风情的雁荡路步行休闲街、汾阳路文化街、衡山路娱乐休闲街等；又比如徐家汇商业圈，也出现文化为经济搭台，经济为文化唱戏的景象，营造了幽雅的购物环境，同时又将影院引入商场，形成休闲、购物、娱乐一体化，使多方受益。

上海文化休闲产业带的休闲活动正在尝试形成年度系列。地处海滨的金山区根据安排，5月有世界沙滩排球巡回赛、金山农民画新作展；6月有山阳龙舟赛、金山故事大赛；7月有金山石化文化节；9月有枫泾水乡婚典；10月有全国沙滩足球赛。

深圳：近年来，深圳在文化休闲产品开发上着力实施精品战略，开发了一批档次较高、特色明显、文化内涵深，在国内外具有一定影响的文化休闲产品。主要包括以深南大道、滨海大道为代表的景观大道休闲产品系列；以华侨城主题公园、大小梅沙、明斯克航母世界、野生动物园等为代表的旅游娱乐休闲产品系列；

以梧桐山、七娘山、红树林、莲花山等为代表的生态公园休闲产品系列；以大鹏所城、深圳博物馆、大芬村、大剧院、深圳书城等为代表的历史文化艺术休闲产品系列；以深圳体育馆、龙岗体育中心、观澜高尔夫球会、中航健身会等为代表的体育运动康体休闲产品系列；以高交会馆、会展中心等为代表的会议展览休闲产品系列；以人民南、东门、华强北商业圈为代表的商业购物休闲产品系列；以华强北饮食圈、盐田海鲜街、海上世界酒吧街、圣保罗夜总会等为代表的美食娱乐休闲产品系列；以龙城广场、龙华广场等为代表的社区文化广场休闲产品系列；以大鹏迎亲舞、横岗交谊舞、鹏城金秋艺术节、大剧院艺术节等为代表的民俗、节庆休闲产品系列，等等。所有这些产品铸就了深圳精彩纷呈、绚丽多姿的休闲品格。

杭州：杭州拥有古人类的文化——良渚文化；物产文化——丝绸茶叶等文化；宗教文化——东南佛国；艺术文化——飞来峰石窟等；民俗文化——西湖香市、钱江观潮等文化资源，从文化角度来看，"清水绿山、丝府茶乡、东南佛国、文物之邦"16个字高度概括了杭州的文化积淀。目前杭州已经初步形成了五大类旅游休闲场所和设施，如以宋城、杭州乐园等为代表的休闲度假类；以五大博物馆和浙江图书馆等综合性文化设施为代表的文化娱乐类；以黄龙体育中心等为代表的体育健身类；以杭州大厦和武林女装一条街为代表的都市购物类；以楼外楼和张生记等新老酒家和各类休闲吧与茶室为代表的休闲餐饮类。

长沙：文娱演艺业是长沙改革开放以来成长最为迅速的文化娱乐休闲产业。据2006年调查，全市共有大型歌厅10多家，约有178家歌舞厅，224家市属、区属电子游戏厅（室），近1000家卡拉OK厅（室）、体育休闲、保健中心（馆），以及33家二星级以上大型宾馆的综合娱乐服务中心，形成了多门类、多层次、多形式、多投资主体的文化娱乐市场。以长沙歌厅和解放路酒吧一条街为代表的娱乐业成为全国知名的文化品牌，目前全市共有歌厅、酒吧、KTV、电游等各类娱乐场所2293家，年产值达40多亿元。

台湾：2001年，台湾计划或已兴建中的休闲产业投资总金额超过4000亿元新台币，台湾"行政院经建会"规划未来将编列505亿元新台币的预算积极推动发展岛内观光产业。此外，台湾当局还实行了旅游休假补助新制度、"发展观光条例修正草案"中的业者五年免税、投资抵减等租税优惠及开放大陆人士来台观光等多项刺激休闲观光产业发展政策。根据调查显示，2001年，台湾休闲产业的产值达2372亿元新台币。如此庞大的商机使得台湾休闲产业进入竞争激烈的"战国时代"，为了能在这块市场上取得一席之地。提供休闲产品和服务的企业无不推陈出新，尽力在据点经营、商品开发、服务品质上挖空心思。有的企业还与国外的休闲企业合作，引进其先进的休闲经营方式，增强企业竞争力。如中国台湾和信集团旗下的和信休闲家就和日本最大的休闲服务集团ReloGroup跨国结盟，引进日式的休闲经营方式。

【复习思考题】

1. 文化休闲活动对人们健康生活的影响。
2. 请举出三种以上不健康、不文明、不高雅的文化休闲方式。
3. 简述文化休闲产品的开发价值。

【案例分析】

莫干山路地块在过去曾经是中国最大的民族资本家荣家、孙家等产业的聚集地。莫干山路50号春明工业园区最早是周氏家族的英商信和棉纱厂，紧邻的莫干山路120号原上海面粉厂则是由孙氏家族的阜丰机器面粉厂和荣氏家族的福新面粉厂发展而来。阜丰机器面粉厂是民族资本家在上海创办的第一家机器面粉厂。1900年由咸丰年间状元、光绪皇帝的老师孙家鼐的后辈及亲友合资白银30万两创办而来。1936年该厂还曾建一座储麦2.2万吨的自动化程度较高的圆筒仓，后成为远东规模最大、设备最新的面粉厂。福新面粉厂由荣氏兄弟在1913年创办，1914年后相继建起的第二、四、八面粉厂"雁列成一字长形……至于建筑之壮丽，规模之宏大，尤推各厂之冠"。

如今的莫干山路50号，被称作"上海的塞纳河左岸"。聚集了艺术家工作室、艺术中心以及画廊，充满现代中国艺术的创造能量。莫干山路上艺术仓库的存在体现了上海作为国际化大都市先进、文明的一面。这些苏州河沿岸的工厂仓库不仅仅是保留这座城市记忆的载体，如今，也是前卫的当代艺术的创作和发展的空间。可以说，莫干山路50号的艺术仓库实现了旧和新、历史和现代、文化和艺术的生动结合。这些艺术仓库所拥有的，不仅仅是旧城市的印迹，更重要的是，这里，孕育了新都市的符号。

现在整个园区内有包括英国、法国、意大利、瑞士、以色列、加拿大、挪威在内的11个国家和地区以及来自国内10多个省市的80余位艺术家以及画廊、平面设计、建筑师事务所、影视制作、环境艺术设计等。来莫干山路50号的艺术品购买者，有80%是外国人和外籍华人。据莫干山路50号的相关负责人介绍说，吸引更多的外来艺术机构对增强整个创意园的实力是有益的。创意园方面也希望有更多外国的画廊入住，为整个空间注入新鲜活力，打造有上海特色的艺术聚集地运行模式。

M50是莫干山路50号的简称，这里上海文化创意产业的发源地之一，也是上海时尚潮流的发源地之一。占地面积35.45亩，拥有自20世纪30年代以来各个历史时期的工业建筑41000平方米。

原为近代徽商代表人物之一周氏的家庭企业—信和纱厂。新中国成立后更名为信和棉纺厂、上海第十二毛纺织厂、上海春明粗纺厂。2002年被上海市经委命名为"上海春明都市型工业园区"；2004年被规划为上海莫干山路视觉艺术特色街区，更名为"春明艺术产业园"；2005年4月被上海市经委挂牌为上海首批创意产业聚集区之一，命名为M50创意园。

走上莫干山路便"嗅到了艺术的味道"，外墙的那些涂鸦惹得人"一直不停"地"哇哇哇"叫。再往里走，便是50号"主艺术区"——"由好几栋厂房构成"，钢铁的转折处"精巧而有动感"。一个个店铺"紧紧挨着"，"以画为主，也有雕塑"，每个角落、每面墙都"可能是一个惊喜"，都"有着自己的风格"，可以"随意参观"但"不能拍照"。"很多外国朋友"喜欢去那里。

思考题：请结合案例分析文化创意园在文化休闲中的意义及作用。

第十章

娱乐休闲管理

　　休闲娱乐产业是现代社会的产物，它发端于欧美，19世纪中叶初露端倪。进入20世纪，在生产力发展的推动下，与休闲娱乐相关的行业逐渐产生，20世纪七八十年代是发达国家休闲娱乐产业高速发展的时期。如果说劳动是在奋斗中体验人生和世界，那么休闲娱乐则是在自由和放松中体验、感悟人生和世界。在劳动之余，用已能达到的休闲娱乐方式，充分发展个性，发挥潜能，从而对人生和世界获得一种完美的、全面的心理感受。娱乐休闲产业是休闲产业的四大支柱之一。随着居民收入水平的提高和居民消费结构的变化，居民消费结构中的娱乐休闲消费占家庭、个人、社会消费的比例在不断提高，居民参加各种文化娱乐活动已越来越普遍。本章将介绍娱乐休闲的基本概念、特征、发展，娱乐休闲产品的类型和组织管理。

【学习目标】

1. 掌握娱乐休闲的含义；
2. 掌握娱乐休闲活动的分类；
3. 理解娱乐休闲活动的组织管理。

【导入案例】

2016年一季度国内电影票房屡创新高

　　文化娱乐产业发展持续受到国家重视，2016年国家层面已多次出台有利文化传媒行

业健康发展的政策。传统传媒行业今年来通过新媒体转型及不断开拓互联网新兴业务,在低迷的经济环境中成本传导能力较强,受经济周期波动影响较小,传媒总体盈利水平相对稳定。随着居民娱乐性消费支出的不断增长,成本相对低廉的娱乐消费将获得大幅增长。2015年传媒行业公司多数实现正增长,其中新文化预计净利润增幅超过100%,万达院线、华谊兄弟、光线传媒等也有较大增幅。

内地电影市场2016年2月全国票房68.70亿元,同比增长67.19%,环比增长78.35%;观影人次1.93亿,同比增长75.45%,环比增长64.96%;放映595万场,较去年同期增加196万场,同比增长49.12%,环比增长10.80%。2月场均人次32人,同比增长4人次,环比增加10人次。

第一节　娱乐休闲概述

随着社会经济的发展,我国城市居民的可自由支配收入和闲暇时间不断增加,与此同时人们的身心压力也由于生活节奏的加快而增大。因此,出于对享受时间、放松身心等目的的考虑,人们的娱乐休闲需求越来越强烈,各种各样的休闲场所应运而生。

一、娱乐休闲概念

娱乐的英文是recreation,它来源于拉丁语recretio,是"创造新的"或"变成新的",甚至是"恢复和再生产"的意思。1942年,弗兰克·布洛克(Frank Brock)将娱乐界定为积极而愉悦地使用休闲时间。1960年,纳什认为,娱乐是一种人们借以满足内心驱动之表现需求的工具或手段。1980年,陈水源认为,娱乐是日常生活上消除精神和体力上疲劳的一种休闲活动。1993年,欧圣荣认为,娱乐是人们在休闲时间或自由时间为满足个人需要和欲望,依据自由意愿所选择从事的活动或追求的体验。约翰·赫彻恩斯尔(John Hutchinsor)认为,娱乐是一种有价值的、社会上认可的休闲经历,该经历能对自愿参与一种活动的人们提供即时的和长期的满足。马特思(Martin)和厄斯特尔(Esther)则认为,娱乐是在闲暇时追求的(身体)活动,它是自由的和愉悦的,有其自身的吸收力。

综上所述,本书认为,娱乐休闲是人们在闲暇时间内从事的可以能消除疲劳并在生理和心理都获得满足、愉悦的休闲行为。它是最主要的休闲活动,无论是个人还是集体参与,它都能使人感到轻松和愉快。习惯上,我们认为娱乐是工作的反义词。娱乐过后,一个人重新变得生机勃勃和充满活力。人必须工作,而后疲倦,于是去娱乐,使自己能重新投入工作。无论是从意义上还是从功能上看,娱乐都依赖于工作而存在。

二、娱乐休闲特征

娱乐休闲活动在居民日常生活中扮演着越来越重要的作用,其活动范围越来越广,尤其在经济高度发达的社会，娱乐具有劳动精力再生产的特性。娱乐是休闲活动的特征，是人的一种需求，满足这种需求是为了达到快乐的结果。总的来说，娱乐休闲具有以下特征：

（一）身心愉悦性

娱乐的结果会对人的精神具有重要的影响，那就是使人在情绪上感到一种快乐。经过了一定的娱乐活动后，人便会产生愉悦、舒适、兴奋的感觉，便会获得一定的精神享受，从而有益于身心健康，而且可以激发人们的才能，锻炼人们的观察力、想象力和创造力，启迪人们的智慧。休闲娱乐产品以恢复发展人们身心健康为目的，其中或针对人们身体健康需要，如体育健身产品、保健疗养产品，或针对人们心理或精神健康需要，如旅游休闲产品、文化休闲产品，可以促进人们体力、精神上的恢复、康复，具有休闲功能。

（二）内容丰富性

自古以来，人们在各种生产活动实践中创造了丰富多彩的娱乐生活形式。一是为生存的娱乐，也就是为培养再生产的娱乐，即满足饮食、消化、休息、睡眠等生理方面的要求；二是未来寻求体力刺激的娱乐，有散步、远足、跳跃、角力、舞蹈、击剑、骑马、球类、运动技能等；三是认识过程中的娱乐，或者叫作有关精神感受性的娱乐活动，有思考、鉴赏、作诗、绘画、读书、演奏、静观等。同一种娱乐活动，由于时代、地域、民族、主体的不同，也会呈现出不同的特色。

（三）规则制约性

娱乐活动虽然是人们处于一种为了满足生理的运动欲的需要而产生的本能性的玩耍活动，有一定的随意性，但总的来说还是受一定规则制约。绝大部分娱乐活动都必须在一种事先规定的规则中进行，这是娱乐活动的一个非常重要的特征。当然，也有些娱乐活动，如登高、徒步等户外运动带有较强的随意性，但仍含有一定的潜在规则。

（四）价值取向性

娱乐虽然是人的一种本能活动，但又有着重要的传统文化性。不同阶层、不同群体的娱乐生活存在着明显的差别，重要表现为人在进行活动的时候，已经把自己的主观精神和价值取向融入娱乐之中。不同的娱乐主体，往往按照自己的目的、要求再设计和从事娱乐活动。由此，娱乐活动也是一种人的本质力量的体现，被刻上了人类文化学的烙印，具有重要的文化意义。

（五）时尚性或潮流性

休闲娱乐业属于时尚或潮流产品，生命周期短、弹性系数大，需要把握市场需求变化，经常调整经营战略、策略。娱乐休闲活动具有鲜明的时代特征，其内容与表现形式

凝聚着时代发展的价值、观念和意识流。代表着当时的社会文化特质，尤其代表了流行文化、通俗文化或民间文化。能够影响着消费者的思想观念和行为方式。

娱乐休闲文化的这些特点在很大程度上受到一定时期的社会特殊条件和社会历史环境影响，如人文背景、自然环境、民族文化、宗教文化、民间习俗等因素，但同时也受到当时经济水准、法制规范、科技规范、科技进步、国际交流等因素的影响，因而也表现出民族性、时代性、风俗性、地域性、交融性等诸多特色。同时，由于休闲娱乐业属于经营性非公益性行业，主要以产业化运作而非事业化、社会化运作为主，靠私人资本投资促进发展。政府与社会的作用主要是加强行政性管理与自律性管理，强化运营安全管理、公共治安管理、事故危机管理，特别是防止黄、赌、毒等地下经济出现。

三、娱乐休闲分类

娱乐是人的本性，自古就有。然而，随着时代的发展"娱乐"一词不仅仅只有当初的意思，它所包含的因素非常广泛，凡是能让人感到轻松有趣、快乐、休闲的一切现象和活动都可以统称为娱乐。而娱乐业是指为娱乐活动提供的场所和业务，以及娱乐场所为顾客进行娱乐活动提供的饮食及其他各种服务的总和。关于娱乐产业的分类，目前尚未有权威性的划分标准。

现代人的智慧，已经发展到相当高的水平。对于如何策划好娱乐生活，无论是从理论上还是实践上，从内容上还是形式上，都已经到了非凡的程度。仅从形式上说，就已经是名目繁多，花样翻新，令人眼花缭乱，举不胜举。

运动型，如下棋、打牌、登山、玩球、游泳、溜冰、冲浪、滑翔、围猎、航模、潜水、航天等。

观赏型，如看展览、看表演、看影视、赏山水、赏花鸟鱼虫、赏工艺设计、观奇物异景等。

竞技型，如摔跤、拳击、赛车、飞镖、竞马、比武、赛球等。

健美型，如体型运动、器械锻炼、康乐舞、迪斯科、跑步、体操、桑拿、按摩等。

消遣型，如泡酒吧、坐茶馆、逛公园、听评书、垂钓、野炊、斗鸡、飞鸽、电动玩具等。

刺激型，如博彩、探险、蹦极、斗牛、攀岩、空中飞车、水上飞艇等。

交际型，如交谊舞、联欢会、网上聊天、结伴出游、家庭舞会、休闲沙龙等。

综合型，如家庭影院、文艺赏析、电脑上网、旅游探幽等。

第二节 娱乐休闲产品创新开发

随着社会的发展，人们对生活品质的追求不断提高。人们对娱乐方式的需求也是日新月异，务求新奇，这也促使中国的娱乐行业以前所未有的速度蓬勃发展。

一、休闲娱乐产品主要类型

（一）运动保健型娱乐休闲产品

运动保健型项目是在室内休闲娱乐提出之后被首先引入到这个行业中的，这与人们越来越关注健康有着密切关系，也因此而使得运动保健型项目成了休闲娱乐的主要组成部分。休闲娱乐项目加盟娱乐项目的主要特点是以健身为主，其活动项目主要包括各种球类（乒乓球、保龄球、壁球、沙弧球、台球）、游泳池、健身房、桑拿、洗浴、美容美发、足道按摩、水疗 SPA 等。

（二）游乐刺激型娱乐休闲产品

游乐刺激型项目的主要特点是刺激并富有挑战性，能够满足人们释放情绪的需要，其主要娱乐方式包括酒吧、夜总会、量贩式 KTV、舞厅、电子游戏室、激光靶场、激光狩猎、游戏大炮、射箭、室内水上游乐中心等。

（三）文化休闲型娱乐休闲产品

文化休闲型项目主要是针对具有一定文化品位的群体而设置，因此整体环境氛围设计要求相对安静、闲适、文化气息浓厚，其主要活动内容包括书吧、茶馆、水吧、咖啡厅、棋牌室、麻将厅、陶吧、工艺自助吧、网吧、玩具吧等。

（四）观赏体验型娱乐休闲产品

观赏体验型项目是以影视播映、歌舞文艺表演及其他表演等视听欣赏为主的休闲娱乐项目，主要休闲方式包括在酒店设立影视厅，播放诸如环幕电影、动感电影、水幕电影等；音乐厅；剧院等。

二、主要的大型综合娱乐休闲产品开发

（一）游乐园

游乐园是一种综合的娱乐场所，多建在人口稠密的大都市附近。园中的游乐项目多种多样，如原始社会模拟型、未来世界幻想型、大型惊险项目、智力比赛项目、经典射击等。有的游乐园项目齐全，有的以一个或数个项目为主。游乐场中有很多深受人们喜爱的游乐项目及设备，是人们在工作之余、闲暇时光中释放压力、感受刺激的好去处。

最受全世界人们欢迎的游乐园当属迪士尼乐园，不同主题园区内则有不同游乐设施。截至 2015 年年底，迪士尼大家庭已拥有六个世界顶级的家庭度假目的地：加州迪士尼乐园度假区，奥兰多华特迪士尼世界度假区，东京迪士尼乐园度假区，巴黎迪士尼乐园度假区，香港迪士尼乐园度假区，上海迪士尼度假区。香港迪士尼乐园位于香港新界

大屿山，是全球第五座、亚洲第二座，中国第一座迪士尼乐园。乐园分为美国小镇大街、探险世界、幻想世界、明日世界等七个主题园区。上海迪士尼乐园于2016年6月16日正式开园，是中国大陆第一个、亚洲第三个，世界第六个迪士尼主题公园，乐园拥有七大主题园区、两座主题酒店和一座地铁站。

主题乐园也是备受人们喜爱的游乐场所，它在特定游憩主题的园区中，供人们充分地享受游乐、休闲带来的轻松、刺激和愉悦。主题乐园的开发建设需要预先进行主题策划，乐园的场馆、设施、活动、表演、气氛、景观、附属设施、商品等都是以此主题为概念而塑造的，使这些相关的配合元素都能在此主题的中心思想下统一，形成一个有特定主题统领的游乐园。深圳欢乐谷、西双版纳万达主题乐园、苏州乐园同属主题乐园中的杰出代表。深圳欢乐谷是华侨城集团新一代大型主题乐园，首批国家AAAAA级旅游景区，融参与性、观赏性、娱乐性、趣味性于一体，共有九大西班牙广场、魔幻城堡、冒险山等主题区，100多个老少皆宜、丰富多彩的游乐项目，众多从美国、荷兰、德国等国家引入全国乃至亚洲独有的项目带给人们丰富多彩的娱乐休闲享受。

除此之外，大型游乐场还有环球嘉年华这样的全球巡回游乐活动品牌。作为世界上最大型的巡回移动式游乐场，环球嘉年华的运营形式不同于迪士尼和环球影城，它的场地一般是向当地政府租借，而不是在固定场地上长期进行，使用期限即为活动时间（1~2个月），是一种集巡回性、多元性、自主性、互动性为一体的娱乐休闲活动。环球嘉年华整体气氛的营造是环球嘉年华的拿手好戏，每一届游戏设备在灯光、色彩的装饰下，都闪烁着神奇梦幻的色彩，而现场的音乐则随着游客的情绪而动，游客感觉惊险时，音乐便动感刺激；游客感觉喜悦时，音乐便高亢撩人。项目主要包含：机动乘骑项目、竞技项目、文化娱乐项目种类繁多的国内外文化性民间娱乐表演、美食与购物多种多样国内外食品及商品，令人眼花缭乱。所有活动都是在一种刺激、活跃和欢乐的环境中进行的，此环境充满灯光、音乐、色彩、舞蹈、歌声和运动，使受感染的游客享受到独一无二的"环球嘉年华体验"。

随着全民休闲时代的到来，中国游乐园步入一个全新的发展阶段。2013年，我国游乐园数量已增长至1153个，参观人数高达年均6.5亿人次，平均每个游乐园接待游客人数每年达到56万人次。从空间分布上来看，我国的大型游乐园主要集中在以广州、深圳为主体的珠江三角洲，以上海、苏州和无锡为代表的长江三角洲以及环渤海地区，此外，在长沙、武汉、成都等中西部地区城市也分布有较大规模的游乐园。

（二）KTV娱乐活动

KTV是提供卡拉ok影音设备与视唱空间以及酒水服务的大众娱乐场所，是具有一定私密性和独立性的歌唱娱乐消费场所。这种形式最早出现在我国台湾和香港地区，20世纪80年代末期进入内地深圳。90年代中国大陆先后研制出VCD、DVD系统，90年代末期再发展为VOD系统（Video on Demand，即按需求播放视频流），用户可以在任何时候，调取系统中的任意节目，并且可以自主地控制节目播放，播放的节目更多，速度更快，使服务更加符合顾客的消费愿望和需求。比较流行的 KTV 歌厅的类型有专门式歌厅、综合式歌厅、自助式歌厅、量贩式歌厅、影视厅等形式。人们通常在 KTV 歌厅中即可以欣赏画面，又能引吭高歌；互不干涉，跳舞的跳舞，表演的表演，尽情地抒发情感、释放压力，是日常娱乐消费的不错选择。

（三）酒吧

酒吧（Bar，Pub）是指提供啤酒、葡萄酒、洋酒、鸡尾酒等酒精类饮料的消费场所。Bar 多指娱乐休闲类的酒吧，提供现场的乐队或歌手、专业舞蹈团队表演。高级的 Bar 还有调酒师表演精彩的花式调酒。而 Pub 多指英式的以酒为主的酒吧，是 BAR 的一种分支。酒吧有很多类型和风格，既有最低档的"潜水吧"，也有为社会精英人士提供娱乐的优雅场所。酒吧进入我国后，得到了迅猛的发展，尤其在北京、上海、广州等地。北京的酒吧粗犷开阔，上海的酒吧细腻伤感，广州的酒吧热闹繁杂，达州的酒吧最不乏激情。总的来说，都市的夜空已离不开酒吧，都市人更离不开酒吧，人们需要在繁忙遗忘，沉醉。随着都市文化的迅猛发展，曾经占尽风光的电影院在酒吧、迪厅、电子游戏室的崛起中显得有些被冷落的感觉。以新新人类自居的酷男辣妹，对于"泡吧"更是情有独钟，因为酒吧里欣赏歌舞、听音乐、扎堆聊天、喝酒品茶甚至蹦迪，无所不包，随你玩到尽兴，又显出时尚派头，自然成了流行的消闲娱乐方式。

（四）健身娱乐

在健身房里选择健身逐渐成为一种时尚娱乐休闲活动。健身房集多项运动于一体，具有较强的综合运动特点，能够提供科学的、齐全的、安全的体育训练设备，还具有显著的强身健美功能。健身房的大部分器械具有模拟运动的特点，有的器械还具有多项运动组合的特点，因此每一单项所占场地小。健身房的器材种类多，运动量、运动速度都可调节，适用于各种体质、年龄、性别的人。

健身房中的健身器械名目繁多，功能各不相同，心肺功能器械有跑步机、健身车、划船器、登山器台阶训练器）等。其他健身器材还有锻炼臂力和胸部肌肉的举重架、模拟骑马的健骑机、哑铃、大腿肌锻炼器、小腿肌锻炼器、臂肌锻炼器、腹肌锻炼器、背肌锻炼器等。

健身浴是有利于身心健康的沐浴方式，有桑拿浴、天然温泉浴、足浴、日光浴、空气浴、冷水浴、药浴等。

（五）影视演艺业

随着中国经济的快速发展、城市居民文化娱乐消费的不断提升和我国改革开放深入发展，广大人民群众的文化娱乐消费需求呈现多层次、多样性、多样化趋势。观看文艺演、欣赏音乐舞蹈已成为人们精神文化生活中不可缺少的内容。特别是当前国家大力发展文化娱乐产业的大背景下,演艺业重新焕发出勃勃生机,并越来越成为世界各国所关注。大型艺术活动助推中国演艺产业走向国际市场。通过采取商业化运作模式,给承办商和举办省份或城市带来了客观的经济效益和社会效益,又为各类优秀艺术演出项目和演艺经济机构提供了展示和交易平台,从而带动了中国演出市场的繁荣与发展。例如,通过举办上海国际艺术节、北京国际音乐节、南宁国际民歌节、吴桥杂技艺术节、武汉杂技艺术节等,各演出团体和演艺经济机构积累了丰富的经验,为更好地走向国际市场奠定了坚实的基础。此外,中国演艺产品在参与国际双边、多变事务时也发挥着越来越重要的作用。中国的演艺机构通过官方或民间渠道,走出国门,积极参与害我各类艺术节、艺术比赛和演艺交易会,使中国演出团体和演艺经纪机构的国际竞争力不断增强。

【知识链接】

预计2016年国内电影票房将达570亿元规模

自2001年年底《关于改革电影发行放映机制的实施细则》发布以来,中国电影市场发行放映改革全面展开。电影院线和影院建设经历了数年的震荡、整合和适应,已步入快速发展阶段。2015年中国电影票房达440.69亿元人民币,电影产业规模整体保持高速增长,并且体现出结构不均衡特征,国产片需要进一步提高票房竞争力。截至2016年2月,票房总额累计达107.34亿元,预计2016年全年内地电影票房市场有望突破570亿元。中国电影票房增长模型如图10-1所示。

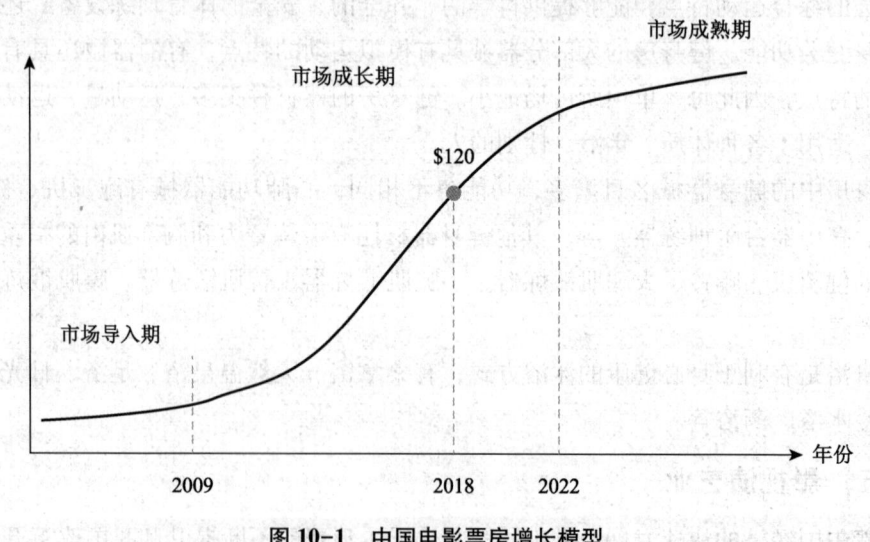

图10-1 中国电影票房增长模型

1. **影院建设保持高增速**

随着电影产业的蓬勃发展，以及国家对文化产业扶植政策的密集出台，近几年国内影院建设维持较高增速。2015年新增影院1420家，新增银幕8183块，平均每日新增22.4块，全国累计银幕32487块，银幕增长率33.7%，较上年提高1.6个百分点。我国影院市场发展迅速且仍将保持高速增长态势。2013~2015年三个滚动年度全国Top100和Top500影院票房在全国总票房中占比连续下降，Top100影院份额从21.85%下降至13.84%，Top500影院市场份额从接近60%下降至42.06%，降幅明显（见图10-2）。结合三个滚动年度的全国总票房来看，无论Top100还是Top500影院的总票房都在上升，而市场份额却不断下降，市场集中度降低，说明其他影院的份额上升，且增速快于Top100和Top500影院，市场竞争日趋激烈，新建影院或小影院仍有发展机会。

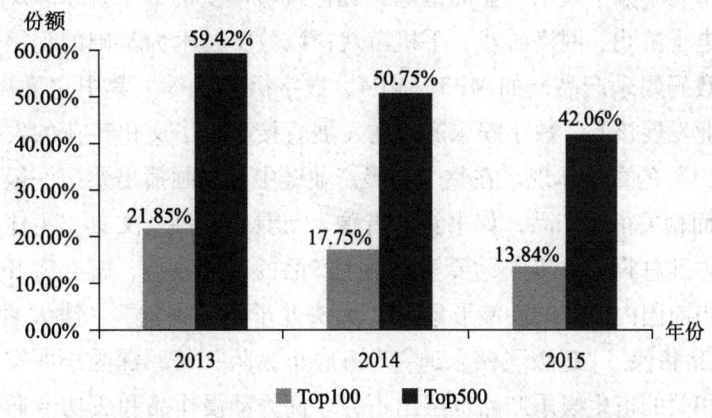

图10-2　2013~2015年Top100、Top500院线市场份额

全国Top3院线市场份额合计占比近3成，Top15院线占比近8成，份额较去年有小幅下降，整体份额趋势无变化。其中2015年新增加一条城市院线，贵州星空院线，目前全国城市院线为48条。未来国内城市院线将在整合、并购之中实现市场集中度的提升、运营效率的提高，形成5~10家规模较大的龙头院线；另外，农村院线数量则在政策性扩展保护下缓慢增长。

2. **在线视频市场规模快速增长**

截至2015年12月底，国内视频网站付费用户规模达到2200万，较2014年的945万增长133%。保守估算，2016年这一数字可达到3500万左右。爱奇艺在12月初宣布付费会员突破1000万，占行业用户规模的45%。中国在线视频市场未来几年仍将保持较快增长的态势，2017年预计将接近400亿元。2016年及未来几年在线视频行业在移动端商业化全面深入、企业持续引进热门版权内容（电视剧、综艺节目、体育赛事等），并大力发展自制内容等，各因素的助推之下，在线视频市场规模仍将保持较高的增长。

（六）数字娱乐产品

数字娱乐产品是指动漫、卡通、网上游戏等基于数字技术的文化产品。数字娱乐产业本质上属于文化产业，在新兴的文化产业价值链中，数字娱乐产业是创新性最强、对高科技的依存度最高、对日常生活渗透最直接、对相关产业带动最广、增长最快、发展潜力最大的部分。其发展离不开传播科技的发展，作为依赖现代数字技术、特别是互联网、多媒体技术的产业形态，数字娱乐类产业综合了文化产业和信息产业的特性。

数字娱乐产业以动漫、卡通、网上游戏为产业发展核心。它们对相关产业带动最广、经济规模最大，对文化意识形态的影响也最为直接，在整个数字娱乐产业链中具有基础性作用。

数字娱乐产品的范围非常广泛，一切通过数字技术，如计算机、互联网等为人们提供娱乐的东西都属于数字娱乐产业的范畴：提供视听享受的数字音乐、DVD、IPTV；重在参与体验的电子游戏、网络游戏、手机游戏；以数字技术为基础的动漫艺术；还有不断涌现的新式数码娱乐产品，如MP3、MP4、数字摄像机等。其中它又以动漫、卡通、网上游戏为产业发展核心，数字娱乐产业的发展直接决定了文化产业的发展水平、是整个国家"软实力"的重要体现。在整个动漫产业链中，动画播出票房一般只占整个产业收益的30%，而相关衍生产品，如书籍、音像、玩具、礼品、文具、主体、主题公园等的销售收入将占到总收益的70%；要实现衍生产品的市场收益，就必将开发出优秀的动漫形象品牌。当前国内流行的动漫形象有"大头儿子小头爸爸""熊大熊二""齐天大圣""哪吒""猪猪侠""超级飞侠乐迪""海底小纵队"等，深受小朋友们甚至一些成年人的喜爱，相关的衍生娱乐产品也层出不穷。优秀动漫作品和成功卡通形象的不断涌现，标志着我国原创动漫产业正在经历蓬勃发展阶段。

（七）大型购物中心

大型购物中心是指一组聚集在同一地点（通常位于同一建筑内）的商店。通常指可出租面积在10万平方米以上、全封闭并强调室内的步行空间的购物中心。作为一种新型的购物形态，大型购物中心于20世纪初起源于美国、英国和澳大利亚的简单的购物中心，发展于30~40年代，在50年代，现代意义上的大型区域购物中心在美国郊区正式登场，标志着购物中心正式成型。在经历巨大冲击后，购物中心迎来第三次高峰，即呈多样化趋势发展。大型购物中心的发展是针对目前零售业的发展态势、市场环境、人均购买水平和消费者需求的变化而产生的一种配套设施齐全、商品定位恰当、经营管理先进的新型零售经营模式。它具备优良的购物环境，提供大型休闲场所及停车场，集购物、休闲、娱乐、餐饮文化各项功能于一体，充分体现了以人为本的理念。

大型购物中心以人为本的舒适购物环境，最大限度地满足消费者的购物需求，使消费者的购物成为一种快乐的体验，都奉行以人为本的经营理念，将消费者的利益放在首位。为了体现以人为本的宗旨，大型购物中心大多设有较多的休闲、娱乐设施琳琅满目的商品和多样化的服务，最大限度地满足不同层次的消费者不同档次的消费需求，大型购物中心的商品组合力求多样化，不同的零售业态引入其中。国外的大型购物中心大体是以百货店和超市为核心，辅以众多的专卖店、专业店和餐饮店及各种其他设施，并定期举办音乐、戏剧、表演和艺术展览等活动，从而实现消费者在大型购物中心内一次购全所需商品并得到精神享受的目标。日本福冈的运河城以大荣百货公司为核心，包括两家国际著名星级酒店、专卖店、餐饮、影视剧场和娱乐城等。运河城对各个不同的目标顾客进行分类，据此分设不同的购物区，尽量满足消费者一站购物的需要。

第三节 娱乐休闲活动运营管理

近年来我国文化娱乐产业的整体发展呈现喜人态势，从日美韩发达国家的经验来看，文化娱乐发展的价值和社会观念不同，因此文化娱乐产业的发展，应该引起休闲城市各级政府的高度重视，应当立身于全球大文化娱乐产业发展战略规划与产业推进计划，从国家、区域、休闲城市到企业，乃至休闲者本身，不同层面着想，提升综合竞争力，形成强劲的核心市场。这是当今文化娱乐产业全球化的必然趋势。从娱乐休闲活动组织管理层面上讲，我国传统的文化娱乐产品，创新以及投入力度都存在一定不足，这是困扰我国娱乐产业大发展的问题。文化娱乐产业，是当今文化产业中的新兴力量，是文化产业领域中一匹黑马，文化娱乐产业属于知识密集型和资金密集型产业，需要国家政策资金和人才的大力支持。

一、加强文化娱乐产品创新

我国传统文化娱乐产品创新以及投入不足，这是困扰我国娱乐产业大发展的问题，文化娱乐产业，是当今文化产业中的新兴力量，是文化产业领域中的重要力量，它需要大量的政策和资金支持，通过积极开发更有时代感和生命力的娱乐产品，来满意人民群众日益增长的娱乐休闲需求。作为文化产业最具有活力、最活跃的组成部分之一的文化娱乐业，今后的主要任务在于积极鼓励和支持文化娱乐产业的创意，走出资本和技术主宰一切的历史，拓宽文化内涵，充分利用我国各地不同的地理环境、价值观念、发展地域特色鲜明的文化娱乐产品，创造出最能代表休闲城市特色，具有区域文化内涵、艺术审美情趣的娱乐品牌产品，最大限度刺激和引导人流。加强区域经济发展进程，进入文化娱乐产品的内容、形式、知识含量、人才储备、管理制度、运营机制、经营模式和创意开发的新时代，提高人们的生活质量。

二、注重娱乐休闲产品与时代科技、艺术手段结合，创新传播方式

规模性发展的休闲娱乐产品不仅市场占有率高，还能成为文化产业品牌，并形成一

条完整的产业链集群，带动一系列相关产业发展。通过将休闲文化、娱乐活动、休闲音乐等与经济相结合，辅之以现代科技、艺术手段，创新文化传播方式，使文化产生广泛的社会效益和经济效益，凸显其作为创意产业的特质。例如，可以用现代形式演艺传统经典，使表演气势恢宏、精彩绝伦，展示出城市丰富资源和优秀文化影响力。在时尚购物商圈、主题音乐剧院、音乐厅、综合剧场、美术馆、博物馆、艺术工作室及主题广场，把传统经典作品与现代科技艺术手段高度融合，为城市休闲娱乐提供开放的公共文化空间，让人们在音乐中涵养道德，发现生活美，感悟生活美，产生积极乐观的心态，最终实现"仁者无敌"的效果。

创新文化传播方式，还应着力打造休闲娱乐产品品牌高地，推动创意产业集聚发展。如廊坊没有名山大川，缺少名胜古迹，但可以利用毗邻京津的地理特点，围绕文化体验、健康休闲，用创新的思维，让优质资源转化为现实的产业优势。借助优秀旅游城市的品牌，推进文化、娱乐与旅游的融合，以文化提升旅游品位，以娱乐丰富旅游体验，以旅游彰显文化底蕴，促进旅游由游览型向休闲度假型转变。通过建设融娱乐、休闲、养生于一体的文化创业产业园区，推动创意文化产业集聚发展，激发创意文化产业的竞争优势和规模效应，形成一套适合创意产业可持续发展的管理机制和运行模式，从而把资源优势转变为产品、产业优势。

三、以"内容为王"，树立中国娱乐休闲产品的自有品牌

在中国文化娱乐产业中，以品牌形象出现在人们眼前的企业或产品实在是匮乏和薄弱，品牌效应和品牌战略更是无从谈起。反观国际文化娱乐业，诸如迪士尼、梦工厂、环球影城等一系列国际文化娱乐品牌企业和产品人们都可耳熟能详。这些品牌在识别定位、广告策略、个性产品包装等多方面都具有跨越国界的高度。

在研究中国娱乐休闲产业发展及其产品品牌基础上，要注意借鉴成熟品牌管理理论，搭建中国娱乐休闲产品品牌战略框架。品牌战略是一项系统工程，是一项长期的发展战略，只有以坚定的信心和不懈的努力，才能使品牌战略发展壮大。

要实行资本运营，大量吸收业外资本进入，解决资金难题。中国文化娱乐的形成和发展的背景不同于自有竞争的西方，是在计划经济逐步开放的过程中发展起来的，因而不可避免存在政策机制的影响和某种过程度的行业垄断。例如，目前中国娱乐传媒业多数规模较小，其经营活动往往因涉及意识形态、教育等方面的问题，受政策局限较大。与其他产业相比，资本经营受到一定限制。因此政府在对外开放的同时更要对内开放，破除政策的兼并，真正让外资能够进入，这样才能使属于资本密集型的娱乐传媒产业得到真正的发展。

四、注重并加快专业化人才培养步伐

如何把中国文化娱乐资源市场化、国际化，这个结合的交叉点是人才。在新兴文化

娱乐产业发展中，既懂得文化艺术形式又熟悉商业运作规律的人才炙手可热。如何培养人才创新的能力更是组织好休闲娱乐活动，培养娱乐休闲产业经营人才的核心问题。中国的娱乐休闲业必须加大人才的培养和投入，才能确保有足够的人力资源以求得更好更快的发展。

【复习思考题】

1. 请简述现代娱乐休闲业发展态势。
2. 休闲娱乐业发展对国民经济发展的作用。

【案例分析】

加拿大西埃德蒙顿购物中心的娱乐价值

以休闲带动消费是大部分大型购物中心成功的关键。以世界最大的大型购物中心加拿大西埃德蒙顿购物中心（West Edmondon Mall）为例，其娱乐项目占地的累计面积10万平方米，可见娱乐在市民生活中的地位。在其进门处有一艘仿哥伦布发现美洲大陆乘坐的风帆船停泊在室内的湖面上。湖面约1 000平方米，湖深5米，湖面到天棚为26米，以"深海的探险"为题，共分为5个主题。购物中心的中央是1 000平方米的溜冰场，此外还包括大型的机械游乐场和超大型的水上活动中心，并将世界各地小吃与娱乐项目融合在一起，真正做到以休闲带动商业。为引人入胜，避免购物雷同，该中心还别出心裁地专设美国街和欧洲街。美国街仿美国的街市，乡镇风格浓厚，街的两旁都是有牛仔风格的酒吧、小吃店和杂货店，游客一踏进美国街就被黑人小乐队吸引，犹如身临其境，充分展示了一种随意休闲、无拘无束的美国风格。在欧洲街则充分展示一种庄重的富丽堂皇的气氛。街道的两旁都是欧洲名牌商品的专卖店，营造了一种名流社会的气氛。除以上娱乐项目外，在西埃德蒙顿购物中心还有室内高尔夫球场、电影院等设施，按罗马、阿拉伯、西班牙、芬兰、维多利亚等风格设计的拥有300间标准房的宾馆，留住了客人，也就留下了消费。

思考题：大型购物中心对人们的休闲娱乐生活带来哪些影响？

第十一章

养生休闲

 【本章导读】

养生休闲是指利用休闲活动来调整心态，解郁强身。养生休闲具有普适性、游乐体验性、综合性、专业性、教育性等特点。人们在物质生活已经提升到较高水平之后，必须更多地考虑生活的质量和身心的健康。中国传统养生理论博大精深，强调以调阴阳、和气血、保精神为原则，运用调神、导引吐纳、四时调摄、食养、药养、节欲、辟谷等多种方法，以期达到健康、长寿的目的。在现代社会，养生休闲是一种全民性的休闲活动，可分为居住养生、游乐养生、文化养生、医疗养生、美食养生、运动养生、生态养生等类型，本文重点介绍茶道和温泉养生。养生休闲开发的模式包括健康管理模式、医疗旅游模式、健身俱乐部模式、养生休闲目的地、养生休闲旅游区等。

【学习目标】

1. 掌握养生休闲的基本概念和特点，把握养生休闲的发展趋势；
2. 了解养生休闲的产品种类及养生休闲的开发模式；
3. 了解养生文化的发展历程和中国传统养生思想；
4. 熟悉休闲养生的主要类型，重点掌握茶道与温泉养生的运营和管理。

 【导入案例】

峨眉山景区温泉养生

峨眉山景区五步养生园在灵秀欢乐温泉基础上增添神奇漂浮、仙山药疗、温泉矿物泥疗、养生茗茶，更有私密花瓣药疗包池、香熏药蒸、冰泉等个性化项目。让每一位客人在旅途中缓解亚健康状态，做一次温泉深度养生护理，沐浴仙山圣水，畅享极致温泉。

欢乐温泉池：灵秀圣水开光洗尘，打开毛孔激活细胞。浸泡20分钟，软化角质，打开毛孔。

神奇漂浮池：消炎杀菌、降脂减肥、塑身美体、改善睡眠。浸泡或漂浮在水面上全身心放松40分钟，高浓度的盐产生的高渗透压能杀灭皮肤细菌，分解脂肪离子，改善睡眠，加剧人体脂肪消耗，从而达到降脂减肥、塑身美体之功效。

仙山药池：滋养排毒、防病去疾，让肌肤得到天然药物的滋养和保健。例如，香熏药蒸项目，汇集峨眉仙山的70余味药材，利用蒸汽的热能与对症使用的药物治疗因子相互影响、共同作用于机体，祛寒除湿、排除废物、增氧供养、改善血管与软化管壁。

温泉矿物泥疗：控油保湿、紧致肌肤、美容养颜。进入特色泥疗室，用天然矿物泥裹住全身，干结20分钟，让肌肤吸收矿物精华，紧致肌肤，活化细胞，使肌肤光滑细腻有弹性。

养生茗茶：推出青果润喉、夏桑菊、决明子、板蓝根、胖大海、柠檬、玫瑰、苦瓜等特色养生茶。

第一节　养生休闲概述

一、养生休闲的概念与特点

（一）养生休闲的概念

根据人体生命过程的活动规律所进行的一切物质与精神的身心养护活动，谓之养生。休闲的目的是放松、娱乐及个人发展，归根结底就是养护生命。利用休闲活动来调整心态，解郁强身，称为养生休闲。对于养生的概念，可以从几个方面来理解，一是养生是多维度、多空间的；二是养生的研究应以保养、保健而非疾病病理为导向；三是养生是相对、主观的、感知的。有国外学者提出养生的七维空间，包括社会、身体、感情、智力、环境、精神和职业。部分学者认为，精神性是养生的核心，是介乎本我与社会自我之外的超常存在，是人与宇宙奥秘的关系。

养生一词首见于《吕氏春秋》。其曰："知生也者，不以害生，养生之谓也。"养生即养护生命之意。养生包括生理养生、心理养生两大方面，前者注重身体上的放松和康复，以及身体机能的维护；后者强调精神层面的内在休养和平衡祥和的心理状态。要达到养生的目的，单靠某一方面的调养是难以达到的，需要从休息、运动、疗疾和益智四大方面将休闲活动与养生相结合。

（二）养生休闲的特点

普适性。养生的目的不仅仅是延年益寿、康健无疾，养生休闲行为的决定一般是由多种动机促成的，还包括寻求高质量的生活方式；逃避现实，免除压力的欲望；消除紧张和不安心情等。传统观念认为养生主要针对的是"亚健康人群"或老年人群，但实际上，养生休闲涵盖所有追求健康快乐生活的人群，这些人不是"病人"，又不同于普通的游客，而是具有较强养生目的性的人群，应根据不同的心理需要进行活动方式与内容的选择。

游乐体验性。养生休闲既注重养生的功能，又注重养生过程的休闲性和体验性，它将养生这一康复过程娱乐化、休闲化。休闲的本质就是体验，以休闲服务为舞台、产品项目为道具，形成一种参与者与其习惯性生活方式之间的游乐体验性互动，为参与者创造一种或多种难忘的经历。寓养生于体验式玩乐中，对身体来说是很好的放松。

综合性。传统与现代相结合、休闲与养生相结合，以及多学科的综合介入、指导，形成了各具特色具有综合性的养生休闲活动，适合各年龄层次的人参加。在我国，养生学的含义很广，包括优化生存环境、善化生命质量的一切内容。由于养生休闲诉求的多样性，其产品的类型也呈现多元化。

专业性。健康包括身体与精神两个方面，必须活动自如、视听不衰、神志正常，即《黄帝内经》所谓的"度百岁而动作不衰"，才算达到了健康长寿的养生标准。养生休闲活动的开展以中医为理论核心基础，强调自然生态的要素，后来逐步融入了西方现代康疗方法，具有较强的科学性特点。某些养生休闲活动的开展需要在专业人员的主持指导下，按专业规范和规定程序进行。

教育性。通过参与养生休闲活动能够获得"健康教育"，提高"认知水平"，达到增强体质、娱悦身心、提高科学素质和良好的社会适应能力的目的，同时促进人们转变自己的生活方式，提升生活质量。

二、养生休闲的市场需求

据调查显示：我国大城市居民，尤其是"都市白领"，超过半数处在亚健康状态，而且人数还在呈现上升趋势。这就要求人们在物质生活已经提升到较高水平之后，必须更多地考虑生活的质量和身心的健康。在这种形式下，养生休闲将成为热点和潮流，蕴含着广阔的市场空间。一般来说，人们消费养生休闲旅游产品主要有以下几大诉求：

一是延年益寿，即寻求高质量的生活方式，结合不同时节，以有益的养生生活方式达到长寿的效果；

二是强身健体，即在理想的养生场所进行适时运动来养精固元；

三是修身养性，即需要一种简单的生活方式和生活节奏来舒缓身心；

四是医疗，即通过优质生态环境，针对各种疾病进行康复治疗；

五是修复保健，即逃离污染严重的城市环境，寻找修复环境；

六是生活方式的体验，包括与传统文化中的民俗相结合，以及与旅游多种构成要素相结合；

七是养生文化体验，将文化景观与养生文化结合。

养生休闲行为的决定一般是由多种动机促成的，比如：期望健康，害怕疾病；逃避现实，免除压力的欲望；消除紧张和不安心情的期望；满足自尊、被承认、被注意、能施展其才能、取得成就和为人类作贡献的期望等。从中可以看出"养生休闲"的形式，恰好满足康复者以上的多种需要。

第二节 中国传统养生理论的发展

中国传统意义上的养生指保养、调养、颐养生命，即以调阴阳、和气血、保精神为原则，运用调神、导引吐纳、四时调摄、食养、药养、节欲、辟谷等多种方法，以期达到健康、长寿的目的。

一、中国传统养生理论

经络、穴位、气血学说是中国传统医学保健理论。经络、穴位、气血是非常复杂的人体现象，可以简单而形象地解释为经络是气血运行的通道，穴位是气血运行的出入口。

（一）顺应自然

《道德经》中说"人法地，地法天，天法道，道法自然"，人的生命活动符合自然规律，才能够长寿。例如，《素问·四气调神大论篇》即提出"春夏养阳，秋冬养阴，以从其根"。这种"顺时摄养"的原则，就是顺应四时阴阳消长节律进行养生，从而使人体生理活动与自然界变化的周期同步，保持机体内外环境的协调统一。

（二）调和阴阳

《黄帝内经》中说"生之本，本于阴阳"，又说"阴平阳秘，精神乃治"。因此，调和阴阳则精神充旺，邪不能侵，得保健康。调和之道，须顺时以养阳，调味以养阴，使阳气固密、阴气静守，达到内实外密、健康有寿。

（三）流通气血

气为血帅，血为气母，二者相伴，贯通周身，熏濡百节，流通则生机正常，滞塞则淤结病生。流通之道有两个：一是以形体动作促进气血流行，即华佗授弟子五禽戏时所说人体欲得劳动，但不当使极耳，劳动则气血周流，此即流水不腐的道理；二是以意念来导引气的运行，气行则血行，身体虽或动或止，但气血之流通、经络之舒畅始终得以保证，即气功吐纳之术。

（四）培补精气

精、气、神为人之三宝，精化气，气生神，精盛则本壮，气化之源旺，故生气勃勃。人始生，先成精，先天之精源于父母，藏于肾，为生命之本、繁衍之源。后天之精由生化而来，亦藏于肾。保精之法主要有食饵、药物、修炼、养神等法，补精以滋源，补气以助化精。

二、传统养生方法

（一）食饵养生

1. 食补

祖先把"美食养身"和"防病治病"两者相互结合，融为一体，能补能治，创造了"中国食疗学"。《备急千金要方》中说："食能排邪而安脏腑，悦情爽志以资气血。"因此，前人十分重视饮食养生，通过调节食物的品质、数量、进食规律，以及回避有害的食物以延年益寿。《素问·藏气法时论篇》中说："毒药攻邪，五谷为养，五果为助，五畜为益，五菜为充，气味合而服之，以补益精气。"要求营养全面、合理、互补，即平衡膳食的原则。

2. 药补

汉末张仲景在《伤寒杂病论》序中说"怪当今居世之士，曾不留神医药，精究方术。上以疗君亲之疾，下以救贫贱之厄，中以保身长全，以养其生"，明确提出运用医药的办法进行养生的观点。华佗授其一弟子的漆叶青黏散则是延年益寿方剂的早期记载。至于近代采用药物预防传染病及某些疾病的发生与流行，其内容更为丰富。

3. 丹药

丹药即炼丹术，希望通过对各种矿石药物的复杂烧炼制造出长生不死的灵丹。晋隋时期，矿石药物药养生达到顶点，当时士大夫阶层人人皆服食五石散。唐以后，衰而未绝，帝王豪门因之亡命者代有记述。当然从中也得到了一些有疗效的治病丹药，如红升丹、白降丹等，临床已有定论。记载炼丹术最早、最著名且传世者则是晋代葛洪的《抱朴子》。

（二）精神养生

以恬淡虚无为主导的精神养生或精神调养，源于老庄之学，后来主要发展于佛、道两家。精神乐观，则气舒神旺；精神抑郁，则气结神颓；喜怒不节，则气耗神消。调神之法，重在参禅入定，养静以止息妄念。强调以"中"为度，以"平"为期，实现人体与外部环境、内部环境的和谐协调，直至"动"与"静"之平衡。在这种状态中，肌肉处于休息状态，血液循环也更趋规则，呼吸也更缓和，一切视觉、听觉及神经系统都处于完全的平衡状态。

（三）导引养生

导引养生又称练形养生，专指以形体动作为主导方法的祛病保身、益寿延年之道，也要求有呼吸动作的配合。《庄子·刻意》中说："吐故纳新，熊经鸟申，为寿而已。此道引之士、养形之人，彭祖寿考者所好也。"这类养生术有五禽戏、八段锦、易筋经、太极拳及推拿等。

（四）环境养生

人的生活不可避免地要受到环境的影响，因而对水土气候、地形地貌、森林植被等均有所选择。中国古代的"风水"学说即源自于此。古人主张在高爽、幽静、向阳、背风、水清、林秀、草芳之处结庐修养，即在理想的养生场所进行适时运动来养精固元。古云：流水之声可以养耳，青禾绿草可以养目，观书绎理可以养心，弹琴学字可以养脑，逍遥杖履可以养足，静坐调息可以养筋骸。"君子之行，静以修身，俭以养德，非淡泊无以明志，非宁静无以致远"，一直以来都受到推崇，并赞誉"体静心闲"。

第三节　养生休闲的产品种类

在现代社会，养生休闲是一种全民性的休闲活动。养生休闲以养生为目的来选择活动地点与方式，安排内容和进展，考虑节奏快慢，强调饮食、健身、娱乐等诸多方面，促使休闲参与者尽量保持身体各机能的平衡，以确保心理和生理的健康。养生休闲既是一种独特的休闲类型，又可以作为一种元素或内容融合到其他各种休闲活动中。

一、养生休闲的产品分类

养生休闲从产品类型来看，可以分为以下几类。

（一）居住养生

居住养生是以旅游房地产开发为主导而形成的休闲产品，它是以经营土地、经营城市的手法来围绕养生休闲进行开发的。养生居住社区的一个特点是向人们提供没有污染、没有公害的新鲜空气、有机食物和住宅条件。它的另一个特点是不设置任何具有刺激性的或需剧烈运动的体育、游乐活动设施，而提倡人们去冥想静思，在恬静的气氛中修身养性。这种"三分调七分养"的休闲方式很受现代人的青睐，市场需求并不仅仅局限于"银发一族"，养生主题的打造和产品质量的提升可使其成为高端消费品。一些高端的养生度假区将健康管理模式引入到养生休闲开发之中，以网络平台、会员制的组织形式，对游客的生活起居等作出合理安排，并根据需要提供营养餐的配送、健康检查、运动健身等系列活动，甚至帮助游客完成寻名医、挂号及病后康复等一系列整体健康管理，在日常生活中获得健康维护和健康促进。

（二）游乐养生

游乐养生是根据休闲资源的不同，设计适宜当地地脉、文脉，参与性、趣味性较强的养生休闲活动，通过一定的技术手段和创意，把一些生硬的、静态的东西进行情景化和趣味化处理，使休闲活动充满刺激并富有挑战性，能够满足人们释放情绪的需要，并获得一定程度的身心放松和精神愉悦。寓养生于体验式玩乐中，对身体来说是很好的放松。参与性、体验性是娱乐养生项目的核心特点，可以通过强化游客的参与性、不断创新体验方式，来提高休闲娱乐项目的吸引力。

（三）文化养生

文化养生是养生休闲项目品位提升和品牌提升的最好产品。通过深入挖掘地域文化，把最能体现民族性、民俗性、地方性的特色文化充分应用到养生旅游活动之中，以此提高养生休闲活动本身的品位和档次，丰富休闲活动的内在要素，使养生休闲实现身体养生和心理养生的双重功效。此类项目将文化景观、民风民俗等与养生结合，既丰富了休闲活动的内容，又增强了休闲产品的吸引力，起到了较好的互动作用，对于参与者而言是一道丰富的文化大餐和独特的休闲体验。

（四）医疗养生

医疗养生休闲产品主要是依托中医、西医、营养学、心理学等知识，结合人体生理行为特征，以药物康复、药物治疗为主要手段，配合一定的休闲活动，针对各种疾病（生理或心理）所进行的康复治疗，包括康体检查类产品。从宽泛的层面上讲，美容养生也属于医疗养生休闲产品。此类产品将美容会所中的专业护肤、芳香SPA水疗、瑜伽养生、抗衰老等美容项目同养生休闲结合起来，是时下女性游客比较喜爱的休闲活动，市场前景看好。

医疗养生是优质的医疗服务与养生康复休闲的完美结合，需要一定的医疗条件和医疗技术作为支撑，同时还需要具有医疗专业知识技能的导游服务，为外地甚至外国游客提供交通食宿、医疗检查和观光旅游等一条龙服务。目前，泰国、印度、韩国等国家提供的这种医疗养生一条龙服务正令越来越多的外国游客纷至沓来，这也给这些国家带来可观的经济效益。

（五）美食养生

药食同源，这是东方食养的一大特色。中国药膳源远流长，应用广泛，在国内外享有盛誉，备受青睐。药膳即药材与食材相配伍而做成的美食，它是一种兼有药物功效和食品美味的特殊膳食，既可以使食用者享受美食，又使其身体在享受中得到滋补、疾病得到治疗。例如，峨眉药膳、素斋、武林九大碗、萝卜汤、山珍、烧烤等四川省峨眉山特色小吃荟萃，已成为峨眉餐饮一绝。峨眉山红珠养生宴、瑜伽养生宴、开光百草宴等更是滋补佳品。

（六）运动养生

运动养生适合采用健身俱乐部模式，以会员形式或出售消费卡的形式，依托一定的休闲资源，扩大健身休闲活动的地域空间，开发成各具特色的运动养生系列产品。例如，组织开展自行车赛、攀岩、野营、徒步旅行等养生休闲运动，还可策划以老年人为对象的饮食和运动相结合的休闲项目、以女性为对象的瘦身减肥项目、以小孩为对象的健康夏令营等，并为参与者推荐专业的运动指导。

（七）生态养生

生态与养生有着天然的联系——养生首先在：环境。特别是处在亚健康状态的城市居民，渴望逃离污染严重的都市，寻找修复身心的环境。青山绿水、远离尘嚣无疑是养生休闲的理想场所。生态养生不同于一般的旅游观光，旅游景区或目的地要以养生休闲为核心主题和吸引力，以生态为手段进行养生开发。生态养生活动要在旅游中开展，如森林浴养生法、雾浴养生法、生态温汤浴法、生态阳光浴法等，对环境和服务要求较高。

二、茶与养生

清代黄宫绣在《本草求真》中说，"茶，禀天地至清之气，得春露以培，生意充足，纤介滓秽不受"，"养生之道，再好也好不过饮茶"。茶能清心神，醒睡除烦；凉肝胆，涤热清痰，益肺胃，明目解瘟，还有一定的抗癌效果和健美减肥的功效。

（一）茶叶的养生功效

茶有药理作用，李时珍在《本草纲目》中说："茶苦而寒，最能降火，火为百病，火降，则上清矣。"中国工程院院士陈宗懋则认为，茶不是药，而是对多种疾病具有预防和一定程度治疗效果的功能性食品。

抗氧化，防衰老。现代医学研究表明人体衰老最重要的原因是脂质的过氧化和过量的自由基产生，茶含有多种对人体有益的营养成分，如茶多酚、氨基酸、多种维生素等，对人体具有生理调节功能。茶叶还具有很强的抗氧化作用和清除自由基的功效，其有效成分的抗氧化活性甚至远高于维生素 C、维生素 E。

提高免疫力。人体的免疫力分为血液免疫和肠道免疫。饮茶可以增加血液中白细胞和淋巴细胞的数量、提高血液免疫力；增加肠道中的有益细菌（如双歧杆菌）的数量，减少有害细胞的数量。

防龋齿。饮茶可以抑制口腔中龋齿菌分泌的一种酶，使其不能黏着在牙齿表面；茶多酚可杀死龋齿菌；茶叶中的氟可以坚固牙齿的珐琅质。

降血压、降血脂、预防心血管疾病。饮茶可以降低人体血液中有害胆固醇的含量，增加有益胆固醇的含量,同时可以降低血液黏度、抗血小板凝集。荷兰最近一项流行病学调查表明,多饮茶可使人群患冠心病的危险性降低45%。

杀菌、抗病毒。茶中的咖啡因具有兴奋提神、利尿、助消化、解毒等作用。饮茶对杀灭肠道疾病菌有持久的效果,其具有的成分可以阻止流感病毒黏附在细胞上。

抗癌。茶叶中的多酚类物质对于降血压、血脂,抑止动脉硬化,杀菌消炎,抗辐射抗癌等均具有一定疗效。大量的研究证明,茶叶对实验动物的多种癌症具有明显的预防和治疗效果,包括皮肤癌、肺癌、口腔癌、食道癌、胃癌等。

(二)品茶休闲

茶是有思想的水。喝茶,讲究甘、清、活、闲。"云外嘉木生灵味,杯中玉叶飘幽香。"品茶,可一闲对百忙。"从来佳茗似佳人",生活如水,人生似茶。

喝茶能静心、清俗、益思、轻身和悦志,这与提倡"清静、恬淡"的东方哲学思想很合拍,也符合佛道儒的"内省修行"思想。茶圣陆羽在《茶经》中说:"花味至寒,最宜精行修德之人。"唐刘贞亮在《饮茶十德》中也明确提出:"以茶可行道,以茶可雅志。"在我国,推崇茶道,从看茶、识茶、知茶、闻茶、嗅茶、品茶到悟茶,每一个细节都要把握时候,恰到好处。文人们常以茶聚会,以茶表节,寄志向于清茶之中。茶道精神是茶文化的灵魂。茶道的核心是和,无论是喝茶还是品茶,讲和谐、讲和心、讲和意,既丰富茶的内容,也给予生活新的注解。

茶馆是中国民间重要的传统社交活动场地,喝茶是中国人最典型的休闲生活方式之一。小茶馆大社会,这里会聚三教九流之客,容留南来北往之风。摆摆"龙门阵",海阔天空,佐以茶点小吃和曲艺表演,没有高低贵贱之分,自有雅俗共赏之意。茶馆成了中国社会生活的一面镜子。

【案例阅读】

茶馆百态

坐茶馆,历来是成都人最典型的休闲生活方式之一。茶馆对于成都人更像是生活交流的媒介,具有丰富的社会功能:休闲、聚会、娱乐。成都人熨帖地利用茶馆尽情地做一切可能的事情,并非单纯地只是为了喝茶。20世纪30年代,著名教育家黄炎培访问成都时,写了一首打油诗描绘成都人日常生活的闲逸:"一个人无事大街数石板,两个人进茶铺从早坐到晚。"成都茶馆是一个社会生活的缩影,它浇灌出多彩的民间艺术,也冲泡出成都人生活的态度。茶馆把成都人的悠闲和悠闲中的慵懒、随和与随和背后的任性都暴露无遗。倘要感受成都的市井气息、闾巷风情,哪里都不用去,直接去茶馆就可以了。成都百年兴盛的饮茶业,便是这种"当代悠闲"的最好注脚。

> "头上晴天少，眼前茶馆多。"在成都这座浸泡于茶香里的城市，茶馆遍布城乡各个角落。竹靠椅、小方桌、3件头盖茶具、老虎灶、紫铜壶，还有那堂倌跑堂添水的工夫，一股浓郁的成都味给人留下深刻的印象。成都的茶馆热闹，摆龙门阵、搓麻将、打长牌、谈生意、闷瞌睡、写文章、洗脚、保健，百业千行都对茶铺情有独钟。茶馆里有竹凳，也有躺椅，可坐、可躺，十分舒服，一边品饮盖碗茶，一边海阔天空，虽人声鼎沸，但互不干扰，各得其所，实为人生至乐。茶馆内卖报的、擦鞋的、修脚的、按摩的、掏耳朵的、卖瓜子豆腐脑的，穿梭往来，服务性的项目花样之多，是外地茶馆难以媲美的。
>
> 曲艺艺人也把茶馆当作演出的场所，茶馆设有川剧"玩友"坐唱，俗称"打围鼓"。坐茶馆的人可以边饮茶，边听川戏、四川清音，欣赏川剧变脸、吐火、滚灯等具有浓郁地方特色的曲艺节目。有些茶馆还设有四川扬琴、评书、清音、金钱板等演出活动。茶馆承载着重振传统戏剧、传统工艺的希望。

（三）以茶入道

"茶道"是一种以茶为媒的生活礼仪，也被认为是修身养性的一种方式，它通过沏茶、赏茶、饮茶，增进友谊，美心修德、学习礼法。茶道最早起源于中国，中国人至少在唐或唐以前，就在世界上首先将茶饮作为一种修身养性之道，唐朝《封氏闻见记》中就有这样的记载："茶道大行，王公朝士无不饮者。"这是现存文献中对茶道的最早记载。当时社会上茶宴是一种很流行的社交活动。唐吕温在《三月三茶宴序》中对茶宴的优雅气氛和品茶的美妙韵味，做了非常生动的描绘。在唐宋年间，人们对饮茶的环境、礼节、操作方式等饮茶仪程都很讲究，有了一些约定俗成的规矩和仪式，茶宴已有宫廷茶宴、寺院茶宴、文人茶宴之分。对茶饮在修身养性中的作用也有了相当深刻的认识，宋徽宗赵佶是一个茶饮的爱好者，他认为茶的芬芳味道，能使人闲和宁静、趣味无穷："至若茶之为物，擅瓯闽之秀气，钟山川之灵禀，祛襟涤滞，致清导和，则非庸人孺子可得知矣。中澹闲洁，韵高致静……"在茶事活动中融入哲理、伦理、道德，通过品茗来修身养性、品味人生，达到精神上的享受。

人们学习茶道，要完全掌握个中道理，得花很长时间。从简单茶礼开始，从基础礼规到基本常识，学习过程简约而富有趣味。既可加深体认中国优秀文化，又可培养出耐性、宽容心和基本茶性知觉；生活中，学习和参悟茶道机理，有助于增进亲子关系，加深朋友关系，提高情商水平，增强体能体质，好处多不胜数。

【知识链接】

茶席设计的十大经典原则

茶席始于我国唐朝，大唐盛世，四方来朝，威仪天下。一群出世山林的诗僧与遁世山水间的雅士，开始了对中国茶文化的悟道与升华，从而形成了以茶礼、茶道、茶艺为特色的中国独有的文化符号。茶席设计，是以茶为灵魂，以茶具为主体，在特定的空间形态中，与其他的艺术形式相结合，共同完成的一个有独立主题的茶道艺术组合整体。从茶的滴水微香中感悟大自然的真味，领略生活的真趣。

一个好的茶席设计就必然离不开以下的十大经典原则：

1. 茶品的选择

茶，是茶席设计的灵魂，也是茶席设计的思想核心。因茶，而有茶席设计。那么在设计一个茶席之前，茶，应是首要选择，再根据茶叶的品种特质，选择相应的器皿装饰来构成设计的主要线索。

2. 茶席主题

确定品种后，就需要设计茶席的主题，确认主题后才能够选择相应的茶席元素。例如以季节为元素，就可选择与季节相关的插花，茶具，以及音乐。

3. 茶具的选用

茶具组合是茶席布置的核心。素来茶具组合都本着"茶为君、器为臣、火为帅"的原则配置，即一切茶具组合都是为茶服务的。选用茶具可以根据以下两点选择：

（1）根据茶性以及茶叶产地选择茶具：不同的茶类，不同的茶叶品种具有不同的茶性。例如：乌龙茶相对粗枝大叶，要求用沸水冲泡，宜以保温性能好的紫砂壶为核心组合茶具；绿茶叶形细嫩优美，冲泡时要求展示茶形美和汤色美，宜选用玻璃杯冲泡；红茶要在较宽松的壶中冲泡才能充分舒展开茶胚，溶解出茶叶内质，宜选用容量较大的瓷壶冲泡。

（2）根据泡茶的主要目的选择茶具：同样是冲泡大红袍或铁观音，若是为了体现美观性，可选用古朴典雅、美观实用的紫砂壶。若是为了审评茶质，可选择盖碗（三才杯）或审评杯。紫砂壶壁孔隙较大容易吸附茶香，并且无法观察注水后茶叶展开的变化，而用盖碗或者审评杯则能最客观地审评出茶的优缺点。

4. 茶具与席位的摆放

茶具的摆设要秉持"以人为本"，在整个茶席的过程中，能使人充分使用双臂与肢体，展现和谐美感。不至于过分集中在单手上。此外席位设置需要合理、舒适，比如桌椅的高度、间距要适合泡茶人的身材比例，座椅要稳定、舒适，防止手脚伸展不便。

5. 铺垫

铺垫，指的是茶席整体或布局物件摆放下的铺垫物。大多为麻布、棉布等。铺垫的直接作用一是使茶席中的器物不直接触及桌（地）面，以保持器物清洁；二是以自身的特征辅助器物共同完成茶席设计的主题，更具有美感。选择铺垫物的时候，要注意颜色与茶具搭配，符合整个大的茶席环境的风格。

6. 插花

茶席中的插花，不同于宫廷插花、宗教插花、文人插花和民间插花，是为了体现茶自然、朴实秀雅的风格。鲜花不求繁多，只插一两枝便能起到画龙点睛的效果；在插花的时候注重线条，构图的美和变化，以达到朴素大方的效果。只要做到简洁、淡雅、小巧、精致就足矣。插花作品是茶席中的点缀，而不能盖过茶席本身的色彩。

7. 音乐的选播

音乐的选播在茶席布置中至关重要。一间没有音乐的茶室，就失去了灵气；在茶席设计中应当重视用音乐来营造意境。背景音乐最适合以慢拍、舒缓、轻柔的乐曲为主，把背景音乐的音量调节到若有若无，像是从云中传来的天籁为佳。

8. 茶席背景

茶席的背景可以让人的视觉空间和视觉距离相对集中、稳定。若没有背景，人们可以从任何一个角度自由欣赏，从而使茶席的角度比例及位置方向等设计失去了应有的美感与意境，也使观赏者不能准确获得茶席主题所传递的思想内容。茶席的背景可以选用雅致的山水画，与茶有关的大幅书画等。

9. 照明艺术

一个好的茶席设计中的光线可以满足人的视觉对空间、色彩、质感的要求。品茗场所的光线应当柔和温馨，色调应当顺应季节的变化，让人感到眼睛舒适、心情放松、安详、恬静。

10. 演绎者的基本要求

所有的茶席设计的基础原则也都是围绕着人的，所以泡茶者本身的服装，妆容，状态和泡茶演绎的过程都应该符合茶席设计的主题。

三、温泉养生休闲

温泉是大气降水渗入地壳断层深处，与地下热岩浆接触后经过几十年的演变、渗透，最终转移到地表形成的。一般而言，凡是高于当地年均水温5℃以上者，即可称为温泉。温泉有很高的药用价值，是一种珍贵的地热资源。

秦始皇建骊山汤、唐太宗亲撰《温泉铭》、杨贵妃赐浴华清池、康熙及乾隆赋题温泉诗，都反映了温泉在古人养生生活中的地位与影响。进入21世纪，温泉养生以感受温泉文化为主题，把养生、保健、休闲、度假、美食、运动等有机地结合在一起，形成了综合立体的温泉养生体系，并升华成为一种健康生活的理念、一个休闲娱乐的元素，从而衍生出许多新型休闲场所，成为一项综合性大产业。

（一）温泉的疗效

浸浴温泉，是一种由来已久的保健理疗方式。浸浴温泉既能起到舒筋活络、强身健体、润肤养颜、安神定神、抗衰老等保健作用，又能鼓动真气、温通活络、流畅气血、宁静心神，促进疾病的痊愈和身心的康复。

医疗作用。温泉对治疗肥胖症、运动系统疾病、神经系统疾病，早期轻度心血管系统疾病，消化系统疾病、风湿、关节炎、神经性骨痛、痛风、皮肤病等多种疾病具有特殊疗效，并能促进新陈代谢。

养颜养心。长期适时泡温泉可令人健康美丽、芳颜长驻。温泉中大部分的化学物质会沉淀在皮肤上，改变皮肤酸碱度，具有吸收、沉淀及清除的作用。温泉中的活性因子及微量元素可迅速渗透、营养肌肤，补充肌肤散失的水分和养分，达到持久的保温和营养，皮肤也因此变得美白、娇嫩、盈润光滑。温泉水与药材结合形成的加料温泉，功效更为丰富。唐代诗人白居易留下的千古诗句，正是对温泉美容的真实写照："春寒赐浴华清池，温泉水滑洗凝脂。侍儿扶起娇无力，始是新承恩泽时。"

泡温泉还是一种减轻或解除精神压力的全身放松活动，是释放心灵甚至是灵魂皈依的一种养生途径。自然于人是一种风景，也是一种境界。在山水自然中调养生息，在温泉中体验90%失重的感觉，会使全身的毛细血管舒张，从而在优美的风景中创造一种身心零负担、环境零污染的闲适状态，达到身、心、魂合一的人生至境，不亦乐乎。

（二）温泉养生新潮流

温泉养生以温泉沐汤为核心，结合了健康旅游、休闲娱乐、膳食调养、心理调整、推拿按摩、睡眠调整、健身活动等内容，衍生出许多新型休闲产品。温泉养生与休闲结合，寓养生于体验式玩乐中，在文化中怡情、在运动中养身、在快乐中安神、在乡野中养心、在乐趣与享受中实现养生。

从方法上讲，温泉养生属于中医养生的沐浴养生。实际就是指温泉疗养与保健，即充分运用温泉的物理特性、温度及冲击，来达到保养、健身的效果。温泉浴能在一定程度上松弛紧张的肌肉和神经，排除体内毒素，预防和治疗疾病。古代文献记载，也有在水中加上矿物及香熏、草药、鲜花，可以预防疾病及延缓衰老。

从内容上讲，温泉养生属于中医养生的休闲养生。温泉养生以自然、人文环境为平台，以感受温泉文化为主题，把养生、保健、休闲、度假等内容有机地结合在一起，让人们全方位地放松身心，将精、气、神三者合一，成为都市人群健康生活方式的一部分。

从一句"温泉水滑洗凝脂"到一种为人们所津津乐道的休闲方式，泡温泉已经演变成为一种被广泛接受的汤泉文化。温泉不仅是一种资源和产品，更是一种生活态度，是一种道法自然、和谐平衡的养生文化。温泉养生倡导的人与人、人与自然、人与社会之间的和谐，也是一种自然的回归。温泉养生应增加文化含量，丰富温泉文化体验，围绕温泉这个核心来挖掘温泉文化特色，赋予了新一代温泉养生更独特多元也更具包容性的文化内涵，衍生出更多休闲新产品。

四、温泉 SPA

养生温泉与 SPA 的完美结合，已经成为全世界的休闲趋势。在风景优美的温泉疗养区，SPA 通常与天然温泉结合，将休闲、观光、养生、美容等综合服务融为一体。透过 SPA，伴随着蔓延了几百年的芳香气息，身、心、灵得到充分的放松，感受自然的呼吸，聆听曼妙的天籁之音，让人在压力不断的现代生活中，寻找一种心灵的归属与内在的和谐。

（一）SPA 的发展

利用人与水的接触，使水中含有的一些对人体健康有益的成分通过亲和渗透作用进入人体，以达到治疗或美容美体目的的治疗方法，即"水疗法"。现在的 SPA 概念又有较大的延伸，有人称其为"五感疗法"，即通过人体的五大感官功能：视觉、嗅觉、听觉、味觉、触觉的感知来达到身心俱畅的感觉。相传 SPA 最早出现于 1610 年，现今比利时东部列日市阿德南斯森林中的"SPAU"小镇，被誉为 SPA 的发源地。

根据国际 SPA 协会的统计，全球 SPA 的产业现在以 20%~30% 的年发展率，在美国休闲事业中已晋身成为第四大产业。20 世纪 90 年代 SPA 热潮席卷东西南亚地区各国，日本、韩国、泰国、马来西亚、印度尼西亚等国家已成为 SPA 的休闲及旅游基地，以泰国为例，SPA 的旅游已占全国旅游业约 50%。

（二）SPA 的分类

SPA 可适用于室内、庭院、森林、海边、山野、酒店等各类型不同的场所，目前的 SPA 可以分为六类。

1. Resort SPA（度假式 SPA）

以度假、疗养为主，与风景、温泉结合，一般坐落在风景优美的温泉疗养区。SPA 倡导的保健理疗方式与中国中医药浴在养生理念上不谋而合，近年来 SPA 在中国很快便成为流行时尚。我国温泉有 2700 多处，12 大类（按医疗矿泉分类），每一类温泉都有不同医疗效果和养生价值，为温泉 SPA 产品提供了丰富资源条件，温泉 SPA 在各地度假村酒店、会所、疗养院得到普遍应用。

2. Destination SPA（功能式 SPA）

以理疗慢性病为主，在日本被称为"方外疗法"，即处方外的治疗方法，也多开在疗养区。

3. Club SPA（俱乐部式SPA）

以健身运动、减肥为主，多开在城市中。SPA馆的规模大小不一，每个店都有各自较为突出的特点，装修上大多注意营造自然清新、典雅幽静的氛围。会员制是目前SPA普遍采取的消费方式，而且非常注意照顾消费者的私隐空间。

4. Hotel SPA（酒店式SPA）

在酒店里放松、休假，走高档、精致路线的SPA，除了主要满足养生需求之外，还让客人有贵族般的尊荣待遇。

5. Day SPA（日常式SPA）美容中心或SPA水疗中心

提供一种便捷的身心修护服务，顾客可以享受专业的SPA服务。在服务项目的设置上也具有极大的多样性，内容丰富而全面，讲究个性化服务。

6. Home SPA（家居式SPA）

到SPA专卖店购买所需的Home SPA用品，利用工作之余或假期，在家动手做SPA。SPA常用道具包括：（1）纯植物精油如薰衣草、柠檬、天竺葵、杜松、甘菊等；（2）基础产品如植物沐浴露、角质霜、纯植物油等；（3）磨砂产品如种子粉（如松脂粉）、天然海盐、调碗、调棒；（4）辅助性去角质工具如天然丝瓜手套、海绵；（5）情调用品如纯香蜡烛、干玫瑰花瓣、音乐、灯光等。

（三）SPA的功效

水在人体健康里扮演一个很重要的角色，可以调节人体新陈代谢的排解速度，加强体内养分、氧气的输送和废物的清洁。身体的70%都是水分，可见其对身体的重要性。SPA的关键是水资源及水设备，常见的有桶浴、湿蒸、干蒸、淋浴及水力按摩浴等，也常选用矿物质、海底泥、花草萃取物、植物精油等来改善水质作用于人体。

SPA分为芳香按摩、水疗、裹肤和脸部及身体的保养，具有美容美颜、放松身体、舒缓身心、健康皮肤、治疗疾病等功效。真正的SPA主要涵盖了四大精神：营养、运动、心灵的解放、脸部与全身的保养和调理。SPA疗法能达到令人类放松—反省—新生—喜悦的疗效，讲求心灵上的洗涤，获得身、心、灵的平静。

（四）芳香疗法

芳香疗法就是利用芳香植物的纯净精油来辅助医疗工作的另类疗法。例如，桉树的叶、玫瑰的花、佛手的果皮等，这些精油是由一些很小的分子组成的，具有易渗透性、高流动性和高挥发性的特点，当它们渗透于人的肌肤或挥发入空气中被人体所吸入时，就会对人们的情绪和身体的其他主要功能产生作用，安抚人们的神经和娱悦人们的心境。每一种植物精油都有一个化学结构来决定它的香味、色彩和它与人体系统运作的方式，这也使得每一种植物精油各有一套特殊的功能物质。精油的功效可以舒缓及振奋精神，解除压力，更吸引人的是它有神奇的燃烧脂肪功效，深受女性朋友的喜爱。此外，芳香疗法也有治疗心血管疾病、促进皮肤新陈代谢等的疗效，是一项适合各个年龄层的享受休闲疗法。

（五）中医推拿

在现代的温泉 SPA 中，中医推拿方法也会经常被使用。推拿属中医外治范畴，按摩师通过"手法"所产生的外力，在患者身体特定的部位或穴位上做功，推拿刺激这些部位或点时，就会对人体产生一定的影响及治疗作用，同时这些部位或点还会产生酸、胀、麻、热等感应，这种感应往往会循着人体的经络扩散到人体的脏腑或其他组织器官，从而达到疏通经络、运行气血、营养全身的功效。由于经络是人体气血运行的通道，内及脏腑，外达四肢、皮肤九窍，分布于全身，所以中医学认为无论内科、外科、妇科还是儿科的许多种疾病都可以通过推拿按摩来达到治疗的目的。

第四节　养生休闲开发的模式

养生休闲的快速发展，要求我们在产品设计开发上推陈出新，拓展思路和方法，适应和引领社会发展的需求，不断提高养生休闲的服务水平和服务质量。目前，比较流行的养生休闲产品开发模式有以下几种：

一、健康管理模式

健康管理模式以专业的健康维护计划，实现了"健康保障"和"健康管理"的完美结合。将健康管理模式引入到养生休闲旅游开发之中，在一些景区或旅游地，开发者可以没有自己的医疗机构，但可以利用网络给游客带来贴心的服务。帮助游客完成寻名医、挂号及病后康复等一系列整体健康管理，即"IT+健康+旅游"的新模式。以网络平台、会员制的组织形式，对游客的生活起居等一系列生活方式做出合理安排，并根据需要提供营养餐的配送、健康检查、运动健身等系列活动，从而使游客身体上获得健康维护和健康促进。

养生旅游目的地都可采纳这一类开发模式，它的开展可与保险公司、旅行社、医疗机构等进行合作，具体操作包括与健康保险打包合作提供体检、整体健康管理等，从而使旅游对人的身心带来影响，提供更理想的旅游项目。

二、医疗旅游模式

医疗旅游是通过把优质的医疗服务与养生康复休闲相结合的一种全新的养生旅游开发模式，它需要一定的医疗条件和医疗技术作为支撑，同时作为一种旅游养生方式，除了需要配备一定数量和较高水平的医疗人员外，还需要具有医疗专业知识技能的导游服务，为外地甚至外国游客提供交通食宿、医疗检查和观光旅游等一条龙服务。目前泰

国、印度、韩国等国家提供的这种医疗旅游一条龙服务正令越来越多的外国游客蜂拥而至，也给这些国家带来可观的经济效益。

现阶段，提供医疗旅游服务的机构主要为一些私人医院，一些旅游地能为游客提供牙科治疗和整形手术治疗，随着医疗技术的不断提高以及消费观念的改变，必将出现越来越多的医疗旅游服务机构。

三、健身俱乐部模式

以会员形式或出售消费卡的形式，依托主打旅游资源和产品，把一系列的养生休闲旅游活动，特别是健身旅游项目包装组合起来形成一个整体的开发模式。这种开发模式可以某一旅游目的地为基地，结合自助游模式，通过旅游项目的灵活组合和包装的方式，延伸至周边景区（点），从而扩大健身休闲活动的地域空间，并形成吸引力较强的多样化旅游产品。例如，组织开展自行车赛、攀岩、野营、徒步旅行等养生休闲运动旅游活动，还可策划以老年人为对象的饮食和运动相结合的预防生活习惯病旅游项目、以女性为对象的瘦身减肥项目、以小孩为对象的健康夏令营等。

四、养生休闲目的地

依托于龙头养生休闲旅游区与核心养生休闲旅游项目，以养生休闲为核心主题和吸引力，有相当丰度的产品支撑，具备完整的旅游产业要素构成的旅游目的地。很多景区具备发展成为这一类型项目的条件，但因产品的主题定位不够凸显，产品打造的方向有所偏离，产品支撑不够，要素配套有所欠缺，以及在运营与营销上存在不足，还未形成真正的养生休闲旅游目的地。

五、养生休闲旅游区

具有某类养生休闲核心主题，有基本项目和要素配套的旅游景区。此类景区一般拥有较为独特的养生资源，但"养生"的具体产品还未完全将主题贯彻落实，市场目标结构和产品结构未很好地对应，生态养生旅游产品的优势没有完全挖掘出来，景区可提升的空间较大。

【复习思考题】

1. 什么是养生？请分析养生与休闲的关系。
2. 请结合书中案例分析居住养生产品的特点和未来发展趋势。
3. 品茶休闲之乐表现在哪些方面？针对成都欲退出茶馆文化这张休闲名片，请从城市旅游的角度为其提出建议。
4. 温泉疗养和温泉养生有何不同？请结合本章内容，为当地某温泉策划一系列夏季休闲活动。

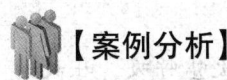

【案例分析】

乡村森林养生休闲项目设计

重庆市九龙坡区金凤镇森林资源丰富,景区内白塔坪森林公园林地近万亩,北部的九凤山也有5 000多亩林地。由于地域广阔及景区内历史文化遗迹丰富,可以把白塔坪森林公园划分为无穷天、养心天、自在天3个部分,分别以文化、生态、养生为主题进行森林旅游开发,产品项目各具特色、互为补充,体现绿色休闲、健康度假的旅游理念(见表11-1)。

表11-1 重庆九龙坡金凤镇森林旅游产品

区域	二级分区	旅游产品	主题理念	线路及景点
白塔坪森林公园	无穷天	森林观光 (生态+文化)	探古思幽无穷天	海蓝湖—龙潭沟—龚二老爷神仙茶馆(原龚二老爷庙)—宝善门古寨—白塔—知青岁月(知青点遗址)—云台山—飞流瀑
	养心天	森林浴 (养生休闲)	天道怡然养心天	海蓝湖—通天路九千九百九—平步青云路(健足路)—吐纳服气台(洗肺区)—上天谷(醒脑区)—入空巷(养心区)
	自在天	森林专项旅游 (DIY产品)	闲云野鹤自在天	白塔坪森林公园其他区域
九凤山	风生水起	森林生态休闲	行到水穷处 坐看云起时	九凤山山地区域

其中,养心天"森林浴"项目利用森林中优美的环境、清新的空气,通过适宜的旅游活动,使人的身心得到彻底放松和恢复,达到"修身养性"的目的。在养心天"森林浴"设计中,引入中国传统医学"以气养身"之道,选择负氧离子含量高的森林区域,进行森林氧吧的开发,实现天人合一的养生境界。

项目1:平步青云路(健足区)

在路旁小径铺设"健足步道",由山溪鹅卵石砌成,数百米长,终点有自然流水可供游客沐足上路。脚底被称为人体的第二心脏,游客赤脚行走于平步青云路上,通过鹅卵石与人体的亲密接触,反复刺激人体足部穴位及足部反射区,可以释放身体的静电,协调脏腑,促进气血流畅,使身体更加苗条健康。

"健足步道"命名平步青云,借用其中所蕴含的吉祥意义,提升了休闲健身的文化境界。

项目2：吐纳服气台（洗肺区）

选择负氧离子含量极高的区域，设吐纳服气台，供游客在此"吹嘘呼吸，吐故纳新"。吐纳服气台应配有道教吐纳、服气方法的文字或图示说明。例如，"六字气吐纳法"，以呵、嘘、呼、哂、吹、嘻六字的吐音，对治人体内脏的疾病。

项目3：上天谷（醒脑区）

设石凳、茶座供游客休憩，背景音乐引导游客进入冥思境界。配专业医护人员，为游客提供按摩等服务。石壁上刻画五禽戏、导引图等，游客可打太极、练瑜伽，舒筋活血。

项目4：入空巷（养心区）

设若干土石矮台，游客可在上打坐，氧吸丹田，禅定修持。指引牌上标出负氧离子含量，并与主城区对照。

思考题：请结合此案例，谈谈传统养生理论在现代休闲时代应如何加以应用。

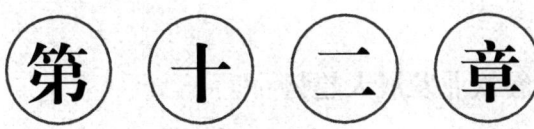

第十二章

餐饮休闲管理

 本章导读

当前，我国休闲消费与休闲产业的蓬勃发展，促进了居民特别是城市居民餐饮活动的功能拓展，饮食活动逐步与休闲生活理念融合，形成一种新的业态——餐饮休闲。餐饮休闲作为餐饮业的一种新的服务类型，近年来在我国得到了快速的发展，彰显出休闲、舒适、情趣、品位的特质，成为推动我国餐饮业持续向好发展的一支生力军。2016年《商务部关于推动餐饮业转型发展的指导意见》指出："不断完善城乡餐饮布局，在城市重点发展特色餐饮、休闲餐饮、快餐、团餐和社区餐饮，在乡镇地区着力提升餐饮服务规范化水平、重点发展农家乐餐饮。"由此可预判，休闲餐饮未来将在城市迎来蓬勃发展的态势。

作为旅游、餐饮及相关专业的学生，学习了解餐饮休闲的相关信息及营销管理，适时把握餐饮市场发展规律是十分必要的。

 【学习目标】

1. 理解餐饮休闲的本质属性，把握当前我国餐饮休闲的发展趋势；
2. 了解餐饮休闲业态特点及类别；
3. 掌握餐饮休闲企业经营活动的组织管理相关知识。

【导入案例】

休闲餐饮已经成为餐饮业发展大趋势

近年来，高端餐饮市场受消费需求影响变得萧条，大众化和休闲化的餐饮逐渐成为市场主流，2014年4月16日中研网报道：中国吃网记者在广东省潮州市调查发现，消费者更为偏好的是休闲性餐饮，特别是白领阶层，对于小资范儿更明显的休闲餐饮有极大的好感。中午饭点时间，该市中心城区一家装修得很有格调的餐厅人满为患。"年轻人一向追求品质，喜欢体验与众不同的饮食体验，而我们店迎合的就是这种小资需求。"该餐厅的工作人员告诉记者，记者发现，除了情侣，白领、学生是主要的消费人群。而不远处的一家茶餐厅，同样座无虚席。"在这样的餐厅请朋友吃饭，既不失面子又在工薪阶层的消费能力之内，就像今天，我请朋友吃午饭，两人吃了90元左右，但吃得很好。"和朋友一起就餐的马先生表示。在走访了多家休闲概念的餐厅后，记者发现这些餐厅都定位于大众消费，也有部分定位于商务休闲。"一年四季都在餐厅里谈生意，"从事销售工作的王先生告诉记者，商业上的需要，他经常要接待很多生意伙伴，两年前，他的生意谈判便改到了休闲餐厅进行，"休闲餐厅的环境，氛围，给人一种轻松的感觉，在休闲餐厅谈生意更随意。"

"对大部分休闲餐厅来说，环境、格调、氛围往往比其经营的美食本身更具有吸引力。"从事产品推广业务多年的杜先生表示。记者的实地采访中也印证了这点，休闲式餐厅一般都会有自己独特的风格。休闲式餐厅兼营早茶、下午茶，各种甜点饮料咖啡应有尽有，并且提供无线宽带网络等，这些都会成为吸引年轻消费者的亮点。"记者认为，随着城市居民生活节奏的加快及80后等现代消费人群的兴起，休闲餐饮市场具有较大的发展前景。生活节奏的加快使人们在紧张工作之余渴望能够有个好的环境吃饭以及与朋友同事聊天沟通，得以放松，到各式各样的休闲餐厅消费是不错的选择，既可享受美食，又有一定的私密性，也显得有一定的档次。在潮州，许多白领就把咖啡厅、奶茶店、牛排店等形式的休闲餐厅作为吃饭和聊天的首选场所。对大部分休闲餐厅来说，环境、格调、氛围往往比其经营的美食本身更具有吸引力。这些休闲餐饮温馨雅致的就餐环境、耳目一新的菜品组合、清新闲适的服务模式无不让人感觉眼前一亮。"在潮州市区某公司上班的小燕坦言，"喜欢这样的环境，让人更容易放松。"接受记者采访时，小燕正与另外三名年轻女孩坐在一家餐吧的木质餐桌前，每人握着一部智能手机，一边玩一边聊天。到了中午吃饭时间，4人每人叫了一份套餐，吃过之后又继续玩手机和聊天。这里的其他客人，也是三三两两坐在不同角落，边吃边轻声聊天。从消费需求的角度来看，都市年轻白领阶层的需求促进了西式餐饮与传统餐饮的融合，使得到休闲餐厅消费逐渐成为一种主流餐饮消费形式。我们相信，随着城市居民生活节奏的加快及80后、90后等现代消费人群的兴起，休闲餐饮市场会具有较大的发展前景。

第一节 餐饮休闲概述

一、餐饮休闲的概念

（一）餐饮休闲

顾名思义就是指以饮食品味及文化体验为主要动机的休闲活动。即从饮食中获得身心的调节与放松，达到生命保健、体能恢复、身心愉悦的目的。餐饮休闲产品结构以餐饮类为主，如：特色农家饭、地方特产食品、饮品、甜品、民间年节食品、西式快餐、简餐、烧烤、火锅等。经营形式主要包括西式休闲餐厅、主题餐厅、咖啡厅、茶馆、茶餐厅、街边休闲饮料店、甜品店等业态。餐饮休闲是餐饮与休闲模式双重创新并结合的产物，对于建构健康、合理的人性，提高生活品质，丰盈人的精神世界具有积极意义。

（二）休闲餐饮服务

是指以满足消费者的餐饮与休闲需求为出发点，将餐饮、娱乐、休闲、洽谈、表演、健身、养生等各种休闲形式融于一体的餐饮服务模式，亦即休闲消费在传统餐饮业中的体现。传统餐饮是抓用餐时段的客户，餐饮休闲则是迎合休闲时段的客户。由于休闲餐饮兼具了餐饮、娱乐、沟通情感等功能，加之其就餐时段灵活、餐品饮料全天候不间断供应等特点，因而服务工作具有连续性、复合性的特征。

（三）餐饮休闲业

是指提供休闲餐饮产品和相关服务的经济综合体，是为休闲餐饮活动提供产品及服务的企业和市场集合。

餐饮休闲与传统的其他餐饮服务形式有许多的不同，提到"休闲餐饮"，不少人会联想到各种快餐厅、咖啡厅、茶餐厅等，尽管它们虽然都含有休闲的成分或项目，但这类餐厅虽然装修考究、优雅、干净、卫生，但却不能使人在就餐时有既感到舒服、又能释放紧张情绪、获取愉悦的感觉，究其原因是"服务"和"氛围"缺点东西。在一些大酒店或自助餐厅、歌舞餐厅里食品种类繁多，形式多种多样，有的边看边吃，有的边吃边玩，并伴随各种抽奖，但还是不能使人忘却拘束、感受休闲。在一些大中城市，有些小餐厅如豆浆店、果汁店、西饼店、面馆、咖啡屋等也标榜"休闲"，但和真正意义上的休闲餐饮尚有距离。真正意义的"休闲餐饮"绝不是一种时髦词，它应该涵盖餐厅氛围（环境、装修、格调）、经营品种、营业时间、服务方式等几个方面，它是一个综合体，缺一都难以冠以"休闲"二字。如果把传统正餐比作中规中矩的西装、晚礼服，那么休闲餐饮更像是风格多样的休闲装，随意又个性鲜明。这种介于正餐与快餐之间、突出环境情调与文化氛围的新型餐厅，正在成为都市年轻人享受美食、沟通情感、放松心情的首选消费场所，也带动了大众化餐饮的整体优化、升级。

二、我国休闲餐饮的经营现状和发展趋势

随着经济社会的发展，旅游业兴起，都市休闲需求增强，人们在紧张激烈的社会竞争中，越来越迫切地希望有一处既休闲放松又饱食美味的地方，就像紧张、繁忙的都市里开辟的幽静港湾一样让人们找到一种梦境。"休闲"这两个字成为时髦词，休闲旅游、休闲养生、餐饮休闲等概念逐渐渗透于人们思想生活中。特别是近年来高端餐饮企业出现"断崖式"下跌，主打大众市场的休闲餐饮一枝独秀，这是当前中国餐饮行业呈献的新常态，其外在原因来自于宏观经济环境及政府反贪腐、遏制三公消费等政策的影响，以及城镇化加速、消费者对健康饮食的需求等因素。大众消费者更为偏好的是休闲性餐饮，特别是白领阶段，他们对于小资范儿更明显的休闲餐饮有极大的好感，成为餐饮休闲的积极体验者。后来，消费者又对就餐的环境、氛围有了更多要求，于是，一批以营造浪漫情调、突出文化氛围，主打绿色生态来满足人们深层心理需求的休闲餐厅开始受到白领一族的青睐。其通透的用餐环境、舒缓轻松的音乐，营造出愉悦的用餐氛围。那些滋味纯正的现切牛排、吮指难忘的手工寿司等来自美式、日式、法式、台式、港式各色美食，在这里做着最直白的呈现，自然成为都市年轻人大快朵颐的最佳场所。

马斯洛需求层次研究表明，人的追求有五重境界。休闲餐饮带给消费者的利益点远非餐饮本身，而是落在一个"休闲"上，体现的更多是精神层面的需求，诚如请客吃饭的目的远非吃饭，而是会友、聚会、商务洽谈、休闲享受等。休闲餐饮的核心是"以餐饮功能提升休闲服务价值，以服务创新增加休闲文化内涵"。体现在餐饮方面，就是用餐的目的不仅仅是为了吃饱肚子为目标，更希望通过餐饮消费来放松身心，满足物质需求以外的心理和精神层面的需求。

当前，我国的一些城市如上海、北京、广州、深圳等地，餐饮休闲很受欢迎。俏江南卖快餐盒饭、全聚德推副牌，全面上线小鸭哥，部署Mini小店，发力休闲简餐以及上海、北京的茶餐厅、广州的粥城、杭州的茶楼走红便是很好的例证。西安也先后出现了诸如奥斯汀西餐酒廊、香悦楼粥城、东江茶苑、仙踪林、德福巷酒吧一条街等餐饮企业，预示着休闲餐饮正在深入人们的生活，逐渐成为餐饮服务的一种重要组成形式，对都市及乡村旅游的发展取到了促进作用。作为百业之首的餐饮业，休闲餐饮行业将成为一个新兴的前途无量的行业。

近年来我国经济得到了快速发展，2013—2015年每年GDP都保持在7%的高速增长率，居世界前列。特别是旅游、餐饮、美容等服务贸易类行业得到了迅猛发展，给餐饮休闲业的发展提供了技术基础和理论的指导。与此同时，我国的城市化进程也不断加快：2015年我国居住在城镇的人口为76750万，占55.88%；居住在乡村的人口为60599万，占44.12%。同2010年第六次全国人口普查相比，城镇人口增加10193万，乡村人

口减少6816万,城镇人口比重上升6.20个百分点。① 城市工作的人们大部分人的都做着重复而单调的工作,但是工作的要求却很高,讲求效率、效果等,人们的压力很大,他们对物质和精神消费档次也不断地提高,每个人都有休闲的需求。我国大部分的餐厅都向休闲式餐厅方向转移。

我国休闲式餐厅的发展趋势从宏观的角度看:当前我国的经济在调整结构转变增长方式,经营方式正在向集团化、连锁化、品牌化方向发展。经营理念正经历从外观到内涵,从服务到管理的深刻变化。新的发展理念主要有:提供以顾客为中心、个性化服务、市场主题定位和主题休闲式餐厅等。从微观的角度来看,餐饮休闲注重增强文化气息,追求新意、强调体验。

当前我国餐饮休闲的主要发展趋势:

(一)白领消费新时尚

一批以营造浪漫情调、突出文化氛围来满足人们深层心理需求的休闲餐厅开始受到白领一族的青睐。如:"金钱豹"连锁餐厅无疑是每个城市当下最受白领追捧的休闲餐厅之一。哈根达斯、提拉米苏、三文鱼、鹅肝酱、生鱼片、生蚝、酥皮海鲜汤、烤乳猪、老虎蟹、牛排……400多种顶级国际美食,以自助餐的形式推出,让人们第一次在餐厅也能尽情享受以往只在五星级酒店才能见到的饕餮盛宴。通透的用餐环境、水幕衬托下的现场乐队演唱,营造出愉悦的用餐氛围。在全开放式的厨房前,厨艺被演化成心情的释放。滋味纯正的现切牛排、吮指难忘的手工寿司等以及来自美式、日式、法式、台式、港式各色美食,在这里做着最直白的呈现,自然成为都市年轻人大快朵颐的最佳场所。再如:近年来声名鹊起的戈拿旺巴西烤肉,则更多凭借热情洋溢的歌舞,吸引了众多35岁左右的中年消费群。舞蹈餐饮就成了戈拿旺的招牌。目前戈拿旺在北京已有4家门店,每家店都有歌舞表演,这个20余人的表演团队,都是由店里员工培养起来的。他们穿上戏服就是演员,脱下戏服就是服务员,称得上是歌舞表演与美食服务的真正融合。

(二)贩卖美食,更贩卖情调

对大部分休闲餐厅来说,环境、格调、氛围往往比其经营的美食本身更具有吸引力。英国有句谚语:You are what you eat,用中国话讲就是人如其吃。就餐习惯往往可以透露出一个人的个性特征。能够吃到一起就能玩到一起,正是所谓的物以类聚。难怪不少人都会从约会对象带自己去了何种餐厅来判断对方的性情、品位。

提到情调,人们脑海中最先想到的恐怕就是星巴克。"我不在办公室,就在星巴克,我不在星巴克,就在去星巴克的路上",这是形容白领生活情调的经典句子。尽管星巴克在1999年才在北京的国贸中心开设第一家店,但是,经过十余年的发展,2015年中

---

① 中新网4月20日电"国家统计局今日发布2015年全国1%人口抽样调查主要数据公报"。中新社记者 武俊杰

国已成为星巴克的第四大海外市场,其分店数目在大中华区已达到710家左右。星巴克成功的最大秘诀就在于其文化的塑造和传播的成功。星巴克的产品不单是咖啡,而是通过咖啡这种载体,把一种独特的格调传送给顾客。这种格调能够感染顾客,并形成良好的互动体验。再如:拉兹印度音乐餐厅贩卖的则是印度餐饮文化。这家经营印度菜的特色餐厅位于旧鼓楼大街和鼓楼西大街交界处一所不起眼的老宅子里。欢快的印度音乐、独特的灯具、各式印度小摆件、墙上的古典印度绘画,让顾客有一种置身"新德里"的感觉。餐厅坚持使用印度人做大厨和餐厅经理,为的是向顾客呈现原汁原味的印度菜。每个季度,餐厅还会有不同形式的演出,定期邀请印度艺人来这里表演。这里的顾客以印度人、欧美人为主,中国人到此光顾主要是为了体验地道的印度风情。凭借比萨成功打入中国餐饮市场的必胜客,目前正在通过产品的不断推陈出新,实现"比萨专家"到"西式休闲餐饮专家"的定位转变。显然,后者的市场空间更大。据悉,西式休闲餐饮的目标消费群,主要是喜爱西式食物、追求品质生活、乐于同家人朋友共度美好时光的活力"食客"。走进位于北京西单的乐菲欧意式休闲餐厅,数十盏水晶灯、茶色棱镜及紫色纱幔交相呼应,呈现出奢华与时尚的完美结合,为店内增添了神秘而浪漫的气氛。不同于普通快餐店高峰时的拥挤,即便是午餐时间,这里的客人也是三三两两坐在不同角落,与身边的朋友轻声交流。与乐菲欧一样,大部分休闲餐厅都具有就餐环境幽雅舒适、服务设施完备、产品制作快捷等基本特征。此外,休闲餐厅还通过环境布置、服务、菜品等,诠释着不同国家、不同地域、不同主题的各色餐饮文化。

(三) 产业关联度高

与一般餐饮店相比,由于休闲餐饮在软实力方面的提升,消费者往往愿意为此支付更高的价格。因此,虽然翻台率不一定很高,但休闲餐饮的平均毛利率要比一般餐饮店高许多。而且,由于休闲餐饮能够弥补传统餐饮店在高峰时段外的销售冰点,在资源利用率和盈利能力上都更具优势。从某种程度上来说,休闲餐饮是对传统餐饮业结构的优化和提升。

休闲餐饮还是一个产业关联性很强的行业。城市休闲餐厅除了供应美食、酒水外,不少休闲餐厅都会提供免费上网服务,经常会搞一些小型的文艺演出、绘画展览、联谊活动等,因此,信息系统、演出市场、文化艺术品等具有较强需求,从而带动文化产业、装修装饰等相关产业的发展。而乡村休闲餐厅的发展会对农产品种植加工、带动剩余劳动力转移,促进农村经济发展取到促进作用。

(四) 中西餐文化交融

引入大量西方元素的休闲餐饮对于推动中西餐饮文化的融合起到了积极作用。现如今,在休闲餐厅中,中餐与西餐的界限已模糊不清。中菜西做、西菜中吃,中西菜品在食材、调味料的选用、烹饪手法乃至摆盘装饰上,都充分融合、借鉴。比如北京全聚德西翠路店研发的新菜"芥辣鸭脯",在手掌大小的鸭脯肉上,涂着一层由绿芥末、蛋黄酱等精心调制的西式酱汁,以烤、煎结合的方式进行烹饪,连食用方法都像吃牛排一样使用刀叉。这道卖相、滋味俱佳的全聚德菜品,已经很难用中菜、西菜去简单界定。而在好利来、金凤成祥等蛋糕店,芝士、奶油、黄油等西式原料,更是被广泛应用于中式糕点的制作当中,大大提升了糕点的口感和品质。消费者对于口味、菜式、服务体验的追求更趋多元化,都市年轻白领阶层的需求加快了西式餐饮与传统餐饮的融合,使得休闲餐厅逐渐成为一种主流餐饮形式。

(五)家庭成消费主体

从休闲餐饮主体消费结构来看,消费者主体结构正在向家庭结构演变,尤其是三口之家逐渐成为休闲餐饮消费主体。主要以2~5人为消费的主体,尤其是都市白领,具有较高的消费能力,更是代表中国餐饮消费的未来发展方向。为此,大众化、个人付费的餐饮消费已经成为中国餐饮市场的主流,传统中餐的大酒席形式将被小餐桌的分餐制所取代。

【知识链接】

2015年休闲餐饮发展趋势,用大数据告诉你风往哪吹

据职业餐饮网2015年3月6日报道:伴随着经济社会与城市文明的发展与演进,人们对于个性化、情感化和审美化饮食消费的追求成为休闲餐饮发展的原动力,而休闲餐饮产品的多元化又为消费群体的个性化选择奠定了基础。先看消费动机:据相关调查显示,休闲餐饮的消费者主要消费目的依次为:朋友聚餐占25%、家人聚餐22%、商务宴请占14%、情侣约会占12%、其他占27%。消费群体偏年轻化,私人消费占九成以上。再看产品选择:各地休闲餐饮主要集中在农家饭菜、简餐、小吃、甜点、饮品,并呈现出地域文化和消费能力的差异。例如,上海、南京休闲最爱吃甜点,北京休闲最爱涮火锅,而在广州、成都、杭州等地,小吃备受当地消费者青睐。同样是休闲饮品,上海人钟爱的是小资情调十足的咖啡,广州人最爱逛街时来一杯价格实惠的奶茶,南京人的最爱则是传统的茶社。最后看消费能力:人均消费额的数据统计最能准确体现休闲餐饮消费能力的现状。根据大众点评网公布的数据,2015年休闲餐饮人均消费额城市排名依次是南京54元、杭州53元、上海49元、北京44元、广州40元、成都38元、西安34元。其中,作为传统餐饮模式中最易复制的火锅店,今年开始不再依靠价格战,部分商户打起了服务牌,中高端火锅兴起。大众点评的数据显示,上海、深圳的中高端(单次人均消费200~299元)火锅受欢迎程度上涨最快。

第二节 餐饮休闲的类型及特征

一、餐饮休闲的类型

依据消费动机的不同，可以把餐饮分为三种基本形态，即饱腹餐（快餐）、休闲餐（休闲餐饮）、正餐（商务餐）。其中餐饮休闲按照经营形式分为以下类型。

（一）农家乐

以美丽的自然风光吸引城市游客进行农业观光，农家乐业主对当地的农产品进行加工、烹饪，满足游客回归田园的餐饮、短期住宿需要。其营销理念是："吃农家饭，住农家屋，品农家菜。"

代表：昆明市西山团结乡、成都市三圣乡农家乐区域群等。

（二）休闲农庄

乡村旅游中以农民为经营主体，乡村民俗文化为灵魂，城市居民为目标的一种休闲旅游形式。

代表：云南寻甸红色庄园，庄园 20 世纪 70 年代曾是云南农业大学旧址，庄园以"人民公社""怀旧寻根""教育求知"等主题方式，向人们叙述昨天的真诚，续说今天的和谐，庄园占地 750 亩。行走在满目皆翠、风景如画的庄园中，脚踩落叶，耳听鸟鸣，人与自然融为一体，尽情挥洒自由与烂漫，体会生活闲暇新意，触动心底最温柔的深处。

（三）生态休闲餐厅

单一以生态环境营造为主要卖点的餐饮休闲形式。

代表：江苏宜兴云湖风景区内的宜兴根大生态园，2012 年 5 月落成，项目面积 1.3 万平方米，建有神农主题景观、江南风情宴会厅、王府包房、桃花源洞窟包房、玛雅包房、雨林大厅、瓦缸古寨。

（四）生态农业+休闲餐厅

集农业高新技术示范、绿色蔬菜和果木种植配送、都市农业观光于一体，配合生态餐厅，拉长消费链条。

代表：位于石家庄的天福祥生态园五洲国宴，2009 年落成，项目面积 1.6 万平方米，建有运河人家包房、俏江南包房、汉唐王府包房、天池天山景观区等。

（五）休闲度假村

融餐饮、农业观光、采摘、垂钓、温泉洗浴等形式于一体的生态休闲综合体。

代表：天津龙达温泉生态城配套餐厅，2012年落成，项目面积13.8万平方米，建有：热带雨林温泉馆、生态主题餐饮区、四星级温泉酒店，另有生态农业观光园10万平方米。

（六）都市休闲餐厅

都市中兴建的特色餐厅，以绿色生态和休闲设计作为特点，以城市白领、青年人为主的小资情调的各类茶餐厅、小火锅餐厅、肯德基、必胜客等。

肯德基就是中国最大的休闲餐饮品牌？肯德基的汉堡、炸鸡、薯条是从国外引入的特色菜品，吃了不容易饱，肯德基人均30元左右的价格已经大大超过了多数人饱腹时期的价格预期，进入了休闲餐饮的价格区间。肯德基的目标人群是那些喜欢吃零食的人群：年轻女性和少年儿童，在这些人闲暇无事逛街购物时，把吃肯德基当作休闲组合中的一部分。这些理由足以认定肯德基在中国是休闲餐厅。目前肯德基在中国有近4000家门店，遍及800个城市，可以说是中国最大也是最成功的休闲餐饮品牌。事实上不仅仅是肯德基、麦当劳、必胜客以及各种西餐、日本餐、韩餐等国外餐饮进入中国市场后，多数都被定位为休闲餐饮。

代表：肯德基、泰式小火锅、必胜客、西餐简餐、日本寿司店、韩式烧烤餐等。

（七）旅游及城市综合体中的餐饮配套

基于泛旅游产业综合发展的构架，融合观光、游乐、休闲、运动、会议、度假、体验、居住等多种旅游功能的综合体中搭配而建的生态餐厅。

代表：温都水城"洛神赋生态餐厅"，2013年落成，项目面积6423平方米，拟建：花隐堂主入口区、烟雨清风通透雅座、淡月花语表演台、洞福山地、蟠桃瑶池、漓江水街。

（八）以休闲体验为主的餐厅

以满足消费者体验为主的休闲餐饮形式，强调：自己动手，参与性和共趣。

代表：火锅、自助烧烤、自助厨房等。火锅是典型的休闲餐饮，从味碟调配到下料涮料，自烹自食，强调自助，顾客参与度较高，比较有成就感，成为人们休闲用餐时的普遍选择。当然，近些年来市场上也出现了以商务消费为主的偏于正餐的高档火锅，但由于数量较少，还不成气候。此外还有快餐化的火锅，例如：源自台湾的呷哺呷哺，1998年在北京创立，其特点是新颖的吧台式就餐形式和传统火锅的完美结合，开创了时尚吧台小火锅的新业态。总体来看，各种火锅以及基于火锅衍生出的干锅、冷锅等类别的餐饮占据了中国餐饮市场大约1/3的份额，中国餐饮百强企业中很多都是主营火锅的。

（九）休闲餐饮美食街区

经营方式集中，以吃为主和以饮为主。顾客有多样性选择。小吃街、咖啡、茶艺、

酒吧、美食一条街、小吃城均属于餐饮休闲街区。

代表："四川成都锦里"，街道全长 550 米。为清末民初建筑风格的仿古建筑，以三国文化和四川传统民俗文化为主要内容。古街布局严谨有序，酒吧娱乐区、四川餐饮名小吃区、府第客栈区、特色旅游工艺品展销区错落有致。号称"西蜀第一街"，被誉为"成都版清明上河图"。相对国内很多旧瓶装新酒的人造景观，锦里是完全草根的，本土的，家常的。商店里卖：筷子、茶叶、灯笼、蚕丝被和土特产。餐厅里的美食有张飞牛肉、三大炮、肥肠粉、钟水饺、夫妻肺片等百十个品种，一箸一杯都是冲着味道去的，不花哨，没有噱头，讲究的是实惠。还有手艺人与"吃"有关的各种杂耍绝活表演，捏个泥人，转个糖画儿，买张剪纸，都是包含童趣和怀旧的韵味。

二、餐饮休闲的特征

餐饮的最基础功能是饱腹，休闲需求使其得到升华，餐饮休闲则已经超过了饱腹和商务需求，更多的是追求心理和精神上的满足，心理和精神层面的东西是无形的，天平称不出来，量杯量不出来，但却是可以体验的。在餐饮休闲的过程中，顾客用眼、鼻、口、舌来体验菜品的色香味，用眼、耳、心来体验服务和氛围，用心、脑来体验文化和品牌……顾客最终想要得到的就是充分体验到休闲的感觉，也就是身、心、神上的休息、放松、调节与享受，从而获得满足，从这个角度来说，餐饮休闲的本质是一种休闲体验，同时也是一种消费行为。

当人们通过饮食活动来实现休闲目的时，一般会呈现出以下消费心理和服务特征：

（一）服务形式及氛围的休闲性

从餐厅的装饰、布局、员工的服饰、服务的方式，环境的氛围都要体现"休闲"二字。做到：动中有静、静中有幽，互相映衬，相得益彰。这种氛围不一定千篇一律，根据各人喜好，可以是中式的、西洋的、古典的、现代的，感受可以是或热烈刺激或新奇动感，或优雅浪漫，或安逸适度，这样各种类型的休闲餐厅才能满足不同类型人的需要。比如，中式古典的可以是小桥流水、亭台楼阁、花草树木、鸟语花香、名人字画、庭中小景、轻歌曼舞，使人有古朴温馨、幽雅、回归自然、世外桃源之感。西洋的可以以古典油画和古典英文手稿作为装潢，淡灰蓝色的画面和古老的羊皮纸色调构成一种西方传统文化的基调，四处散落的温馨座位，开合式垂地丝绒帷幕，开放式的烹制美食，透明厨房在你眼前制作美味佳肴，使人感到家庭厨房般的脉脉温情。而动感式的餐厅使客人进入一个运动的世界，世界体育明星的投篮、射门、跨越，各种模拟机使你进入"全垒打""滑雪场""高尔夫球场"，充满震撼的流行乐配合着五光十色的体育游艺设施，再加上餐厅投影电视精选的运动场面，使人身临其境，扣人心弦，感受到美食、娱乐、运动、新潮、热烈、刺激，运动、美食两不误。

（二）品种的多样性

这种多样性既可以多餐别（中餐、西餐、日餐、东南亚餐），更可以跨越菜系，当然这绝不是一个大杂烩，可以以一类地方风味作为主线，兼有各地风味，以提高口味的适应性。既要有正餐餐食，又要能提供小食品、小吃、点心、水果、饮品等休闲食品。

（三）时间的随意性

通常人们以早、午、晚三餐作为日常固定进食习惯，但对于很多人来说，时间的限制使他们感到不便。如：经常加班的人、晚起的人、赶车的人、加班的人、夜场玩乐的人。如：广州市区或一些大中城市，就有些主打休闲餐饮的店面根据目标人群的需求，将供餐时间由目前的三餐调整为六餐直至通宵营业（即由早、午、晚变为早茶、早午茶、午餐、下午茶、晚餐、夜宵），这种餐馆的出现填补了空白，满足了人们休闲就餐的随意性要求。

（四）服务的灵活性和个性化

很多休闲餐厅在服务上十分注意灵活性和个性化，除了自助式服务，还可以有谈心式服务。这种服务不要求员工如何去做，而是要员工自己懂得怎样才能令客人满意，只要客人要求，员工可以跟客人聊天，以拉进和客人的距离，使客人有回家的亲切感，从而消除拘束感。服务的个性化体现出人性化。所以"求新、求奇、求刺激"与"求高雅、求宁静"必将是休闲式餐厅的两大服务目标。餐饮休闲通常都属于私人消费，多数是个人掏腰包，与自己的家人、朋友、同学、恋人等关系比较亲密的人一起，而不是以客户在一起。所以，以工作应酬、接待为主的程序化的服务要少一些，个性化的需求要多一些。

（五）体验的独特性

休闲餐饮品牌有两个核心产品，一个是指有形的菜品及物质设施；另一个是用户体验。经营思路要围绕一个核心客户群，全方位提升用户体验，从菜品的设计，到就餐的环境、从消费者首次体验到后期的跟踪服务，与顾客的每一个接触点都要做到极致化，将体验营销做充分，这是休闲餐饮的核心内容，要让消费者能从视觉、味觉、听觉、触觉等方面感受到多重美妙体验。如：顾客吃饺子是为了饱腹，但参与包饺子就是一种休闲。在休闲用餐时，顾客往往有时间并乐意亲自参与一些事情，前提是不能太复杂，而且能带来一些的成就感。此外，相对充裕的时间是餐饮休闲的一个特点，无论发生在用餐时间和非用餐时间，都必须有比较充裕的时间才行，要是有时间和心情去体验餐厅带来的各种享受，不至于为了赶时间而囫囵吞枣。餐饮市场那个每隔几年就会有新的餐饮业态或流行菜式出现，餐饮行业有一句话俗语："江山待有名企出，各领风骚三二年。"这也反映了消费者求新求异、体验新潮的心理需求，也是追逐潮流的结果。

【知识链接】

中国10大美食休闲街区

四川成都锦里 "尚滋味""好辛香"锦里，被誉为成都版清明上河图，在著名的锦里小吃一条街上，出名的小吃像凉糕、三大炮、牛肉焦饼、黄醪糟、糖油果子、甜水面、凉面、卤菜等。

上海城隍庙 上海城隍庙美食街一带，甚至可称得上是小吃的王国，绿波廊的特色点心、松月楼的素菜包、松云楼的八宝饭、南翔小笼、宁波汤团和酒酿圆子等，都是游上海不可错过的美味小点。

广西南宁中山路美食街 从南宁传统的小吃芋头糕、圈筒粉、粉饺、海鲜、酸野、馄饨、牛肉丸、八珍伊面、亚热带特色水果，到武汉的鸭脖子、香港的钵仔糕、北京的炒板栗、云南的汽锅鸡，真是应有尽有，美味异常。

湖北武汉户部巷 汉味小吃第一巷，户部巷汉味风情街位于武昌司门口，东靠十里长街（解放路）面临浩瀚长江，南枕黄鹤楼，北接都府堤红色景区，是由名街名楼名景名江环绕而成的一块方寸之地，自古钟灵毓秀人杰地灵。

南京夫子庙小吃 四大帮口特色美食各显神通。南京历史悠久，素有"六朝胜地、十代都会"之称，而"金陵的小吃，就更是历史悠久，品种繁多了，自六朝时期流传至今，多达80多个品种。名点小吃有荤有素，甜咸俱有，形态各异，尤其是以秦淮八绝（八道点心）叫绝。

山东青岛中山路劈柴院 名副其实的美食一条街。各类海鲜的摊档，店主边吆喝边制作。青岛的美食各式各样，有肉嫩鲜美的海鲜，有诱人可口的甜点，还有香气扑鼻的各式烧烤，每每想起这些美食，不禁总会让人垂涎欲滴。

陕西西安回民小吃街 回民小吃街是西安旅游中的一处特色景点。西安回民街历史悠久，距今已有上千年历史，是西安著名的美食文化街区，来西安必去的地方。

福建厦门步行街 台湾特色小食一网打尽，游人在厦门市中山路步行街上品台湾小吃车轮饼。走在厦门市最繁华的中山路上，各种台湾商品琳琅满目。慕名而来的大陆游客来此纷纷驻足，购买自己喜爱的各种台湾商品。

北京簋街 夜幕下的麻辣情结，这是京城最著名的美食街，麻辣小龙虾、麻辣肉蟹等辣味菜系是簋街的主打菜系。在这条长不过1.5公里的大街，聚集了近200家不同风格、不同口味的饭馆，在这里能让你品尝到正宗的全国八大菜系。

第三节 餐饮休闲项目的经营与管理

在激烈的餐饮市场竞争中，僵化的观念意识、传统的经营管理模式已越来越不能适应新形势发展的需要，这就是要求我们必须不断地转变观念，运用科学的方法去调查研究餐饮市场经济中出现的新情况、新问题，抓住问题的关键，用现代化的整体营销观念去策划、运作，以取得最佳的经济效益。

与传统餐饮理念相比，休闲餐饮营造的是一种自由的空间，虽然目前不能绝对肯定地说这体现了现代餐饮的发展方向，但是因为它在很大程度上使得普通人的一些情感得以宣泄，迎合了很多时段、很多人群的餐饮消费，所以引起了消费者发自感情上的共鸣，从而赢得了市场。餐饮休闲既有一般餐饮业经营管理上的要求，又具有自身的一些要求。

一、市场分析与定位

对休闲餐饮业的市场调查分析主要从以下三个方面进行：

在消费者需求方面，不仅要了解休闲餐饮业市场消费者的数量，以及他们对价格的接受能力，而且要掌握其消费习惯、消费心理等。

在产品方面，要了解餐饮业所提供的产品，服务的供给和需求状况，顾客对产品和服务的满意程度。

在竞争对手方面，充分了解竞争对手的情况，包括产品、服务及策略等，学习借鉴其成功的经验，尽量避免与其正面冲突。根据市场发展的趋势，对市场进行重新细分，选择适合自己的目标市场，确定经营方针。

在餐饮行业，传统的市场细分标准一直是按照消费档次把市场划分为高档、中档、低档三种。此种划分形式过于单一，必然导致竞争加剧，已远远不能满足消费者日益多样化的需求，为了更好地寻找市场机会，求得发展，经营者必须不断寻求新的细分标准，通过综合分析，全面了解各市场的状况以确定自己的目标市场。现以年龄和心理两个标准为例来对消费者市场进行细分研究（见表12-1）。

表 12-1

年龄	中老年	青年	少年
消费追求	舒适	情调	有趣
消费水平	实惠	较高	较高

对于老年人来说，他们已习惯了按部就班的消费方式，思想往往比较陈旧，更注重实际，不会轻易随波逐流，老年人一般不会太过追求独特新奇的休闲或美食体验，他们

的消费大多讲求实惠和舒适，看重环境及生态，不会成为休闲餐饮市场的主流；中年人由于来自事业和家庭的双重压力，使他们对"休闲"变得很麻木，但偶尔他们也会寻找一下"休闲"的感觉。

有相当一部分青年人，他们受过良好的教育，思想比较开放，更愿接受新生事物的挑战，追求一种浪漫和精神的自由，再加上他们收入比较稳定，又没有家庭负担，于是便成为休闲餐饮市场的主要消费群体。

儿童与青少年学生虽然没有支付能力，但他们的消费观念对父母影响很大，一般在父母陪同下消费，以满足孩子的心理需求和愿望为主，虽然所占份额不大，却是休闲餐饮市场未来的主要消费对象。

因此休闲餐饮业的目标市场定位应以青年人为主，通过采取相应的营销策略来满足他们的需求，并不断开发新的消费者群体，使休闲餐饮业尽快度过投入期，进入成长期、成熟期，促使其良性发展。

二、选址与功能设施配套

店址的选择对休闲餐饮来说非常重要，它直接关系到餐饮业经营的成败。店址的确定主要应考虑以下几个方面的因素：

（一）繁华路段的聚客点

市场容量＝人口＋购买力＋购买欲望，而决定市场容量的因素中，人口是首要的，人越多，消费量越大，市场也就越大。选择繁华地段，可以增加接触消费者的数量和频率，从而增加消费量。肯德基开店的原则中：努力争取在最聚客的地方或其附近开店。古语道"一步三市"，开店的地址差一步就有可能差三成买卖，这跟人的流动线有关，人的流动线是指人流的路线，如人从公交车上下来后行走的方向路线等，对此要进行认真的测量。还要对店门前人流进行测定，即在计划开店的地址记录单位时间内经过的人流量。另外，聚客点的选择还要考虑人流主要活动路线会不会被竞争对手截住。比如说，某大型商场附近西边开了家肯德基，东边开了家麦当劳，两家不会发生冲突。如果麦当劳开到肯德基西边就不妥了，因为主要客流从东边的大商场过来，大量客流就被肯德基截住了。因此，休闲餐饮店址的确立一定要充分考虑以上诸方面因素，选择最佳的聚客点。

（二）交通要方便

由于消费者的居住有一定的分散性，而店址确定后则具有一定的固定性，这势必影响到其市场份额的扩大，而便捷的交通可大大弥补此方面的不足，从而吸引更多的消费者前来消费，在店址周围应该具有较为方便的停车场地。

（三）辅助消费设施和配套要齐全

休闲消费带有一定的综合性，不仅要吃饭而且需要音乐、娱乐、购物等。因此餐饮店周围最好带有较多的大商场、影剧院、音乐酒吧之类的娱乐场所，这样可以更好地促进消费、满足消费者多方面的需要。一般来说，不同服务类型的餐饮项目集聚在一起有利用形成大众餐饮消费导向，如美食城、美食街区等。

（四）突出位置及资源优势

对于设立于乡村或山野海滨的农家乐、农庄，选址要全面考虑到依山傍水，景色秀美，生态良好、民俗特色、交通便利等因素，突出资源、位置、民族及文化传统等资源优势和买点。

三、店名与品牌建设

一个简洁、响亮的名字不仅便于消费者的辨认识别，而且更能突出自己产品、服务的特色，塑造一个良好的形象，更重要的还在于其背后包含着巨大的无形资产价值。但是仅有一个好名字是远远不够的，关键是通过自身高质量的产品和服务给消费者留下美好的印象，在消费者心目中形成一种意识惯性，不断地影响其购买行为。休闲餐厅的命名应更多突出自己消费文化的主题。

四、管理与服务

餐饮休闲作为餐饮的一种服务形式，它与传统的餐饮形式在管理服务上既有共同的要求，又有自身的一些特殊要求：

（一）特色美食

提供各种各样的休闲菜品是休闲餐饮的最核心的价值所在，任何餐厅想做休闲，都要在菜品上用足功夫。对于追求以饮食品味为主的顾客需求，只有舒适的休闲环境，没有特色美味的饮食是吸引不了消费者的。餐饮休闲企业的盈利点主要从餐饮消费中体现，它是主要卖点和吸引力。其他附属的休闲设施条件大都为配合餐饮销售而设。

（二）舒适的环境

由于顾客有充裕的时间来体验，所以休闲餐饮的环境要设计得舒适一些，体现在餐桌椅、灯光、音乐、色调等方方面面。有些餐厅的椅子很硬，坐起来相当不舒服。还有些餐厅，环境拥挤，人声鼎沸，顾客在这样的餐厅一般不会久留，想休闲也难。

（三）周全的服务

吃快餐时，人们的目的是快速吃饱肚子，为此可以自己站在柜台前点餐，自己端盘子，甚至与别人拼桌吃饭。在休闲餐厅里，顾客并不着急赶时间，对服务的要求就高得多了：点餐通常要在餐桌上，传菜、收银等自然由服务员承担，对服务人员的态度和行为上的细节也更加关注。不仅如此，与一般餐厅只提供餐饮服务为主，餐饮休闲是一个连贯性的服务过程，顾客在休闲环境中消费行为可能会涉及吃、住、行、旅、购、娱等

项目，所以这就要求餐饮休闲的服务应该更加细致、体贴、周全，有整体服务的思想，这样才能给顾客一个美好的休闲体验。

（四）更多的附加值

既然顾客有时间有心情来体验，餐厅可以围绕自身的定位和休闲的要求，多一些价值点：例如：民俗活动的参与、果蔬采摘、土特产销售、抽奖促销活动等，都能给顾客带来新的有价值的休闲体验。此外，品牌和文化也是有附加价值的重要手段。

（五）略低的价格

对于休闲餐饮来说，顾客的用餐时间较长，对环境、服务等方面的要求也比较高，这必然会导致餐厅的投资增大运营成本增加。适度提高价格也是应该的，但价格要切合目标人群的消费能力，否则会给顾客带来压力。试想一下，人们进入一个远远超过自己正常消费水平的餐厅，会很紧张钱包里的钱不够用，或者担心超出预算，这种情况下很难休闲起来，也很难抓住回头客。

（六）休闲的氛围

氛围是餐厅的气氛和情调，与环境相关，但不等同于环境。既然顾客的用餐目的是为了休闲，餐厅就可以通过装修装饰、灯光、音乐、服务、品牌、文化等元素来营造出轻松的气氛，以强化顾客的休闲体验。

五、氛围营造与文化体验

人们在休闲餐饮消费时，需要的不只是食品，更需要一种空间气氛，可以让人暂时将烦恼抛于九霄云外。因而对环境气氛的营造要下一番大功夫。环境氛围包括：外部环境配合、内部环境格调、菜品风味、服务特色等方面的融合，一句话：就是能让顾客舒心的东西。

休闲式餐饮必须带有文化色彩。自古以来，中国人的休闲就是一门博大精深的学问，特别是以士大夫文人为主，是中华传统文化中很重要的组成部分，它与自然哲学、人格修养、审美情趣、文学艺术、养生延年等许多方面发生极为密切的关系。"采菊东篱下，悠然见南山"，陶渊明的这两句诗非常有代表性地写出了现实的最高境界。如今，文化因素也会成为餐饮行业装潢方面的一个重要因素，消费者会越来越重视"吃环境"。而对于不同的定位，也会有着不同的文化体现，就像南京原动力的百芬爽饮品项目，体现的就是青春、时尚文化。

中国烹饪艺术不仅表现在成菜后的色、香、味、形上，在刀工及勺工操作的一招一式之中同样极富旋律、节奏、韵律甚至舞蹈的艺术之美。对于一些对饮食文化特别感兴趣的客人，在文化体验方面，餐饮休闲类餐厅可以将一些极具表演性和艺术欣赏性的技艺展示在客人面前，如：龙须面、面塑、食品雕刻、茶艺等。既能活跃就餐气氛，满足心理需求，又能促进盈利。可以多提供一些自助性体验活动，如：农家乐的休闲方式可以让客人感受到从择菜、洗菜到亲自烹饪的过程，参与农耕活动和荡秋千等民间休闲活动，感受别样的农家食俗、习俗，增强参与性和互动性，增强休闲活动的乐趣，达到身心放松。

六、餐食卫生与安全控制

"民以食为天，食以安为先！"餐饮服务的前提是安全卫生，一次不卫生的就餐体验就会失去老顾客，甚至引发群体性食物中毒事故。这一点，城市休闲餐饮由于监管到位，一般不会有太大问题，但在乡村农家乐等形式的餐饮店，受各方面条件限制及监管缺失，大都"散、小、弱、差"，环境卫生、加工烹饪、司厨人员健康等方面存在很大安全问题。如：有些农家乐为了招徕客人，常把一些当地出产的山茅野菜、有微毒的药材甚至野生动物作为"野味"或"滋补"菜品推介，存在很大的食品安全隐患。

七、产品创新与开发

餐饮休闲在我国方兴未艾，发展刚刚处于起步阶段。餐饮休闲既然是休闲方式，那么必须将人的感受作为主要的关注目标，而餐饮业作为服务业的代表，也需要将服务作为一切工作的重中之重，综合以上两点，餐饮休闲业的产品创新与开发必须将服务作为创新的着重点，将达到客人满意度作为工作的准则和要求。餐饮休闲的产品创新与开发，大概面临着两条选择的道路，一条道路是在城市中，以提升餐饮环境，开展特色活动，创新餐饮菜式，开发新型餐饮式为主，简单说就是要提高餐饮环境等外在影响因素，达到在餐饮过程中的客人的休闲目的，这一方向以私房菜，或高级会所为代表，使客人在城市中获得一份宁静而不一样的体验。另一条道路就是在城市之外，一部分在郊区，以乡村环境为卖点，开展以农家乐为代表的多种乡村生活体验活动，让城市中的人在体验不同于自己日常生活的活动中，于精神层面获得新鲜而有趣的体验，从而得到休闲的目的；另一部分在风景区，靠山吃山，靠海吃海，以美丽的风景和新奇的地方特色为卖点，让人在欣赏美丽风景的同时得以果腹，而且新奇的食物可以带给人以不同的感觉，从而获得精神和生理的双重享受，这一部分以海边渔村等为代表。

休闲餐厅以年轻人作为主要的目标市场，针对这个目标市场，餐厅首先要创造自己的休闲文化，比如避风港、快乐小屋等，同时要求食物、服务、环境都要与其协调一致，突出其文化主题，其幽幽烛光也使"醉翁"之意不在于吃。具体可以从以下几个方面入手：首先，所提供的产品既要保证大众口味，又要突出自己的特色。客人到餐厅来，最先感受到的是食品的味道。因此，餐厅应针对当地目标消费人群，尤其是年轻人的口味，不断推陈出新，形成自己的风格，推出大众菜系、特色菜系、当日新菜、当日特价等，给客人每天一份惊喜。还可根据顾客的特点配备各式套餐，如情侣套餐、朋友套餐、儿童套餐、家庭套餐等。餐厅应设有专门的情侣就餐区，位置清静，装饰要浪漫且富有情调；家庭套餐就是专门为家庭聚会准备的，希望年轻人能带动家人来休闲，使每个人都有"回家"的悠闲和舒适。

八、营销概念及价格策略

概念经营分两个，一是招牌概念，顾客看招牌就有一个明确的消费概念；二是促销概念。很多餐厅会在节庆日做特价或者赠送、打折等的活动，这样千篇一律的形式不能运用在休闲餐厅，休闲代表一种文化，一种时尚，促销形式也要做得新颖特别，以一个能很明确的概念来表示。如某地一个粥吧提出过一个针对年轻人的爱情促销概念，打出的广告语是"一碗好粥胜过一千个热吻，请你爱的人喝粥，请爱你的人喝粥"这样一来，迎合了很多人的心态。

休闲餐厅可依据顾客的回头率可把消费者分为重度、中度、轻度三种类型。重度消费者指至少一个星期来一次，中度消费者大约一个月来一次，半年以上来一次的是轻度消费者。重度消费者是餐厅的老朋友，可以向他们提供某种类型的超值服务以保持他们的忠诚度，例如在节假日（五一节、情人节、国庆节等小长假）都可享受餐厅的优惠（或打折或送礼物）。对于某些特殊顾客如过生日等，餐厅可特殊对待，免费赠送蛋糕、鲜花之类以表祝贺；周末还可搞一些参与性的小活动，鼓励大家都来参与，也可采取优惠卡活动，如：凡到本店消费五次可得铜卡一张（享受95折优惠），集铜卡五张可得银卡一张（享受9折优惠），最后集五张银卡可得金卡一张（享受85折优惠）等。总之，餐厅应通过自己的不断努力使其成为消费者心目中吃饭、休闲、娱乐的理想场所。

根据目标市场的特点，休闲餐厅价格的确定应以中低档为主，有些饭菜可以根据顾客的需要确定大小盘及不同价格；对于季节变化所造成的产品成本差异，应及时更换菜单，而不宜在原菜单上任意改动价格，以免给顾客造成乱调价的不良印象。餐饮是休闲活动实施的一种载体，一般消费者都十分看重价格定位。

市场总是在不断发生变化，消费者的消费观念和消费能力也总是在不断提高，休闲餐厅经营得好不好，能否适应市场竞争的要求，主要看其经营者对内能否充分挖掘员工的积极性，发挥他们的创造性，对外能否更好地满足消费者日益提高的多样化需求。只要能够针对目标消费者的需求特点，及时做好营销策划，加强服务管理，休闲餐饮业必将迎来更美好的明天。

【复习思考题】

1. 如何理解餐饮休闲？
2. 休闲餐饮与一般的餐饮形式在服务形式上有何不同？
3. 为什么都市人喜爱休闲餐饮？
4. 休闲餐饮市场调查的方面有哪些？

【案例分析】

材料一：

找准市场定位，楚云庄休闲都市农庄实现"农村包围城市"扩张

楚云庄是两年前才建成，而其股东之一的钱辉清总经理，在四年前开始从事农家乐餐饮行业，在武汉属于"带头"人。"四年前，在湖南开始流行农家菜，我开始尝试在武汉做湖南菜和湖北菜两种口味，后来开始专营湖北农家菜。"钱经理说，四年前，武汉只有零星的几家传统意义上的农家饭、家常饭餐馆，规模在二三十平方米，如今农家乐红透半边天，仅东湖鲁磨路上就有规模不等的50余餐馆。"现在城市人工作强度大，紧张度高，我想提供一个能让大家放松休闲的地方，回到自然舒适的环境。"钱经理道出了当时创办农家乐的初衷，最大的特点在于"休闲轻松"，20世纪50年代是一个特朴实、单纯的年代，营造这么一个氛围让顾客怀旧、感动、放松。"光想着吃饭赚钱，那不是真正的农家乐。"他说农家乐是制造一个纯粹的回归自然，回归原生态的环境，让人来到这自然感觉轻松和惬意。带活当地经济房价涨十倍。桥梁村以前是东湖较穷的一个村，世世代代的居民以种菜为生，住在低矮的平房里。可自从农家乐餐馆在东湖大范围的兴起，村里的居民跟着"享福"了。"我们的餐馆都是从当地居民手中进蔬菜。现在我们的规模扩大后，他们种的菜已经满足不了我们的需求。"钱经理说，现在桥梁村的农民种菜基本上只愁种，不愁销。餐饮业发展必然带动周围的人气和就业。目前醉天香的后勤工作人员有60名左右，大部分都是桥梁村人。据悉现在村里三四十岁的妇女都在餐馆里工作，既解决了就业，又补贴了家用。"现在当地居民都盖起楼房，日子过红火了，他们都说是这些餐馆盘活了桥梁村。"钱经理说，有村民自己开餐馆了。人气的聚集，给当地居民出租房子带来一笔可观的利润。"从2003年到现在，桥梁村的房子至少涨了十倍。"

农家乐"进军"市中心。"现在农家乐发展达到一个顶点，实属不易！"钱经理说起当年创业，有对这种经营方式不理解的，有认为污染湖边环境的，遇到种种困难。民以食为天，餐饮是一个长久的行业，农家餐馆就是有家的感觉，抱有这种理念，从2003年开始至今，钱经理和几位股东开了三家大型农家乐饭馆，目前他打算在徐东再开一家店。"这是农村包围城市的重要战略。"钱经理打趣地说，现在农家乐菜馆主要在郊区，把农家乐进军市中心是一次新尝试，可以让更多城里人感受乡村农家氛围。徐东店会融合一种20世纪七八十年代的农村风味，并体现出改革开放以来农村的发展变化。据悉，规划中的徐东店规模有5000平方米，整个投资在800万~1000万元。

材料二：

广州市知名休闲会所频频倒闭

广州珠江新城又有一家知名餐饮店和一家高端休闲会所倒掉了！据不完全统计，2013年以来，珠江新城已经有10多家餐饮店和休闲会所倒闭结业。为什么有那么多餐

饮会所倒掉？原因是多方面的，比如餐饮口味不符合大众预期，租金带动经营成本上涨过快，企业内部经营管理不善，等等。这些都可以归结为企业自身的原因，也是市场优胜劣汰的必然结果。但显然，主要原因并不在此，因为这不是广州一地的现象。就全国范围来看，高端餐饮店和休闲会所的日子都不太好过，它们普遍遭遇断崖式消费萎靡。原因无他，消费结构发生了根本性的改变。如果这些企业不及时作出改变，仍然死守着传统经营思路不放，执着于高端，迷恋于公款，估计摆脱不了被淘汰的命运。而促使消费结构发生改变的原因，正是中央八项规定的实施，以及由此开启的正风反腐行动。随着政风和社会风气的好转，必然会消解掉一些奢靡消费需求，也必然会带动餐饮会所等行业的重新洗牌。这是一个大趋势，而且是一个深受普罗大众欢迎的趋势。如今，继续有餐饮会所倒闭，一则说明社会奢靡消费需求进一步得到遏制，二则证明这场正风反腐行动绝不是一阵风。尽管依然有人在享乐主义和奢靡之风上没有收手，大吃大喝，花天酒地，骄奢淫逸，但必须承认这部分人已经是极少数，而且会越来越少。如果餐饮会所误判了形势，走错了方向，即使曾经一度很红火，甚至是行业执牛耳者，估计也很难从这场消费寒冬中成功逃脱。困难亦是机遇，企业有了倒逼压力，或许更能为长远发展奋力一跃。供给侧结构性改革现在是一个热词。在餐饮会所行业，同样存在着结构性矛盾，最主要的就是供给侧没有及时适应需求侧的变化。所以，餐饮会所企业要实现奋力一跃，就需要主动适应"正常的"消费状态，并在供给侧作出重大改变。根据餐饮行业发布的预测报告，"十三五"时期将是结构再造、产业升级的关键阶段，将进入以大众化为主、多业态、多层次、多样化为特点的发展新时期。要完成这样的突破，一方面要主动"亲民"，响应节约消费，走大众化餐饮消费的新路；另一方面要强化服务，打造自己的特色和完善内部管理。事实已经证明了这一点，许多主动转型、主动降星、主动作为的餐饮会所，已经从低谷中走了出来。不过，既然有的"四风"问题改头换面、花样翻新，出现了各种变异，那么一些"倒掉"的餐饮会所会不会一样发生变异？实践中，一些人为了规避监督，将私人住宅改造成向特定对象提供餐饮、娱乐活动的场所，搞所谓的"家宴"；一些商务宴请"暗度陈仓"，表面低调节俭，实则由一些高端餐饮企业提供私房菜上门服务。这种化明为暗、化整为零的做法，尽管不招摇了，但骨子里还是在走老路。对待"四风"的变异，纪检监察部门已经了然于胸，已经在持续加大整治力度；对待餐饮会所的变异，相关部门同样要做到心中有数，依法加强监管，促使其在正常的市场规则下运行。古语说："凡益之道，与时偕行。"谁抓住了时机，顺应了潮流，谁就能屹立不倒。相反，如果背离了趋势，错失了机会，有朝一日终将倒掉。这是真理，亦为常识。不仅对于餐饮会所行业，对于其他行业，对于一切组织，对于我们每个人，皆是如此。

思考题：
1. 结合所学知识，试从以上两个案例材料，分析其经营成功及失败的原因及启发。
2. 试总结餐饮休闲企业经营成功之道。

参考文献

[1] 吴文新. 休闲学导论 [M]. 北京：北京大学出版社，2013.

[2] 李经龙. 休闲学导论 [M]. 北京：北京大学出版社，2013.

[3] 马勇，周青. 休闲学概论 [M]. 重庆：重庆大学出版社，2008.

[4] 王婉飞. 休闲管理 [M]. 杭州：浙江大学出版社，2009.

[5] 于光远，马惠娣. 于光远马惠娣十年对话：关于休闲学研究的基本问题 [M]. 重庆：重庆大学出版社，2008.

[6] 刘德谦. 2011中国休闲发展报告 [M]. 北京：社会科学出版社，2011.

[7] 楼嘉军，杨勇，李丽梅. 中国城市休闲化发展研究报告（2013）[M]. 上海：上海交通大学出版社，2014.

[8] 韩振华. 休闲城市发展要素研究 [M]. 杭州：浙江大学出版社，2014.

[9] 孙明泉. 体验与环都市乡村休闲 [M]. 北京：经济科学出版社，2008.

[10] 杨桂华，钟林生，明庆忠. 生态旅游 [M]. 北京：高等教育出版社，2000.

[11] 付达院. 城市休闲经济 [M]. 杭州：浙江大学出版社，2014.

[12] 楼嘉军. 论休闲与休闲时代 [M]. 上海：上海交通大学出版社，2013.

[13] 张建. 休闲都市论 [M]. 上海：东方出版中心，2009.

[14] 付达院. 基于休闲经济发展的城市休闲空间体系及其拓展 [J]. 城市观察，2014（1）.

[15] 宋静. 城市社区休闲文化的建设与创新发展 [D]. 杭州：浙江大学，2013.

[16] 李欣颖. 我国城市休闲旅游发展态势与深度开发探讨 [J]. 旅游管理研究，2015（6）.

[17] 殷蕾. 乡村休闲旅游产品设计：乡村旅游产品发展的新趋势 [J]. 管理观察，2009（3）.

[18] 刘德谦，高舜礼，宋瑞. 2011年中国休闲发展报告 [M]. 北京：社会科学文献出版社，2011.

[19] 邹统钎. 乡村旅游理论·案例 [M]. 天津：南开大学出版社，2008.

[20] 朱姝. 中国乡村旅游发展研究 [M]. 北京：中国经济出版社，2009.

[21] 孙明泉. 乡村休闲体验与环都市休闲 [M]. 北京：经济科学出版社，2008.

[22] 王云才,许春霞,郭焕成.论中国乡村旅游发展的新趋势[J].干旱区地理,2005.

[23] 周清.衡阳市乡村休闲旅游发展策略研究[D].株洲:中南林业科技大学,2014.

[24] 史学楠.中国乡村休闲经济发展研究[D].北京:中央民族大学,2012.

[25] 王金华.我国乡村休闲旅游发展问题研究[D].北京:燕山大学,2011.

[26] 牟红,杨梅.休闲活动策划与管理[M].北京:中国物资出版社,2010.

[27] 牟红,杨梅.休闲活动策划与管理案例分析[M].北京:中国物资出版社,2011.

[28] 埃金顿.休闲项目策划:以服务为中心的利益方法[M].李昕,译.重庆:重庆大学出版社,2010.

[29] 罗伯茨.休闲产业[M].李昕,译.重庆:重庆大学出版社,2008.

[30] 吴承照.现代城市游憩规划设计理论与方法[M].北京:中国建筑工业出版社,1998.

[31] 薛辛光.营销策划[M].杭州:浙江大学出版社,2004.

[32] 许传宏,会展策划[M].上海:复旦大学出版社,2007.

[33] 郭鲁芳.中国休闲消费结构:实证分析与优化对策[J].浙江大学学报:人文社会科学报,2006(5).

[34] 林莉,胡红,刘丽娟.构建大学生休闲体育服务体系的研究[J].重庆大学学报:社会科学版,2007(4).

[35] 吴永江,向京.中国传统休闲文化对现代休闲旅游的启示[J].资源开发与市场,(12).

[36] 马惠娣.休闲:人类美丽的精神家园[M].北京:中国经济出版社,2004.

[37] 杨琳.中国传统节日文化[M].北京:宗教文化出版社,2000.

[38] 章辉,论休闲学的学科界定及使命[J].中央民族大学学报:哲学社会科学版,2012(2).

[39] 邢希强.我国居民休闲存在的主要问题与解决思路[J].商业经济,2010(31).

[40] 张晚林."休闲"的奠基及其内涵[J].自然辩证法研究,2010(9).

[41] 廖小平.休闲及其类型:一种文化哲学的视角[J].河南社会科学,2010(6).

[42] 卿前龙.什么是休闲:国外不同学科学者对休闲的理解[J].国外社会科学,2006(4).

[43] 马惠娣.人类文化思想史中的休闲:历史、文化、哲学的视角[J].自然辩证法研究,2003(1).

[44] 朱岚岚. 对休闲经济发展趋势的探讨 [J]. 中国商贸, 2011 (10).

[45] 崔建中. 浅析我国休闲农业发展现状及对策 [J]. 现代化农业, 2012 (4).

[46] 柴先琳, 罗明灿, 文毅. 基于休闲视角下我国森林旅游存在的问题及发展对策 [J]. 现代农业科技, 2011 (18).

[47] 何全超. 对我国休闲渔业发展的分析 [J]. 河北渔业, 2009 (6).

[48] 叶晔, 李智勇. 森林休闲发展现状及趋势 [J]. 世界林业研究, 2008 (8).

实训指导手册

项目一 对休闲资源的认识

1. **实训目标：休闲资源的认识**

休闲资源包括的范围和种类十分广泛，在各种各样的资源中，休闲资源是一类特殊的资源形态。为更好地认识和评价休闲资源，开发利用休闲资源，以最大限度地满足休闲者的需求和取得良好效益，必须对休闲资源进行科学分类。休闲资源的分类就是根据一定的目的，遵循一定的分类标准，通过比较、认识、归纳等方法，识别出休闲资源之间的相似性和差异性大小，将休闲资源进行分门别类，最后依次划分出不同等级。休闲资源的分类是进行休闲资源评价和开发的基础性工作，意义十分重大。

方法：查阅资料、实地调查。

成果：调查报告。

2. **实训地点**

学校周边的公园、娱乐等休闲设施、场所。

3. **实训学时**

三学时或根据教学情况灵活掌握。

4. **实训安排**

（1）学生以小组为单位，可按 4~6 人一个小组进行资料查阅或调查。

（2）为了调查的全面，每个小组对一类休闲项目进行分析调查。

（3）每个小组提交一份观察分析报告。

项目二 休闲资源业态调查

1. **实训目标：休闲产业营利性组织、非营利性组织和公益事业**

人们的休闲活动有很多是属于自给性的，如散步、听音乐、阅读、打扑克等，这些活动中有些并未涉及相应的商业化的休闲产品和服务，对休闲产业的经济贡献并不明显。发达国家休闲产业服务业一般包括营利性组织、非营利性组织和公益事业三类部门，其中营利性组织在这三类部门中居主导地位。

2. **实训地点**

学校所在的公园、企业、学校等地。

3. **实训学时**

3~6 课时。

4. 实训安排

（1）学生以小组为单位，可按 4~6 人一个小组进行资料查阅或调查；

（2）为了调查的全面，每个小组对一类休闲项目进行分析调查；

（3）每个小组提交一份调查分析报告；

（4）在班里进行交流。

项目三　城市休闲产品开发

1. **实训目标：具体分析一种城市休闲产品**

良好的城市休闲，将会影响人们的生活观念和生活方式，从而实现真正的"诗意栖居"的生活追求。因此，城市休闲的发展与城市生活发展是一种互动关系，对于有机组织城市休闲活动、引导城市和谐有序发展、美化城市形象、彰显其城市特色等都起着重要的作用。

2. **实训地点**

选择一种具体的城市休闲产品，可以是成熟的企业产品，也可以是创新的休闲产品。

3. **实训学时**

根据教学安排教师自行安排。

4. **实训安排**

（1）要求学生进行资料查阅；

（2）对具体的城市休闲产品进行调查分析；

（3）写出该城市休闲产品在自己所在城市发展指导报告；

（4）在班里进行交流评比。

项目四　乡村休闲产品

1. **实训目标：调查分析一家农家乐**

乡村生活所代表的悠闲意境已成为人们的一种向往，它强调生活的调剂、放松，远离城市的生活环境，进入乡村，亲近自然、感受原始的乡土味。由于生活水平的提高，休闲假期的增加、生活的宽裕使得人们去乡村度假休闲成为可能。

近年来除了传统乡村休闲产品外，国内外还出现了很多乡村休闲新业态、新模式，而由于乡村休闲资源和环境的独特性，其往往对休闲品质要求更高，对乡村生态环境资源、人文资源要求也更高，对乡村休闲者行为管理也有一定要求。

要求：可以是成功的农家乐，也可以是失败的农家乐。

2. **实训地点**

在所在地选择一家农家乐。

3. 实训时间

根据具体的上课进程,应该不少于 1 天。

4. 实训安排

(1) 学生自愿组合,可以是一个人,也可以以小组为单位,教师对学生调查进行实地指导;

(2) 详细地对被调查的农家乐进行资料收集、分析;

(3) 找出或总结农家乐成功或失败的原因;

(4) 提交一份规范的调查分析报告;

(5) 在教室进行讨论,教师进行认真总结。

项目五 养生休闲产品

1. 实训目标:生理养生产品分析

养生包括生理养生、心理养生两大方面,前者注重身体上的放松和康复,以及身体机能的维护;后者强调精神层面的内在休养和平衡祥和的心理状态。要达到养生的目的,单靠某一方面的调养是难以达到的,需要从休息、运动、疗疾和益智四大方面将休闲活动与养生相结合。

2. 实训地点

学生自己选择实训地点。

3. 实训时间

根据学生的时间情况,学生利用课余时间进行资料收集分析整理。

4. 实训安排

(1) 学生自定选题,结合我国生理养身的具体情况,具体分析所在地区生理养身产业的发展情况,可以是调查报告,也可以是论文。

(2) 在班里抽取部分学生进行交流。

项目六 餐饮休闲

1. 实训目标:模拟投资一家餐饮休闲企业

我国的一些城市如上海、北京、广州、深圳等地,餐饮休闲很受欢迎。俏江南卖快餐盒饭、全聚德推副牌,全面上线小鸭哥,部署 Mini 小店,发力休闲简餐以及上海、北京的茶餐厅、广州的粥城、杭州的茶楼走红便是很好的例证。西安也先后出现了诸如奥斯汀西餐酒廊、香悦楼粥城、东江茶苑、仙踪林、德福巷酒吧一条街等餐饮企业,预示着休闲餐饮正在深入人们的生活,逐渐成为餐饮服务的一种重要组成形式,对都市及乡村旅游的发展取到了促进作用。作为百业之首的餐饮业,休闲餐饮行业将成为一个新兴的,前途无量的行业。

2. **实训地点**

规定一家具体的餐饮休闲企业开设地点。

3. **实训时间**

学生利用课余时间进行安排。

4. **实训安排**

（1）学生以小组为单位，人数任课教师自行决定；

（2）投资金额 20 万元人民币；

（3）学生应围绕餐饮休闲进行项目设计；

（4）要求学生费用的核算尽可能和实际相结合，按照我国目前的企业设置情况进行操作；

（5）最后提交一份完整的餐饮休闲企业投资报告。

策划编辑：段向民
责任编辑：张芸艳
责任印制：冯冬青
封面设计：何　杰

图书在版编目（CIP）数据

休闲管理实务／吴应利，文南薰主编．--北京：
中国旅游出版社，2017.2（2025.7重印）
中国旅游业普通高等教育应用型规划教材
ISBN 978-7-5032-5719-3

Ⅰ.①休… Ⅱ.①吴… ②文… Ⅲ.①休闲娱乐—商业管理—高等学校—教材　Ⅳ.①F719.5

中国版本图书馆 CIP 数据核字（2016）第 283108 号

书　　名：	休闲管理实务
作　　者：	吴应利　文南薰　主编
出版发行：	中国旅游出版社
	（北京静安东里6号　邮编：100028）
	https：∥www.cttp.net.cn　E-mail：cttp@mct.gov.cn
	营销中心电话：010-57377103，010-57377106
	读者服务部电话：010-57377107
排　　版：	北京旅教文化传播有限公司
经　　销：	全国各地新华书店
印　　刷：	北京工商事务印刷有限公司
版　　次：	2017年2月第1版　2025年7月第5次印刷
开　　本：	787毫米×1092毫米　1/16
印　　张：	16.25
字　　数：	360千
定　　价：	39.80元
ISBN	978-7-5032-5719-3

版权所有　翻印必究
如发现质量问题，请直接与营销中心联系调换